总第86集

行政执法与行政审判

中华人民共和国最高人民法院
行政审判庭 编

中国法制出版社
CHINA LEGAL PUBLISHING HOUSE

目　录

观点与争鸣

我国行政审判职能定位的重塑与变革
——兼论四级法院行政审判体系建构的路径和着力点

许　鹏　　陈　帅

【摘要】 本文认为，行政审判三十年，经历了由重点解决“两高四低”问题、厘清“法”与“治”的辩证逻辑逐渐向推动行政争议实质性化解、增强人民群众对法治和公平正义更多“获得感”的职能定位发展演进历程。新《行政诉讼法》的施行增强了司法的权威与中立，初步解决了行政诉讼功能发挥的外部限制条件。但随着新法在基层治理层面的全面铺开与落地，在司法实践中暴露出行政案件“倒金字塔”现象、行政程序空转、内设机构扁平化与行政审判专业化冲突等“结构性矛盾”，需要重塑行政审判职能定位以及变革四级法院行政审判体系。重塑及变革应当分阶段进行：第一步是完善案件管辖制度改革，合理构建四级法院行政审判体系，彻底解决行政案件“倒金字塔”现象；第二步是推行行政诉讼类型化，形成无漏洞的权利救济机制，防止因判非所请导致行政程序空转；第三步是设立专门化的行政法庭或行政诉讼法院，确保行政审判权依法独立运作，以独立、公正、权威的行政审判制度实现对人民合法权益的无漏洞保护，切实增强人民群众的“获得感”。

【关键词】 行政审判职能定位　行政诉讼类型化　行政法院

一、行政审判职能发展演进的内在逻辑及“结构性矛盾”

从 1989 年制定颁行《行政诉讼法》算起，我国现行行政审判制度建立已度过了三十几个年头。这三十多年来，我国处于改革开放的大发展时期，政府权力边界不断扩大，公民法治意识开始觉醒，公权力与私权利之间的摩擦不断增多，迫切需要将行政权置于行政审判的监督之下，保障市场经济的健康发展，提高政府公信力，畅通公民权利救济途径，这亦是制定及修改《行政诉讼法》的基本定位。而通过历史的比较回顾，结合具体的时空情境，更能反映出行政审判职能定位发展演进的内在逻辑和基本趋势。

1. 问题倒逼：着力解决行政审判“两高四低”问题

1989 年《行政诉讼法》的颁布，标志着国家治理结构中“规制公权、维护民权、衡平官民关系”的制度化平台正式形成，大量的行政纠纷（特别是征收补偿、社会保障、企业改制等矛盾较为尖锐的行政领域）通过行政诉讼的合法理性途径得以化解，有效维护了社会和谐稳定。但随着行政诉讼制度逐步落实到现实生活中，全国范围内的行政审判工作都或多或少地出现上诉率高、申诉率高，实体裁判率低、老百姓胜诉率低、发回重审和改判率低、老百姓服判息诉率低的“两高四低”的现象。人民群众“立案难、实体审判难、胜诉难、实质解决争议难”的问题日益显现，一审行政案件的数量出现逐年下降的反常趋势，行政审判职能在部分地区发生异化，由监督制约政府蜕化成为行政机关的“执行工具”，行政审判真正通过主体性的审判参与社会治理的格局并未真正形成。[①] 对于上述问题，2015 年 5 月 1 日起正式实施的新《行政诉讼法》力图从顶层设计层面予以解决：变立案审查制为立案登记制，立案难问题基本得到解决；不再片面追求协调和解，以判决方式结案的比例明显提高；行政机关的败诉率有所上升，行政审判实质化解争议的定位更加清晰。可以说，新《行政诉讼法》对于行政审判职能定位重点聚焦在“救济有门”“提供无漏洞权利保护”等方面。但与此同时，随着全国法院行政案件受案数的井喷式增长，案多人少的矛盾日益加剧，四级法院案件数量“倒金字塔”现象日趋严重。受案范围扩展的同时伴随着中、基层法院审查密度的下降，各级法院法官普遍反映行政案件难以办理，且基层法院行政法官员额减少，导致行政案件上诉率、申诉率一直居高不下，二审案件发改率明显提高，全国行政审判裁判尺度难以统一，行政审判质效并未得到实质性提升。

---

① 参见江必新：《中国行政审判体制改革研究——兼论我国行政法院体系构建的基础、依据及构想》，载《行政法学研究》2013 年第 4 期。

2. 功能变迁：着力厘清“法”与“治”的辩证逻辑

行政诉讼制度，是一种国家权力调整另一种国家权力的制度，也是权利借以监督制约权力的平台和渠道。[①] 行政审判调整的权力范围虽然广泛，但最核心、最直接的当数行政权与司法权之间的关系，即通常所说的“法与治”的关系。1989 年《行政诉讼法》规定行政诉讼的目的是“保护公民、法人和其他组织合法权益，维护和监督行政机关依法行使职权”。其在对待行政权的问题上，明显反映出既要监督行政机关依法行政，又要维护行政机关社会治理任务实现的双重矛盾心理。“司法权必须依赖行政权，并且与行政权合作，以完成社会控制任务”[②] 成为行政诉讼制度的重要目标，行政诉讼构造以监督行政机关维护公法秩序为核心的“客观诉讼”功能成为制度设计的内在逻辑。为有效应对这种结构性矛盾，新《行政诉讼法》遵照党的十八届四中全会的总体部署，全面强化司法权对行政权的规制功能，不仅从横向上拓展受案范围、降低起诉门槛，而且在纵向上明确职能定位，取消维持判决，确立明显不当、规范性文件一并审查、检察公益诉讼等新机制，突出了行政诉讼解决行政争议的权利救济功能，行政诉讼终于卸下了沉重的包袱，回归到应然的角色定位，“法”与“治”的结构性矛盾在顶层设计层面得到有效缓解。[③]

3. 转型升级：着力实现“实质性解决行政争议”的价值追求

行政审判角色定位与社会治理结构体系演进息息相关，社会治理结构和社会矛盾的运动变化，直接影响乃至决定行政审判的制度内涵以及行政审判观念、目标与行为方式。较长一段时期以来，我们所坚持和强调的行政诉讼救济和监督的双重功能实际属于高级功能，两种功能直接体现在国家治理层面上。高级功能虽然引人注目，但如果没有“解决行政争议”这一基础功能的支撑，其不过是“空中楼阁”。我国行政诉讼之所以两个高级功能不彰，直接原因就是《行政诉讼法》对基础功能不够重视，导致行政争议难以得到实质性解决。党的十九大提出了社会主要矛盾的新定位，将法治国家建设推

---

① 参见胡玉鸿：《行政审判权的政治性》，载《法学》2004 年第 5 期。

② He Xin, “Law, Power and politics in the Decision-making of Chinese Courts”, International Journal of Law in Context, 2007 (3) .

③ 参见谭宗泽、杨靖文：《行政诉讼功能变迁与路径选择——以法与治的关系为主线》，系 2014 年重庆市科研创新计划“国家治理现代化的路径选择与行政法的回应”（CYB14074）研究成果。

向新阶段，将增强人民群众“获得感”作为包括法治内在的各项事业的奋斗目标。新《行政诉讼法》在立法目的中增加“解决行政争议”一项，旨在通过对“当事人实质诉求”的把握，“以能动司法为手段、以案结事了为目标”，最终实现行政审判活动实质正义与形式正义的统一。[①] 2019年2月，最高人民法院公布“五五改革纲要”，“推动行政争议实质性化解”成为今后五年行政诉讼制度改革的主要目标之一。行政审判职能定位更上一层楼，不仅要解决个案争议，还要参与社会治理，确立行为准则；不仅要保障人民群众合法权益，还要让人民群众感受到公平正义；不仅要监督依法行政，还要保障党的路线方针政策和中央重大决策贯彻实施，共同促进国家治理体系和治理能力现代化进程。

二、现行行政审判制度运行中的现实困境——以新行政诉讼法实施后C市三级法院行政审判数据为样本

随着我国的改革开放进入“深水区”，经济社会迈入高质量发展新阶段。经济由传统计划经济向市场经济转型，社会从传统社会向现代化、信息化社会转型，治理方式亦由传统管制模式向现代法治社会转型，这种没有经历漫长的功能更迭过程而直接面临时空高度压缩与社会加速转型的发展模式，在世界上是没有先例的。[②] 新时代蕴含的全新发展战略和理念，并不仅仅是名词和概念的变化，而是社会结构和治理模式的深刻变革。我国行政诉讼制度起步较晚，虽然新《行政诉讼法》的修改增强了司法的权威与中立，部分解决了行政诉讼功能发挥的外部限制条件，但作为国家治理体系和结构的重要组成部分，行政审判自身的某些“结构性矛盾”并未得到根本性解决，其职能定位与新时代法治建设需求仍然存在不小的差距。笔者拟以2016—2020年C市三级法院行政审判数据为样本，对新《行政诉讼法》正式施行以来行政审判职能定位运行现状进行研析，试图揭示与发现新法实施在基层治理层面出现的新情况、新问题。

---

① 参见江必新：《以推进三项重点工作为契机 努力破解行政案件申诉上访难题——在全国法院行政审判工作座谈会上的讲话》，载中华人民共和国最高人民法院行政审判庭编：《行政执法与行政审判》2010年第3集，中国法制出版社2010年版，第8页。

② 参见谭宗泽、杨靖文：《行政诉讼功能变迁与路径选择——以法与治的关系为主线》，系2014年重庆市科研创新计划“国家治理现代化的路径选择与行政法的回应”（CYB14074）研究成果。

（一）基本情况

1. 受案数量大幅上升

随着 2015 年 4 月 1 日中央全面深化改革领导小组第十一次会议审议通过《关于人民法院推行立案登记制改革的意见》，提出“变立案审查制为立案登记制”，并随即通过新《行政诉讼法》将其制度化、法制化，行政诉讼起诉难的问题得到根本性解决。2016 年 C 市法院新收一审行政诉讼案件 8402 件，相较新《行政诉讼法》颁行前的 2014 年的 5008 件大幅上升 67.77%，且一直到 2020 年均保持逐年增长态势。随着案件基数的扩大，C 市三级法院案件数量均明显上升，且级别越高的法院受理的案件数量越多，收案数量“倒金字塔”现象十分明显。

2. 行政机关败诉率无明显提升

2016—2020 年，C 市行政机关败诉率分别为 11%、10%、8.66%、10.67%、11.95%。五年来全市行政机关一审败诉率均在 10%上下波动，基本保持稳定。同时，新《行政诉讼法》正式施行以来，行政机关尊重司法裁判的意识有所增强，行政执法标准更加向司法审查标准靠拢。人民法院对行政审判职能定位更加清晰，更加体认行政审判立法目的并不在于判决行政机关败诉，行政机关胜诉败诉仅仅是人民法院对违法行政行为出具的“诊断书”，通过裁判明确法律界限，监督行政执法，化解官民矛盾，减少行政纠纷才是行政审判制度的终极目标。

3. 上诉率、申诉率始终居高不下

多年来，行政诉讼上诉率高、申诉率高始终是行政审判中“难啃的硬骨头”。从 2016—2020 年 C 市法院的相关数据来看，上述问题并未得到有效解决，行政诉讼上诉率、申诉率始终居高不下。导致此种情况的原因是多方面的：既与行政诉讼当事人普遍希望通过提高审级来寻求更佳权利救济途径有关，又与行政机关执法工作不到位导致相对人不满有关。同时，与民事案件相比，行政诉讼费用调节机制失灵，行政法律规范权利义务界限不清也是造成上述现象的重要原因。此外，新《行政诉讼法》实施后行政审判案多人少矛盾加剧和审限内结案要求提高，导致法官主持协调和解愿望降低，案件实体裁判率提升，也客观上造成上诉率、申诉率上升。

4. 案件类型渐趋多样

随着行政诉讼受案范围的不断扩展以及相关专门司法解释的相继实施，公民权利救济和行政机关接受司法监督的范围不断扩大。从2016—2020年C市法院新收一审行政诉讼案件所涉行政行为来看，案件种类不再仅集中于几个传统行政行为方面，案件类型多样化趋势较为明显。比如，行政协议类案件作为新《行政诉讼法》实施后纳入行政诉讼的新类型案件，增长趋势明显，案件占比从2016年的2%左右，上升到2020年的6%左右，行政审判司法监督和保护范围不断扩展。

（二）存在的问题

1. 行政案件“倒金字塔”现象日益严重

一般来说，较为科学的上下级法院案件审理结构应为“金字塔”型，即大量一审案件均由基层法院审理，基层法院主要发挥“事实审”作用，通过第一审程序将案件事实进行“法律固定”。中级法院主要承担上诉审的职能，重在解决事实、法律争议，同时在基层法院与高级法院间承上启下，发挥“桥梁”作用。高级法院主要发挥在辖区范围内统一裁判尺度，加强指导，依法纠错职能，不以办理具体案件为主要工作内容。[①] 但实际上，在立案登记制实施、级别管辖提高以及申请再审事由法定化（实质上的三审终审）等诸多因素的综合作用下，级别越高法院受理的案件数量反而越多，行政诉讼收案数分布呈现出明显的“倒金字塔”现象。以C市法院2020年新收行政案件数量分布为例，中、高两级法院新收各类行政案件及国家赔偿案件6237件，占C市法院行政审判条线新收案件的50.67%，即中、高两级法院办理了全市法院一半以上的行政案件。其中，高级法院受理各类行政案件1536件，在全市法院行政条线收案下降5.06%的背景下，收案数不降反增，行政庭收案总量已占到C市高级法院收案量的三分之一以上。上述现象对我国行政审判健康发展危害极大，一方面，基层法院行政庭因案件量逐渐萎缩，导致话语权丧失，且行政法官员额的争取更加困难，部分行政法官还要兼顾办理民事案件，行政审判人才流失现象严重，无法满足新时代行政审判工作的各项要求；另一方面，中、高两级法院行政庭收案量长期高位运行，且案件难度与日俱增，法官疲于办案，大大削弱了应有的监督指导作用，严重影响上级

① 参见范跃如：《司法改革背景下四级法院职能定位研究》，载《山东审判》第33卷总第239期。

法院业务指导、司法政策研究制定等相关职能的发挥。部分地区中、高级法院行政庭法官同样“用脚投票”，主动申请向民事、刑事等庭室调动，行政审判条线难以吸引高素质人才队伍流入，已经成为影响行政诉讼整体办案质量的重要因素，应当引起高度重视。

2. 行政审判“程序空转”问题仍未根本解决

长期以来，行政诉讼均面临着“客观诉讼”与“主观诉讼”之争，行政行为审查与行政法律关系审查之争，判决类型化与诉讼类型化之争等诸多争鸣。新《行政诉讼法》虽然将“具体行政行为”变更为“行政行为”，增加了规范性文件、以行政协议为主要特征的双方行政行为、行政事实行为以及不作为行为等审查对象，明确了诉讼请求具体化及判决类型化标准。但囿于行政诉讼结构难以通过修正案予以根本改变，故从立法体例来看仍然是以撤销诉讼为中心的立法模式。这种模式导致两个方面的问题：一方面，少数诉讼当事人因无法获得“无漏洞的权利救济”，倾向于采取信访式的反复诉讼、诉讼“轰炸”、滥诉等手段迫使行政机关“就范”。就C市法院近五年来的统计数据来看，一人多诉、多人缠诉现象多见多发。另一方面，人民法院在“主观诉讼”与“客观诉讼”之间左右摇摆，行政审判诉讼标的不明、诉讼类型不清，影响了行政审判职能作用的发挥，稀释了行政审判公信力。以笔者承办的一件集体土地征收补偿案件为例，一审法院受传统行政行为合法性审查模式的影响，对当事人要求履行补偿安置职责的诉讼请求不予回应，仅针对行政机关作出的答复实体审理后予以撤销并作出责令行政机关重作的概括判决。九年时间内，行政机关作出五次答复，法院撤销并责令重作五次，行政机关无所适从，当事人牢骚满腹，矛盾在程序空转中不断激化，严重损害司法权威。

3. 内设机构扁平化管理与行政审判专业化要求不相适应

法治国家、法治政府、法治社会一体建设，要求“凡百庶政，皆受法制约”。行政法以行政权为规范对象，一方面提供行政权行使的法律上依据，另一方面规制行政权的组织、职责、权限行使的要件、方式及程序，建构行政作用的法框架，形成人民与行政间的法律关系与行政法秩序，以落实依法行政原则与保障人民权益的目的。因此，提供完整无漏洞且及时有效的权利救济体系，使人民得以通过司法程序寻求救济，是行政诉讼最为重要的功能。我国目前处于社会发展和治理模式深度变迁时期，行政权力强大且包罗万象，而随着新《行政诉讼法》受案范围的不断扩展，行政法官所面临的行政管理领域及司法审查强度与日俱增。行政法官不仅需要有专门法律知识，还需要了解行政管理规律，具有独立性、专业性和远见性，深刻把握权力运行规律，洞察政治社会实现，以自己的敏锐眼光从具体案件事实中提炼出具有普遍意义的行为范式和法律原则。因此，从世界范围来看，行政诉讼都需要专门化的审判机构和专业化的审判队伍。然而，在国家内设机构改革的大背景下，部分法院特别是基层法院完全扁平化管理，不区分机构职能性质、案件数量、人员配置等实际情况，仅追求扁平化管理的高度灵活性和高度适应性，进而分散决策权，不断背离专业化审判团队的管理模式。例如，原有法院行政庭合并成为综合审判庭，行政庭法官不仅要办理行政案件，还要负责办理民事、环境资源等案件，办案理念与思路相互混淆，部分法官对此产生审而不专的质疑，即如何实现机构扁平化与审判专业化的自洽。[①] 完全扁平化管理后案件审而不专，亦是行政诉讼案件数量“倒金字塔”结构的阻力所在。

三、行政审判职能定位的重塑与变革

从系统论角度说，结构性问题从来都是整体性问题，结构性矛盾必须在整体框架下解决。而按照事物发展的一般规律，结构性问题的解决需要新旧体制之间较大跨度的改革，绝不是一蹴而就的。党的十八大强调，要进一步深化司法体制改革，完善中国特色社会主义司法制度，确保审判机关依法独立公正行使审判权。行政审判职能定位的重塑与变革，必须严格按照中央要求，必须符合中国国情，必须切合行政审判实践，注意借助一切有利条件，因势利导，循序渐进，有步骤地促成改革实现目标。笔者认为，改革大致可以分成以下三个阶段进行：

（一）近期目标：完善案件管辖制度改革，合理构建四级法院行政审判体系

“金字塔”型独立审级制度是衡量上下级法院之间权力运行机制是否规范的标尺。行政案件大量集中于中、高级法院甚至最高审判机关，在实践中并不能明显提升行政审判质效及裁判质量，“倒金字塔”型的案件受理结构

① 参见金蕾：《探求法院内设机构改革的帕累托最优——扁平化与专业化的衡平之道》，载《山东审判》2019年第2期。

反而极大侵蚀了我国行政审判的根基，严重影响了行政审判在国家治理体系和治理能力现代化进程中的地位和作用。因此，现阶段亟须开展四级法院行政审判职能定位改革工作，强化基层法院多元化解纠纷、实质解决矛盾的功能定位，适当调整级别管辖，中级法院仅审理本辖区内重大复杂的行政一审案件，其余一审案件均应交由基层法院管辖；健全中级法院重在有效终审、精准定分止争的功能定位，积极充当最高人民法院、高级法院与基层法院之间的桥梁，确保终审案件质量；发挥高级法院再审依法纠错、统一裁判尺度的功能定位，高级法院不再过多承担纠纷解决职能，而转向审判监督和调研指导功能，通过制定规范性指导意见、发布典型案例，推动区域内裁判尺度的统一；完善最高人民法院监督指导全国行政审判工作、确保法律正确统一适用的功能定位，更加凸显最高人民法院在法治国家建设中的政治性功能，特别是权力制约功能和公共政策形成功能。通过充分发挥四级两审审级制度优势，加快推进审判体系和审判能力现代化，为全面建设社会主义现代化国家提供有力司法服务和保障。

同时，在全国范围内继续积极稳妥有序推进行政案件集中管辖改革，并最终通过人大授权立法方式形成司法制度。集中管辖制度作为行政诉讼跨区划管辖改革的重要组成部分，具有统一司法裁判尺度、提高行政审判公正性、优化司法资源、提升审判队伍等重要法治价值。现阶段集中管辖制度已在全国各地区试点运行较长时间，应该说已经形成了正反两方面的经验教训。下一阶段，最高人民法院可以在尊重地方首创精神，充分考虑相关保障措施跟进，减少改革阵痛，确保队伍稳定的前提条件下，经充分调研后形成行政诉讼集中管辖制度的总体方案并报全国人大常委会审议。同时必须强调的是，集中管辖改革是行政诉讼跨区跨管辖制度改革的新探索，是一项系统工程，绝非法院一方之力可以实现。因此，此项改革必须紧紧依靠党委政府，遵循坚持党的领导、坚持于法有据、坚持司法规律、坚持系统集成、坚持有序推进的基本原则，以行政诉讼案件为集中管辖主要案件类型，形成一审行政诉讼案件主要由集中法院审理，非诉行政执行案件主要由原基层法院行政审判庭审查的诉讼格局。对于非集中管辖法院办理的非诉行政执行案件、司法赔偿案件和救助案件，可以考虑由非集中管辖基层法院行政审判庭的一名至两名员额法官负责审理，并由上一级中级法院行政审判庭负责业务指导。在审判资源配置方面，经笔者在 C 市范围内通过调查问卷方式获得的反馈信息，围绕“一员额+一助理+一书记员”的配置模式，集中管辖法院员额法官设定人均150件行政诉讼案件办案量比较科学，也符合行政诉讼审判实际，可参照此种模式合理配备集中管辖法院审判力量。笔者认为，上述改革方案既有利于队伍稳定，又可以倒逼本地法院主动排除干预以赢取起诉人信任，还可为今后成立主要审理行政案件的法院探索路径。

（二）中长期目标：推行行政诉讼类型化，形成无漏洞的权利救济机制

行政审判要实现职能定位的再次“升级换代”，不仅要挖掘现有的制度资源，切实发挥行政审判制度的应有功能，还要不断拓展和优化相应制度体系，吸取其他行政诉讼制度较为完备成熟地区的先进经验。通过逐步实现行政诉讼类型化，有针对性地回应当事人诉求，形成无漏洞的权利救济机制，当是我国行政审判体制机制发展完善的必由之路。行政诉讼类型化已日益成为各国行政诉讼制度的重要模式。新《行政诉讼法》虽然限于修法体例无法进行彻底的类型化改造，但通过设计具有类型化样态的判决方式，仍然使得这部法律在诉讼类型上初具规模，所欠缺的只是一些不同于撤销诉讼但为各个诉讼类型所必需的特殊规则。

以行政行为形态为骨架、效力为联结而构成的行政诉讼类型，是行政诉讼区别于民事、刑事诉讼的特有表征。完全以行政处分为标的的撤销诉讼的类型限定，不足以解决行政审判现行职能定位的“结构性矛盾”，不足以建立无漏洞权利救济体系及巩固合法良善的行政法秩序。基于上述考量，行政审判职能定位的演进发展，应立足于纠纷化解的有效性及救济体系的完备性，凡人民合法权益遭受公权力行为干预时，皆应给予人民群众相对应的司法救济程序。这主要体现为以下三点内容：一是所有权利类型都应纳入保护；二是法律保护及于行政权行使的所有情形；三是裁判实质回应诉讼请求。从比较法的角度而言，依照原告诉讼请求、裁判内容与效力类别，一般将行政诉讼基本类型分为形成诉讼、给付诉讼与确认诉讼三大类型。形成诉讼，是原告起诉请求法院为直接产生法律关系变动或权利增减得失效力的判决；给付诉讼，旨在诉请法院以判决命行政机关为一定的给付，也就是以判决课予行政机关给付义务；确认诉讼，则是由法院就特定法律关系或事实作出具有拘束力的确认。诉讼类型并非独立的制度创设，实际是实体法的延伸。诉讼救济的类型以实体权利为基准坐标，所谓“有诉讼类型，即有对应权利”。因

此，上述三类诉讼几乎可以覆盖当事人起诉的所有情形，可以借鉴并通过制度建构作为我国未来行政诉讼最为重要的基本诉讼类型，通过构建设计精良、运行良好的行政审判制度体系，充分发挥行政审判职能作用，有效推进国家治理体系和治理能力现代化。

（三）远景规划：以专门化的行政法庭或行政诉讼法院实现我国行政审判职能定位的跨越式发展

如前所述，行政审判现实困境的根源，当前最突出的是体制问题，即司法地方化的问题，从长远来看还有专业缺失的问题。行政审判专业性较强，对法官专业素养要求较高。一名行政审判法官不仅需要掌握一般的法律、司法解释，还要熟悉行政法规、行政规章、地方性政府规章甚至是行政规范性文件；不仅需要掌握行政诉讼程序，还要熟悉行政处罚、行政许可等具体行政行为的执法程序。因此，行政审判机构以及队伍的专门化和稳定性是行政审判发展的根本所在。根据笔者在C市高级法院的调查交流可知："大量民事、刑事法官表示对行政诉讼制度较为陌生，如庭室调动较为排斥分配到行政庭；两位因员额调整由民庭转入行政庭的法官均表示虽然已办理两年以上的行政诉讼案件，仍然难以理解和融入公法诉讼体系中。"

"行政诉讼本质是一种国家权力结构的设计，行政诉讼的存在及其运作无时不涉及权力的配置、冲突和协调，因此谋求运作良好的行政诉讼，既必须把行政诉讼置于宏观的权力结构图景中加以考察，又必须仔细入微地观察行政诉讼具体运作中的权力关系，否则难以实现对公民权利进行救济和行政权力予以制约的目的。"① 要从根本上解决行政审判职能定位的"结构性矛盾"，解决现阶段部分人民群众不满意、行政机关"不买账"、行政法官"不痛快"的制度困局，可以参照现行互联网法院、知识产权法院模式在中级人民法院级别设立若干行政法庭或行政法院，集中办理本辖区内关乎国家利益、社会公共利益，具有普遍法律适用指导意义的行政一审案件及上诉案件。严格遵循行政管理区域与司法管辖区两相分离的基本原则，防范行政机关不当干预，实现司法公正。通过行政案件的集中办理、行政法官的集中管理，真正实现行政审判为人民合法权益提供无漏洞保护、实质性解决行政争议、监督行政

① 参见杨伟东：《权力结构中的行政诉讼》，北京大学出版社2008年版，第201—202页。

机关依法行使职权的职能定位，推动法治国家、法治政府、法治社会一体建设，提升国家治理体系和治理能力现代化水平，中国特色行政审判制度也将因全面融入法治一体建设进程而实现升级再造。

（作者单位：重庆市高级人民法院、重庆市第五中级人民法院）

理论探索

从跨区域管辖到跨区划法院：行政案件跨行政区域管辖路径研究

刘华飞　高宏亮

【摘要】人民法院“五五改革纲要”提出要“规范行政案件管辖机制，完善案件管辖标准及类型，优化行政审判资源配置”。通过回顾行政案件跨区域管辖的历程，正确梳理跨区域管辖与集中管辖、跨区域法院等的关系，可以看出，行政案件的审理存在集中化、专业化等趋势。行政案件的跨区域管辖制度存在配套政策迟滞、行政案件和行政审判力量配置失衡、诉讼成本激增等问题。在区域协同方面，存在着化解矛盾纠纷的沟通协调机制缺乏，矛盾纠纷实质性化解的压力和动力不足，案件审理中的配合权责不清等问题。要通过跨区域管辖固定模式解决“两便问题”，通过专业审判团队建设克服“同案异判”，通过行政审判资源的集中促进配套措施跟进。通过跨区域立案与异地审理，建立跨区域案件审理的协同机制，发挥社会协同治理的作用，构建“普通案件在行政区划法院审理，特殊案件由跨区域法院审理”的新型诉讼格局。

【关键词】行政诉讼　跨区域管辖　审判体系　审判能力

党的十八届四中全会提出要“探索设立跨行政区划的人民法院”。党的十九届四中全会提出要“坚持和完善中国特色社会主义制度，推进国家治理体系和治理能力现代化”。行政案件管辖制度是否科学与合理，直接影响人民法院能否公正审理行政案件，行政案件的跨区域管辖是行政审判体制改革的突破点。

长期以来，行政审判司法管辖区与行政管理区高度重合，行政案件在审理时容易受到干预，降低司法公信力。各地对行政案件跨区域管辖提供了各具特色的“地方经验”，分别有集中、交叉、提级、特定案件特殊指定、“推磨式”、“原告选择”等多种模式。新修改的《行政诉讼法》第十八条第二款规定，高级人民法院经最高人民法院批准，可以根据审判工作实际情况，确定若干法院跨行政区域管辖行政案件。制度实施以来，在摆脱行政权干预等方面取得了积极的效果，同时也产生了一些新问题。人民法院“五五改革纲要”提出要科学界定跨行政区划管辖案件的范围和标准，使得司法管辖与行政区划适当分离，在行政诉讼制度的改革中，要“规范行政案件管辖机制，完善案件管辖标准及类型，优化行政审判资源配置”。在行政审判中，科学界定跨区域管辖的案件类型、范围和标准，具有重要的现实意义。

一、现状观察：行政案件跨区域管辖的“渐进式”实践

通过回溯行政案件跨区域管辖的历史脉络，厘定行政案件跨区域管辖发展的走向，能够正确认识该项管辖制度修改的功能定位。

（一）渐进：从提级管辖到集中管辖

《行政诉讼法》实施以来，为了避免行政审判的乏力，规避行政审判受其他机关的干扰，行政审判先后通过提级、指定、集中（行政审判中心等高度集中管辖）、交叉、跨区域法院、当事人自愿选择管辖等措施（见表1），力求从行政诉讼的“入口”破解立案、审理、胜诉、执行各个环节的难题。在行政案件跨区域管辖制度的实施过程中，各地采取了不同的措施，认真梳理这些做法，汲取其中好的经验，十分必要。

表1 行政诉讼案件跨区域管辖的实践

措施	内容	机制
提级管辖	本辖区内重大、复杂的案件，由中级人民法院管辖。①	通过提级将被告为县级以上人民政府，且基层人民法院不适宜审理的案件交由中级人民法院审理，事实上跨区域一审。

① 参见最高人民法院于2000年3月8日发布的《关于执行〈中华人民共和国行政诉讼法〉若干问题的解释》（现已失效）第八条，该条对“本辖区内重大、复杂疑难案件”进行解释，将被告为县级以上人民政府的案件（除不动产物权登记案件外），社会影响重大共同诉讼，集团诉讼案件，重大涉外、涉港澳台案件由中级人民法院一审管辖。

续表

措施	内容	机制
异地管辖	当事人认为有管辖权的基层人民法院不宜行使管辖权，向中级人民法院起诉，由中级人民法院进行处理。①	当事人认为案件重大或基层人民法院不宜行使管辖权的案件以及基层人民法院认为需由中级人民法院审理或制定管辖的，中级人民法院视不同情况可自己审理、指定异地审理。
集中管辖	部分基层人民法院管辖的行政案件，通过上级法院指定方式，交由其他基层人民法院集中管辖。	司法审判区域与行政管理区域有限分离，集中管辖法院审理案件，非集中管辖法院负责非诉行政执行案件，协助、配合集中管辖法院对本地行政案件的协调、处理工作。
跨区域法院	上海第四中级人民法院（跨区域专门法院）	审理市政府为被告的一审及市级机关、部分地区的行政二审案件。
	北京第三中级人民法院（跨区域专门法院）	本市、区、县政府为被告的一审行政案件与铁路法院审理的行政二审案件。
当事人自愿选择管辖法院	山东省基层人民法院受理的第一审行政案件，原告可选择管辖法院。	原告在起诉时，人民法院释明原告可选择管辖法院，是否跨行政区域管辖，由原告决定。
行政审判中心	集合全市行政审判力量集中审理行政诉讼一二审案件。	集中受理深圳市行政诉讼第一、二审案件和非诉行政审查案件，第一、二审独立审判。②

从表1中观察行政案件跨区域集中管辖的渐进式发展历程，可以看出行政案件管辖呈现以下特点：

1. 集中化。提级、指定、交叉、跨区域法院审理均是通过采取措施将行政案件跨区域管辖进行相对集中管辖，行政审判中心是对行政案件跨区域管辖的绝对集中措施。但是，总体来讲，行政案件跨区域管辖呈现集中化的趋势，不仅有案件管辖范围的集中，还有审理行政案件的审判力量的集中。

2. 专业化。跨区域集中管辖对行政审判提出了专业化的要求，跨区域集中管辖使案件受理和审理数量增加，客观上为行政审判提供动力资源，有助于行政审判经验的积累和总结，使行政审判更加专业化。

3. 独立化。从行政案件的审理架构来讲，一方是强势的行政权力，另一方是公民、法人或其他组织。跨区域管辖行政案件，客观上规避了地方干预

① 参见《最高人民法院关于行政案件管辖若干问题的规定》（法释〔2008〕1号）第二条、第三条、第四条、第五条。

② 参见《深圳成立行政审判中心——为全国首创，推动行政诉讼跨区域集中管辖》，载《南方日报》2018年9月27日，第A01版。

司法的可能，有利于人民法院“独立、公正行使审判权”。

（二）辨析：现有法律框架下的几组关系梳理

目前，各地采取了不同的改革措施，对行政案件进行了跨区域的管辖制度改革。“管辖权如何规定，不只具有引导诉讼程序开始的程序意义，更重要的是具有保障裁决公正的实体价值。”① 对于几种概念的梳理，有利于厘清跨区域管辖改革的方向。

1. 跨区域管辖与一般地域管辖

行政案件一般地域管辖的管辖原则是由最初作出行政行为的行政机关所在地人民法院管辖。行政案件跨区域管辖是指打破按照行政区域设置法院的藩篱，基于一定原则，按照一定的标准确定若干法院审理行政案件。一般地域管辖是指在一级行政区域内，由人民代表大会产生人民法院审理该行政区域内的行政案件。

2. 跨区域管辖与集中管辖

行政案件的跨区域管辖与集中管辖存在一定的关系，跨区域管辖有将多个法院的案件集中到一个法院管辖的方式。集中管辖的含义有广狭之分，广义的集中管辖是指将分散的法院管辖的行政案件集中到一个或者若干个人民法院管辖，既有平级的基层人民法院集中管辖，又包括提级式的中级法院集中管辖。而狭义的集中管辖是指由分散到集中的基层一审行政案件集中管辖。②

3. 跨区域法院与行政区划法院

十八届四中全会提出要“探索设立跨行政区划的人民法院”，跨区域法院是指打破行政区域的限制，设立法院审理不同行政区域的一审案件。行政区划法院是依托行政区，由该行政区的人民代表大会产生的审理该区域内案件的法院。跨区域法院是为摆脱地方干预的一种设置。跨区域法院与按照行政区划设置的法院是一种相互补充的关系。③

---

① 李红枫：《行政诉讼管辖制度现状及对策分析》，载《行政法学研究》2003 年第 1 期。

② 郭修江：《行政诉讼集中管辖问题研究——〈关于开展行政案件相对集中管辖试点工作的通知〉的理解与实践》，载《法律适用》2015 年第 5 期。

③ 程琥：《从战略高度推进跨行政区划法院改革》，载《人民法治》2018 年第 8 期。

二、困境审视：制约行政案件跨区域管辖的现实问题

随着行政案件跨区域管辖的改革推进，跨区域管辖存在的问题逐渐显现，如何规避跨区域带来的改革困境与风险，因应现实中出现的改革质疑与司法期待，真正发挥跨区域管辖的优势，需要认真思考。

（一）配套政策迟滞

行政案件跨区域管辖制度实施后，对跨区域管辖的配套措施尚未从法律、政策或制度上作出相应的规定。

第一，从政策供给角度看，对于跨区域管辖法院的行政审判力量配置来源没有完整的配套政策措施。与跨区域集中相伴的是专业审判力量的供给不足，跨区域集中管辖后，案件数量的上升，客观上要求提升审判力量的数量和素质。在相关配套政策中，对于非集中管辖法院的行政审判人员的调任、职级和异地安置等并未作出统一或相关规定，有法官开始办理其他案件，使得现有行政审判力量尚未实现充分有效整合、利用。

第二，从立、审、执政策衔接方面来看，各省市对跨区域管辖的法院和案件的范围、标准与类型的规定并不一致，可能造成当事人在立案时无所适从，增加权益保护的诉累。在王某某诉长乐市人民政府行政强制违法案中，立案程序经过立案、跨区域、驳回、上诉、申诉、指令予以立案的时间就过了四年多。[①] 对于跨区域这项新的管辖制度，需要在立、审、执几个方面有相应的配套制度，以减轻当事人诉累。

（二）资源配置失衡

全国各省、自治区、直辖市均开展了跨区域集中管辖改革试点工作。[②] 在各种方式的跨区域改革下，行政案件数量成倍增加。以北京第四中级人民

---

① 该案原告王某某于2013年3月1日向福州市中级人民法院起诉，福州中院未立案，又未作出不予立案的裁定。因涉及跨区域管辖调整，王某某于2016年7月11日向福建莆田市中级人民法院起诉要求按照行政案件跨区域管辖规定立案，莆田中院2016年9月29日作出（2016）闽行初258号行政裁定，对王某某的起诉不予立案。王某某上诉后，福建省高级人民法院于2017年1月24日作出（2016）闽行终764号行政裁定，驳回上诉，维持原判。最高人民法院于2017年12月21日作出（2017）最高法行申8805号行政裁定提审该案，并于2017年12月28日作出裁定，撤销莆田中院和福建高院上述裁定，指令莆田中院予以立案。

② 江必新：《从跨区划法院管辖到跨区划法院——兼论新型诉讼格局之构建》，载《人民司法·应用》2017年第3期。

法院和上海第三中级人民法院为例，笔者看到两组数据可反映案件数量的上升情况。2015 年，北京第四中级人民法院共受理以区、县政府为被告的一审行政案件 1397 件，占受理案件总数的 73.8%，是 2014 年全北京市法院受理同类行政案件总数 216 件的 6.5 倍。2016 年，该院受理一审行政案件 2893 件，比 2015 年又增长 107.09%，达到 2014 年同类案件总数的 13.4 倍。[①] 2016 年 7 月 1 日至 2017 年 6 月 30 日，行政案件集中管辖改革试点一年，上海铁路运输法院共受理案件 1549 件，同比集中管辖前四区法院行政庭收案总和增长 43.3%。[②]

1. 案件数量失衡导致部分法院行政庭法官“无案可审”。从以上数据来看，跨区域集中管辖审理行政案件的法院受理案件数量比例在逐年上升，案件被指定到其他法院管辖的法院受理案件数量下降。行政审判案件受理数量出现分布不均衡的情况，导致了原来审理行政案件的法院出现“有人无案办”的情况，面临员额法官案件质效考核的需求，许多行政庭开始审理民事案件，部分法院行政审判呈现萎缩状态。法院行政审判的人案配置产生了“马太效应”，办案数量多、行政审判力量配置强的法院案件数量越来越多，且发挥的作用越来越大，案少人少的法院行政案件数量越来越少，逐步趋于边缘化。

2. 衔接机制不畅导致行政审判庭室“配置虚空”。《行政诉讼法》第四条第二款规定：“人民法院设行政审判庭，审理行政案件。”各地开展行政案件跨区域管辖后，有法院已经取消行政庭的配置，与《行政诉讼法》的规定相冲突。例如，深圳市设立“行政审判中心”，集中一审和二审行政审判力量，集中审理深圳市的行政案件及非诉行政审查案件。有部分法院在确定跨区域管辖案件时，进行了全部行政案件的跨行政区域集中管辖。有些地区将除行政非诉审查案件外的行政案件都集中到其他法院管辖。由于各地情况不一致，有些法院非诉行政审查案件尚未进行集中管辖，或者还需审理部分行政案件，行政审判庭仍有存在的必要，就目前而言行政审判庭的配置尚不可完全取消。由此导致行政审判资源配置与案件数量分配不平衡，行政审判庭室配置与法律规定相冲突。

---

① 参见《〈行诉解释〉：依据实际情况可跨区域管辖行政案件》，载 https：//www.chinacourt.org/article/detail/2018/02/id/3202491.shtml，2019 年 8 月 30 日访问。

② 侯丹华、叶一、崔胜东：《关于行政案件跨行政区划集中管辖改革的观察与思考——以上海铁路运输法院为样本》，载《人民法治》2017 年第 8 期。

（三）协同机制弱化

实质性化解行政争议是《行政诉讼法》基本立法目的，跨行政区域管辖之后，集中审理行政案件的法院有效摆脱了当地行政机关的不当干预，但是在案结之后，息诉罢访以及维稳的难度相对较大。行政诉讼涉及当事人重大权益的案件，要实现“案结事了”，目前行政审判的审查主要是对行政行为的合法性审查，在合法性判断的基础上回应原告的诉讼请求，实质性化解行政争议，需要行政机关在多元纠纷解决机制中充分利用沟通、协调等手段。

1. 化解矛盾纠纷的沟通协调机制缺乏。行政诉讼跨区域管辖后，跨区域集中审理的法院与被诉行政机关的空间距离及沟通协调机制的缺乏，使得跨区域管辖法院与行政机关沟通、协调和化解行政争议的难度加大，案件协调力度减弱，不利于行政争议和纠纷的实质性解决。

2. 矛盾纠纷实质性化解的压力和动力不足。行政案件跨区域管辖后，除上述的空间和沟通机制不畅等原因外，因案件并非行政机关所在地法院审理，该类法院在化解矛盾纠纷时，由于未亲历案件审理过程，对于案件具体内容不甚清晰，所以，在客观上缺乏化解矛盾的基础信息。加之，因案件并非该类法院审理，在化解矛盾纠纷上意愿不足。在信访化解工作中，因被告所在地有当地法院，审理该案的法院在另一区域，且双方之间无隶属关系，容易造成信访化解主体不明，信访化解中的压力和动力不足。

3. 案件审理中的配合容易权责不清。在未进行案件全部跨区域管辖的法院，跨区域管辖的法院与审理部分行政案件的原法院之间涉及协调配合的问题，且协调配合的机制涉及跨区域改革的成效。在这两种法院的行政案件审理中，在立案受理、委托送达、调查取证、沟通调解、审判法庭安排、案件执行、信访化解等事项上需要非跨区域管辖法院的配合、支持。随着审理行政案件数量的减少，这些法院的行政审判业务被剥离、弱化，在没有成熟的协同机制的作用下，两者之间的配合协调难以形成长效合作机制，在制度的实际落实中，存在实践的困难。另外，在没有统一、刚性的协调配合机制的前提下，院际之间的配合在实践操作中易出现权职不清、相互诿责的情况。

（四）诉讼成本激增

跨区域管辖的司法成本增加是与改革相伴而来的，如何消解司法成本增加带来的负担也是改革本身的内容。“对公平正义的追求，不能无视代价。”[①] 行政案件的跨区域管辖既要考虑当事人的诉讼便利，也要有利于人民法院依法行使审判权。对于当事人来讲，跨区域诉讼会引起交通、时间等成本增加，交通不便、地处偏远的区域问题比较突出，一定程度上对当事人的诉讼存在消极影响。对于人民法院来讲，司法送达、调查取证等环节的司法成本在增加。另外，对于行政机关来讲，差旅等费用增加，同时行政机关负责人出庭应诉制度实施效果会打折扣。

三、路径选择：行政案件跨区域管辖到跨区域法院

《行政诉讼法》规定跨区域管辖是“行政审判体制内部的一次功能性调试，也为全面深化司法改革提供法律依据的一种目的性创设”。[②] 行政案件的跨区域管辖是由实践创新到立法肯定的一次有益尝试，在众多的行政案件的跨区域管辖实践中，笔者以为，跨区域法院的设置既符合党的十八届四中全会提出的“探索跨区域法院办理跨地区案件”的顶层设计，又有现存的跨区域法院的实践根基，具备改革的现实可行性，是跨区域管辖的路径选择。

（一）功能定位：重大行政案件跨区域法院审理

“跨行政区划人民法院并不是专门法院，也不是传统意义上在省、自治区内按地区设立，或在直辖市内设立的不对应行政区划的中级人民法院。”[③] 笔者以为，跨区域法院是现有法律框架下的一种特殊的法院设置。行政案件由跨区域法院审理有如下优势：

1. 跨域管辖固定模式解决“两便问题”。相较于行政案件跨区域管辖的其他改革措施，行政案件由跨区域法院审理相对较为固定，避免了不同的省、市、区在行政案件上的立案受理和审理的不统一，给当事人起诉和诉讼代理造成不便。

2. 专业审判团队建设克服“同案异判”。通过行政审判团队的建设，审判团队沟通、交流、研讨案情和共同审理案件，经过庭审流程、文书制作等

① 熊秉元：《正义的成本：当法律遇上经济学》，东方出版社 2014 年版，第 5 页。

② 马迅：《行政案件跨区域管辖改革的检视与省思——以我国〈行政诉讼法〉第 18 条第 2 款为中心》，载《甘肃政法学院学报》2018 年第 2 期。

③ 李少平：《为什么要设立跨行政区划人民法院?》，载《求是》2015 年第 14 期。

环节的磨合，能够整合庞杂的行政审判知识，凝练行政审判经验，促进行政审判队伍的专业化程度逐渐提高，有利于行政案件裁判标准的统一，能够有效克服“同案判异”的现象，保证了行政案件审理的质量。

3. 行政审判资源集中促进配套措施跟进。行政案件跨区域集中管辖的运行，客观上使案件、人员和其他附属资源高度集中。集中可为审判人员安置、职级确定等因素的消解减少障碍，对法官职业的确定性和稳定性均有好处，跨区域法院的建设有利于促进相应配套措施的及时补位。

（二）法院设置：现有体系下跨区域法院布局再造

1. 跨区域法院设置

对于跨区域法院的设置问题，可以依托现有跨区域性质法院进行布局重整。铁路运输法院是在特殊历史条件下设立的，在隶属关系改革之后，其呈现以下特点：第一，传统铁路案件少，与地方法院“案多人少”的情况形成鲜明对比。第二，人、财、物省级统管，独立性强。第三，具有办理跨区域案件的经验。

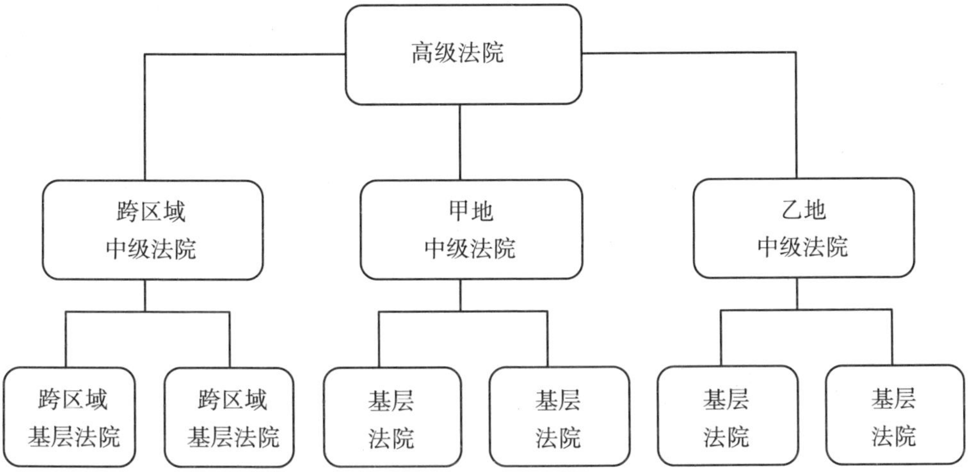

图 1　法院设置的组织机构

如图 1 所示，在省级行政区内设立跨区域的中级法院和基层法院。在此类设置中，行政区划法院保留了行政案件的审理权限，由跨区域法院审理重大案件。对上诉而言，行政区划法院审理的行政案件由中级法院审理。跨区域基层法院审理的行政案件由跨区域中级人民法院审理。

2. 管辖确定

对于行政案件的跨区域管辖，目前来讲，可分为按案件类型管辖和按区域管辖。按类型管辖指行政案件跨区域法院仅审理某一类特定案件的管辖，需同时确定案件类型和管辖法院，而按区域管辖只需确定管辖区域即可，对于具体的案件类型不进行区分。

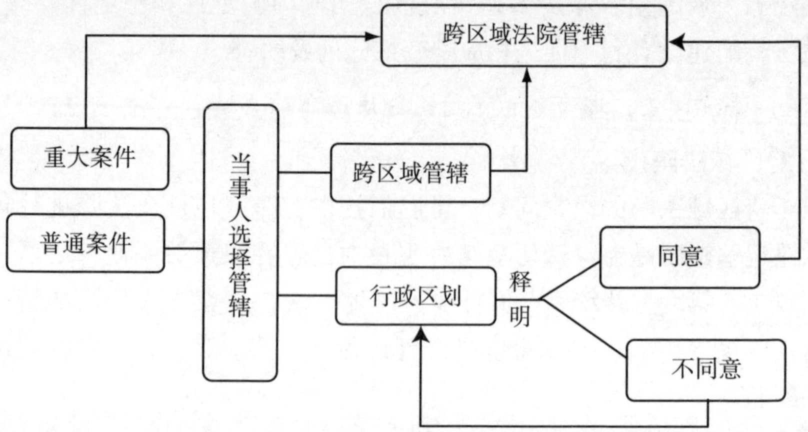

图 2 行政案件管辖确定的流程

对于管辖的确定，应当尊重当事人程序选择的权利，并与跨区域改革相结合。按照案件的类型进行划分，笔者将案件类型分为重大案件和普通案件。对于重大案件，规定由跨区域法院进行审理，当事人对该类案件没有选择权。对于普通案件，由当事人进行选择，当事人选择由行政区划法院进行审理的，由法院立案部门进行释明，经释明，同意由跨区域法院进行审理的，由跨区域法院进行审理，坚持由行政区划法院进行审理的，由原行政区划法院进行审理。

3. 跨区域管辖的标准

“法院管辖区域则要紧紧围绕司法自身的特点与规律来设置，不应该是参照甚至完全照搬行政区划的划分标准或由任何其他因素来决定。”[①] 笔者以为可从以下因素考量：

一看案件受地方干扰程度。“行政诉讼实质上是审被告，这是由行政诉讼的特质决定的。”[②] 行政案件被告所在地与法院管辖范围高度重合，法院在行

① 韩娜：《我国法院跨行政区划管辖制度的价值设定与制度设计》，载《河北法学》2016 年第 2 期。
② 应松年：《中国行政法发展的创新之路》，载《行政法学研究》2017 年第 3 期。

政审判中易受到地方干预，影响司法公正和判决的公信力。行政诉讼跨区域管辖的功能在于规避地方的干预，确保行政审判的公正。随着地方法院人、财、物的省级统管改革及其他司法改革措施的逐步推进，有些行政案件在本行政区域能够得到公正的审理，但是对于一些特殊的、重大的行政案件，在赋予当事人选择权的基础上，应当对这些案件进行跨区域审理。

二看跨区域管辖便宜程度。对何种行政案件可跨行政区域管辖，目前司法实践中没有统一的标准。客观来讲，行政案件在被告所在行政区域管辖，有遭受行政干预的可能，但也并非所有案件都会受到干预，也并非所有行政干预都会影响到行政案件的公正审判。对于适用简易程序、非诉行政审查等类型案件，由本行政区法院管辖较为适宜，有利于纠纷的快速解决，避免因跨行政区域管辖造成司法资源过度浪费。在繁简分流处理案件的改革背景下，应当通过分流机制使简单案件由本区域管辖，特殊案件由跨区域管辖。

三看案件数量均衡配置程度。行政案件跨区域集中管辖对于集中管辖法院来讲，意味着办案力量的加强配置，办案能力和水平要求提高。在选择跨区域管辖的案件中，需要在考虑行政干预、案件繁简程度的基础上，适当控制案件数量，确保案件数量分配均衡。

4. 跨区域管辖的案件类型

按照审理经验来看，行政案件区分可分为重大案件和普通案件。重大案件由跨区域法院审理，普通案件由行政区划法院审理。对于权利义务关系明确案件、简易程序案件、非诉行政审查等，可以由行政区划法院审理。跨区域行政案件管辖类型：

一是以区、县政府机关为被告的涉民生行政案件。涉及区级政府机关的某些特殊行政案件，如环境保护行政案件，涉食品安全行政案件，房屋征收补偿等，这些案件事关重大民生民计，进行跨区域集中管辖能避免地方保护的干预。

二是行政公益诉讼案件。行政公益诉讼案件主要涉及生态和资源保护、国有财产保护、国有土地使用权出让等领域，行政机关的不作为或者违法行使职权，使国家和社会公益遭受侵害的。这类案件原告（公益诉讼人）为检察机关，被告为行政机关，该类案件在诉讼中，检察机关作为法律监督机关监督行政机关依法行政，监督人民法院依法审判，检察机关在诉讼中既有当事人的诉讼权利，又具有法律监督机关的监督权。该类案件通常涉及地方政府的重大利益，在审判中容易使地方法院陷入尴尬境地，跨区域管辖能够实现权力的平衡。

三是规范性文件的附带审查案件。一方面，从制定主体看，该类规范性文件的制定主体有时层级较高，基层法院负担较重，且分散审理，容易形成不同的结论，进行跨区域集中管辖在积累丰富行政专业素养和经验的同时，能够在裁判的标准上形成高度统一，促进行政机关依法行政。另一方面，行政行为所依据的法律规范是面向不特定对象的，在个案中，审判机关对于规范性文件的附带审查关乎行政秩序的稳定。规范性文件审查的强度从根本上讲涉及行政权与司法权的关系，行政行为所依据的条款在这类诉讼中属于争议的关键与核心问题，法院对于规范条款的审查强度把握稍有偏移，就会造成行政与司法的紧张关系。

四是行政再审案件。再审案件通常是由于证据、程序等事项使得原判决和裁定有错误的。再审案件跨区域进行审理，有利于其独立公正。

（三）区域协同：新型行政诉讼格局之构建

要建立“普通案件在行政区划法院审理，特殊案件由跨区域法院审理”的新型诉讼格局，需正视行政案件跨区域管辖与原审理方式的差异，充分认识到跨区域法院与行政区划法院是一种互补关系，在案件审理上互相配合，通过建立沟通协调机制发挥社会协同治理的作用。

1. 跨区域立案与异地审理

通过完善跨区域立案，消解因为空间限制带来的诉讼不便是必须考虑的问题。目前，有法院通过当事人所在地法院进行立案审查，审查通过后将纸质材料邮寄给案件受理法院，实现了跨区域立案。[①] 有法院通过中国审判信息网的网上立案实现了跨区域立案，打破了跨区域法院审理案件的空间限制。

在异地审理方面，对于行政案件跨区域管辖的案件开庭审理，杭州互联网法院的方法可资借鉴，当事人通过手机或者电脑即可实现远程开庭审理，亦有法院在刑事案件的审理中，通过远程视频庭审的方式进行案件审理。跨区域法院的开庭审理问题亦可通过异地审理的方式进行，减少当事人的诉讼成本。因对司法判断权的问题涉及较少，对于行政案件的执行，由当事人选

① 参见《跨域立案让一天变成十分钟 河南法院方便群众诉讼有章法》，载《人民法院报》2019 年 4 月 25 日，第 1 版。

择，可向被告所在地法院申请执行。

2. 跨区域案件审理的协同机制

跨区域法院审理行政案件，通常涉及案件委托送达、委托调查取证、证据交换、远程开庭等事项，该类事项的配合较为重要。行政区划法院保留行政审判团队审理普通行政案件时，可通过设置协同办理人员联络员名单，由专人负责的方式参与案件的协同办理。

在行政争议的实质性化解方面，由于区域空间的限制，行政争议和行政区划相分离，两地法院联系减弱，同时打破了原本依托当地党委政府化解矛盾的机制，因此，对于群体性案件或者涉食品安全等行政案件，应当通过联席会议制度建立常态化的沟通联络机制，协同化解行政争议。

结语

行政案件的跨区域集中管辖是行政审判体制在“入口关”对行政诉讼独立、公正审判的尝试与探索。从目前《行政诉讼法》第十八条第二款的立法解读来看，跨区域管辖是有限的，并非全面对地域管辖的突破。从《行政诉讼法》的地域管辖原则来看，仍坚持“被诉行政机关所在地法院管辖原则”。因此，结合立法本意和对司法实践的现实回应，全面对行政案件跨区域管辖并不符合立法原旨，容易给司法实践造成一定的负面影响。正如有学者所言，“行政审判体制问题的核心在于法官的独立性与权威性，而并不在于法官所从属审判组织的具体组织形式，仅有后者的改观应当难以从根本上真正解决面临的问题”。[①] 党的十八届四中全会决议和最高人民法院“五五改革纲要”对行政案件管辖有新的要求，决定目前对跨区域案件管辖不宜走得过快，而是应当在实践中认真总结跨区域案件的范围和标准，以期未来实现行政案件司法管辖区与行政管理区的分离。

（作者单位：天津市河西区人民法院、天津市河东区人民法院）

① 刘飞：《行政诉讼制度专题研究：中德比较的视角》，法律出版社 2016 年版，第 26 页。

行政争议实质化解机制完善若干思考

——结合浙江行政争议调解中心推进实践

朱秀华

【摘要】本文立足司法实践观察视角，探讨从解决行政争议到“实质”解决行政争议的理解，从法理和规范两个层面分析行政争议实质化解实现的不同路径，总结浙江行政争议调解中心推进实践及实效，以期通过完善构建行政争议实质预防化解机制，有效避免裁判僵化和协调泛化，最大限度发挥协调型行政争议解决模式优势，又不至于迷失规则之治的方向。

【关键词】行政争议　协调　构建完善

一、问题的提出

在“案多人少”的现实面前，人民法院着力于实质化解行政争议的原动力是什么？何谓“实质”化解行政争议？解决行政争议在现有制度框架内的实现路径有哪些，不同路径特点是什么？探索完善构建实质化解行政争议机制的预期追求是什么？现有机制运行效果如何，下一步如何更好地推进？习近平总书记在中央全面深化改革委员会第十八次会议上强调，法治建设既要抓末端、治已病，更要抓前端、治未病。要坚持和发展新时代“枫桥经验”，把非诉讼纠纷解决机制挺在前面，推动更多法治力量向引导和疏导端用力，把矛盾纠纷源头预防、前端化解、关口把控，完善预防性法律制度，从源头上减少诉讼增量。人民法院在新时代的角色定位，是否仍然是化解已然的纠纷？能否往前一步，走向司法治理？带着这些疑问，本文不仅着眼如何“抓末端”，实质解决行政争议，亦放眼“抓前端”，在健全行政争议预防性法律制度构建方面进行有益探索。

二、“实质”解决行政争议之缘起及内涵界定

（一）从解决到“实质”解决

2014年修正的《行政诉讼法》明确将“解决行政争议”作为立法目的，将原有的二元架构丰富为三个面向，并且置于保护合法权益和监督依法行政之前，旨在“进一步强化通过行政诉讼化解行政纠纷的作用，以法治的方式解决行政争议，有利于增强公民、法人和其他组织的法治意识，形成遇事找法、依法维权，避免出现信访不信法的现象”。[①] 2020年6月22日，《最高人民法院关于行政机关负责人出庭应诉若干问题的规定》第十一条第三项规定“行政机关负责人出庭应诉的，应当就实质性解决行政争议发表意见”，“实质性解决行政争议”首次在法律层面亮相。实际上在2014年《行政诉讼法》修正之前，最高人民法院已经多次强调该命题，并围绕该命题进行了一系列的制度创新和工作机制的改革和完善[②]，所以司法实践层面对此并不陌生。根据最高人民法院2021年3月公布的《关于办理行政申请再审案件若干问题的规定》第三条第三项的规定，由高级人民法院审查更适宜实质性化解行政争议的，最高人民法院可以决定由作出生效判决、裁定的高级人民法院审查，更加印证了司法实践从纯粹地解决行政争议迈向更高要求的“实质”化解行政争议。

（二）“实质”解决的内涵界定

实质法治主义强调纠纷的实质性解决，包含三层意思：一是案件已经裁决终结；二是当事人之间的矛盾真正地得以解决，没有留下后遗症；三是通过案件的审理，明晰了此类案件的处理界限，行政机关和社会成员能够自动根据法院的判决调整自身行为。[③] 以实践中现有的可操作性界定标准，一是裁定准予撤诉，二是制作调解书，三是一审裁判后未提出上诉，或者上诉之后经协调撤回上诉或起诉等。相比之下，解决行政争议的路径可以理解为历经一审、二审甚至申请再审或者转而信访，对于争议作出法律层面的终局性

---

① 信春鹰主编：《中华人民共和国行政诉讼法释义》，法律出版社2014年版，第4页。

② 江必新：《论行政争议的实质性解决》，载《人民司法·应用》2012年第19期。

③ 江必新：《论实质法治主义背景下的司法审查》，载《法律科学（西北政法大学学报）》2011年第6期。

评判，而“实质”解决更多地侧重于案结事了。

有观点认为，“实质性解决行政争议”与行政诉讼的性质不符，与司法权的本质相悖，与当事人的诉权冲突。行政诉讼性质体现为解决争议、监督权力和救济权利三重面向，将行政争议实质性解决作为目标，协调过程影响法官的中立地位，会从根本上伤害司法权；也有观点认为，“在这征收拆迁十大典型案例中，除了1号案例以外，其他9个案例都没有进入二审程序，在今天行政诉讼‘三高一低’（上诉率高、申诉率高、上访率高、息诉率低）的大背景之下，这个导向具有十分积极的法律意义。通过行政诉讼，法院只有实质性解决了行政争议，行政诉讼法的立法目的才能得以实现”。[①]

“实质性解决行政争议”并非意味着只能通过协调最终以原告撤诉或者制作调解书结案，并不排斥协调不成的情况下，及时依法裁判，定分止争。也就是“实质”解决行政争议在行政诉讼制度框架内实现的路径是依法裁判或者协调撤诉、调解，并不能将“实质”解决行政争议限缩为协调撤诉、调解单一面向，而将依法裁判与“实质性解决行政争议”割裂。依法裁判后，如当事人基于对既有裁判的信服不再上诉，或者在既有裁判的基础上虽提出上诉，后经协调撤诉，仍属于行政争议“实质”解决。因此，人民法院基于当事人意愿而进行协调，并非有观点所称的“主动放弃裁判权”，反而是恪守司法谦抑，始终保留司法裁判权。

三、“实质”解决行政争议路径选择

依法裁判或者协调撤诉、调解，两种路径本身并无优劣之分，关键在于个案情况和当事人诉求。[②]

（一）青睐依法裁判的理由

一是较之于个案协调，裁判更重视规则的确立，以使公众能够根据法院的裁判明晰行为范式。“大多数情况下，撤诉不但没有让原告的合法利益通过诉讼得到保护，诉讼个案对推动法治进程可能的贡献也因此化为泡影。”“行政诉讼法构造了一幅个人和政府对簿公堂、共同接受法院裁判的法治图景。

---

① 章剑生：《行政诉讼法律审查的基本方向——全国法院征收拆迁十大典型案例评析》，2015年6月16日，作者授权“法客帝国”发布。

② 章志远：《行政争议实质性解决的法理解读》，载《中国法学》2020年第6期。

通过个案诉讼，在法律秩序内部制造了个人与政府的紧张关系，郑重地提出行政行为合法的问题；法院对行政行为合法性的裁决，尤其是对行政违法的宣告，将能够促进行政机关依法行政和行政法律体系的完善。”① “如果说所有的或者大部分的诉讼当真是通过和解而不是判决来结案的话，那么相互妥协就会替换掉权利实现。这样的话，法律规范的实效性就会持续地失去其现实意义。法律秩序就会在国家的名义下变成一堆毫无约束力的规则集合，因为‘当事人’协商一致便可以关掉这些规则的阀门。”② 二是较之于规范、公开、透明的实体裁判，协调化解过程的隐蔽以及只言片语的裁定，难以消除公众对协调公正性和合法性的疑虑。

（二）推崇协调化解的理由

一是对于行政诉讼“解决行政争议”立法目的的现实回应，并未停留在“一判了之”，而是关切回应原告诉求。实践中常见原告基于征收补偿提出一系列政府信息公开申请和多起诉讼，其诉求并不只是获取政府信息，核心是安置补偿利益，人民法院对于被告所作信息公开答复的合法性评判无法解决其补偿权益事宜，对于“解决行政争议”的回应，并不意味放弃或者消减对于权利保护、权力监督立法目的的追寻。二是弥补行政诉讼制度本身存在的局限性，如行政诉讼客观诉讼的偏向可能导致诉判分离，司法裁判对行政行为作出撤销等否定性评价，并不能当然使得由此引发的法律关系争议必然消解。三是基于司法谦抑或者对行政机关首次判断权的尊重，人民法院作出责令重作、采取补救措施等裁判，容易引发新的诉讼造成诉累。四是弥合形式法治与实质法治缝隙，中国现阶段的特殊国情决定了镶嵌在社会结构中的行政审判实践所面临问题的复杂性，使得抽象法律规范投射到个案可能产生不尽合理却未明显不当的效果，应协调促使更多公平正义而不僭越行政权。

（三）如何最大限度发挥协调优势，又不至于迷失规则之治的方向？

“协调”一词从未出现在实体法层面，却在实践中得到广泛运用，广义的协调包括调解，而促成和解面向的是当事人。日本行政法学者盐野宏将事

---

① 何海波：《行政诉讼撤诉考》，载何海波：《法治的晨光》，法律出版社 2015 年版。

② 章剑生：《行政诉讼“解决行政争议”的限定及其规则——基于〈行政诉讼法〉第 1 条展开的分析》，载《华东政法大学学报》2020 年第 4 期。

实上存在的这种行政诉讼中的和解称为“实务上的智慧”。[①] 那么，如何避免裁判僵化和协调泛化？

1. 法规范层面。第一，调解的法规范依据。1989 年《行政诉讼法》从“保护公民、法人和其他组织的合法权益，维护和监督行政机关依法行使行政职权”的立法目的二元架构，规定“人民法院审理行政案件，不适用调解”。2014 年修正的《行政诉讼法》规定“人民法院审理行政案件，不适用调解。但是，行政赔偿、补偿以及行政机关行使法律、法规规定的自由裁量权的案件可以调解。调解应当遵循自愿、合法原则，不得损害国家利益、社会公共利益和他人合法权益”。2019 年《最高人民法院关于审理行政协议案件若干问题的规定》第二十三条规定“人民法院审理行政协议案件，可以依法进行调解。人民法院进行调解时，应当遵循自愿、合法原则，不得损害国家利益、社会公共利益和他人合法权益”。类比《民事诉讼法》对于调解规定“人民法院审理民事案件，应当根据自愿和合法的原则进行调解；调解不成的，应当及时判决”，可以总结为行政案件仍然以不适用调解为原则，可以调解的案件类型主要分为两类：第一类是行政赔偿、补偿以及行政机关行使法律、法规规定的自由裁量权案件；第二类是行政协议案件。第二，调解以外的协调的法规范依据。由于行政诉讼客观诉讼导致部分诉判分离等现实需求，使得案外和解大量存在，使得“不适用调解”的实定法规定已经被现实运作中所遵循的活法所悄悄置换。[②] 2007 年年底通过的《最高人民法院关于行政诉讼撤诉若干问题的规定》，首次从司法解释层面规定，人民法院经审查认为被诉具体行政行为违法或者不当，可以在宣告判决或者裁定前，建议被告改变其所作的具体行政行为，经原告申请撤诉，法院审查裁定准予的模式，将“协调”从幕后搬到台前。

2. 政策层面。较之于调解具有的法律依据，协调更多的是政策供给。2006 年 9 月，中共中央办公厅、国务院办公厅联合印发《关于预防和化解行政争议健全行政争议解决机制的意见》，同年年底最高人民法院发布《关于妥善处理群体性行政案件的通知》（法〔2006〕316 号），明确“积极探索以和解方式解决群体性行政争议机制。对于群体性行政争议案件，要尽可能通

---

① ［日］盐野宏：《行政法》，杨建顺译，法律出版社 1999 年版，第 369 页。
② 朱新力、高春燕：《行政诉讼应该确立调解原则吗?》，载《行政法学研究》2004 年第 4 期。

过协调方式加以解决。在依法进行合法性审查的基础上，对行政行为违法或者明显不合理、不适当，符合和解条件的案件，根据当事人自愿，积极做好协调工作，促使当事人达成诉讼和解，以达到消除矛盾、减少对抗、定分止争、案结事了的效果”。2007 年先后发布的《最高人民法院关于为构建社会主义和谐社会提供司法保障的若干意见》（法发〔2007〕2 号）、《最高人民法院关于进一步发挥诉讼调解在构建社会主义和谐社会中积极作用的若干意见》（法发〔2007〕9 号），规定对行政诉讼案件，人民法院可以根据案件实际情况，参照民事调解的原则和程序，尝试推动当事人和解，不断完善行政诉讼案件和解工作机制。同年，最高人民法院又发布《关于加强和改进行政审判工作的意见》（法发〔2007〕19 号），规定人民法院在审理行政案件过程中，要按照“坚持合法审查，促进执法完善，依法规范撤诉，力求案结事了”的要求，积极探索行政案件处理新机制。《最高人民法院关于当前形势下做好行政审判工作的若干意见》（法发〔2009〕38 号）规定，要善于运用协调手段有效化解行政纠纷，促进社会和谐。在不违反法律规定的前提下，将协调、和解机制贯穿行政审判的庭前、庭中和庭后全过程。要探索建立制度化的沟通协调平台，积极争取当地党委和政府的支持，形成协调、和解的合力，有效化解行政争议，维护社会和谐。《最高人民法院关于进一步贯彻“调解优先、调判结合”工作原则的若干意见》（法发〔2010〕16 号）则强调着力做好行政案件协调工作。在依法维护和监督行政机关依法行使行政职权的同时，要针对不同案件特点，通过积极有效的协调、和解，妥善化解行政争议。

概括之，协调的空间存在于：行政赔偿、补偿以及行政机关行使法律、法规规定的自由裁量权案件；行政协议案件；被诉具体行政行为违法或者不当的案件。其分别着眼于可处分性和违法性或不当性。

四、行政争议实质化解机制构建的浙江探索

浙江省自 2017 年左右开启行政争议实质化解机制探索，通过建立“行政争议调解中心”，辅之配套运行机制，增大协调解决行政争议的合力。在党委领导下，人民法院以法治政府推进者、不失中立的角色定位，由政府唱主角，朝“实质性解决行政争议”方向共同迈进。

（一）浙江探索的源动力及主要做法

设立行政争议调解中心专司行政争议调解工作，系法律执行、法理演绎及现实需要等因素共同催生的当代产物；仅仅依靠判决的“定分止争”职能，尚难以有效完成新时期人民法院面临的解决行政争议的时代任务。[①] 一是纾解人民法院新困境。受2014年修正的《行政诉讼法》确立的立案登记制等影响，2015年、2016年浙江全省法院一审行政案件受案量均超过10000件，相比此前年均约4000件增长达2.5倍，在全国居于第6位左右，并呈不断攀升趋势，这一办案“老大难”的基本问题亟待破解。二是回应人民群众新需求。从一审审结案件看，裁定不予立案及驳回起诉的案件数量占比较高，2015年占比为15%，2016年占比达26%。相当于平均5起案件中就有1起案件的原告到法院打官司，程序性驳回既不能监督依法行政，亦未能对合法权益是否需要保护进行判断，程序“空转”现象骤然加重。三是破解社会治理新难题。浙江省经济高速发展，城市化进程不断加速，行政执法高度活跃，征收补偿、土地、乡镇街道等管理领域的行政案件占全部收案的近一半，如案结事不了，徒增治理成本。

自2017年3月，原湖州市法制办与安吉县人民法院设立全国首个行政争议调解中心以来，至2019年12月31日，浙江省省长和浙江省高级人民法院院长共同为“浙江省行政争议调解中心”揭牌，浙江行政争议调解中心实现省、市、县三级全覆盖。浙江省主要从以下几个方面，着力促进行政争议调解中心实体运行：一是省法院与省司法厅共同出台《浙江省行政争议调解中心工作规程（试行）》和特邀调解员名录，建立推广决策授权、非过错责任豁免、调解激励考核、法律援助等各项机制；二是将行政诉讼案件调撤相关指标纳入法治浙江、法治政府考核，如省政府明确将各级行政机关参与行政争议化解率、调解协议自动履行率等情况纳入法治浙江考核内容；三是建立行政执法机关、复议机关先行调解机制，努力将争议化解在源头，化解在萌芽状态，化解在行政（复议）程序中。

各地还结合自身特点进行有益探索，如2019年湖州市人民代表大会常务

① 危辉星、管征：《人民法院实质性化解行政争议的路径探寻——基于浙江法院“行政争议调解中心”的观察分析》，载中华人民共和国最高人民法院行政审判庭编：《行政执法与行政审判》总第75集，中国法制出版社2019年版，第266页。

委员会作出《关于推进行政争议实质性化解进一步加强社会治理的决定》，以容错免责、过错追责等9项制度为保障，以领导小组制、线上调解等6项配套机制的行政争议解纷体系，最早设立行政争议调解中心的安吉大力构建协同性化解、实质性化解、源头性化解“三化机制”，通过加强行政争议诉源治理，构建分层递进化解机制，对行政执法中存在的问题发送司法建议，连续十年发送行政审判白皮书①；温州地区在前期出台《行政争议调解中心实体化实质运行项目工作方案》以及《行政争议协调委员会工作规则》，由当地财政定额保障中心人财物等基础上，不断总结完善，市政府与市中院共同出台《关于进一步加强行政争议预防与实质化解，切实提升行政机关依法行政水平的意见》；衢州地区探索推进行政案件“当事人一件事”集成改革，切实推动建立市级统筹、部门协同、整体联动、线上线下融通的新型行政争议治理体系，中共衢州市委全面依法治市委员会办公室出台《衢州市行政争议联动化解处置办法（试行）》，打造行政争议化解闭环工作机制，实行“案件审理机关建议、党政一把手批办、分管县领导交办、调解中心协调化解、处理结果及时反馈”模式②；杭州地区自2020年7月以来试行聘请专职调解员，解决引调到调解中心后，因没有合适人员接手，还得事事找法官的问题。③

构建机制的优势主要包括：一是保持司法中立，实现资源扩容。有别于传统法院协调“独木难支”，在党委领导下的格局，使得参与协调主体并不局限于被告，充分发挥各级政府在行政争议化解中的牵头、统筹、督促作用和资源优势。二是接受更多监督，增强规范透明。如提前引入检察监督，省法院与省检察院共同制定《关于共同推进行政争议实质性化解工作的纪要（试行）》，明确对于生态环境和资源保护、食品药品安全、国有财产保护等重点领域的行政争议，可邀请人民检察院派员参与。三是发挥司法功能，推进国家治理。不仅将提供有效司法救济和诉讼能够产生定分止争社会效果等因素纳入考量，同时也对发现的治理中存在的不足提出建议。

在推动行政争议调解中心运行的司法实践中，浙江省逐步认识到以下

---

① 王春、孙国华、徐巧玲：《安吉法院去年行政争议案件调撤率达68.9%》，载《法治日报》2021年3月24日。

② 《我为群众办实事⑧：构建新型行政争议治理体系，推进行政争议多元化解》，载“衢州中院”微信公众号。

③ 记者钱祎，通讯员童跃军、骆萍英：《杭州聘专职调解员4个月化解100余起“官司纠纷”》，载《浙江日报》2020年11月19日。

几个“硬核”：一是坚持党委领导是根本保障，必须紧紧依靠党委总揽全局的政治优势；二是政府理解支持是必备前提，必须依靠行政资源有效化解行政争议；三是多方参与是重要支撑，必须依靠社会各界普遍参与保障中心有效运作；四是健全协同机制是关键要素，必须依靠构建协同机制确保形成化解合力。

（二）浙江行政争议调解中心运行实效

行政争议调解中心运行以来，2018 年浙江省一审行政案件协调撤诉率达 25.8%，跃升至全国第三，2019 年、2020 年分别达 32.5%、36.57%，居全国第一，且 2020 年一审行政收案由多年的两位数增长变为下降 20.3%。一大批征收补偿、违法建筑拆除等官民矛盾多发领域的行政争议得到实质性化解：1. 解决一件事。行政诉讼更多还是对行政行为合法性评价的客观诉讼，可能导致诉判分离，司法裁判对行政行为作出撤销等否定性评价，并不能当然使得由此引发的法律关系争议必然消解，相对人可能难以通过一个诉讼解决一件事情，通过协调可以更好地回应核心诉求。2. 减少各方诉累。基于行政诉讼“一行为一诉”的制度架构，司法实践中常有因安置补偿权益引发的一事或一人多诉，表现形式为不仅就涉及实体权益的补偿协议、补偿决定等提起诉讼，同时也提出多个政府信息公开申请及复议诉讼，给当事人带来诉累，极大增加了维权成本，通过协调可以“一揽子”解决该问题。3. 减少循环诉讼。基于司法谦抑或者对行政机关首次判断权的尊重，人民法院作出责令重作、采取补救措施等裁判，容易引发新的诉讼，通过协调可以实质解决此问题。

五、完善行政争议实质预防化解机制的若干思考

（一）发挥数字改革优势，健全行政争议预防性制度

数字化改革的真正伟大之处在于站在后天，设计明天，指导今天①，数字政府的内在形态是代码化的法治政府，法治政府的核心内涵是合法性和最佳性。充分发挥浙江数字化改革先行优势，对法治建设体制机制、组织架构、

① 参见《钱江晚报 · 小时新闻》特派记者蓝震：《全国政协委员朱新力解读“数字化改革”：站在后天，设计明天，指导今天》，载《开两会》两会观察栏目 2021 年 3 月 5 日。

方式流程进行全方位、系统性重塑，在行政争议的诉源治理上下功夫，协同推进数字政府与智慧法院建设，突出运用系统观念、系统方法和数字化手段，打造以行政执法、行政复议及行政审判全流程数据贯通、全链路业务协同为核心内容的多跨协同、整体智治一体化、协同化、现代化行政法治新生态。建立和完善大数据共享应用机制，探索大数据分析研判、服务立法决策等机制，打造行政争议预防化解数字化“浙江样板”。

（二）创新发展“枫桥经验”，完善非诉讼纠纷解决机制

浙江省是习近平新时代中国特色社会主义思想的重要萌发地，是“枫桥经验”发源地，也是诉源治理先行地。目前，全省各县市区均已建立“信访打头、调解为主、诉讼断后”的县级社会矛盾纠纷调处化解中心，尽快推动县级行政争议调解中心整体入驻社会矛盾纠纷调处化解中心，将行政争议化解端口前移，鼓励引导行政机关提交中心调处在行政执法中既已形成但仅靠本机关难以有效化解的行政争议。推动全省各级行政争议调解中心平台全面上线，融入全省在线矛盾纠纷多元化解网上平台，以数字正义推动实现更高水平的公平正义。

（三）探索引导复议先行，强化行政复议主渠道功能

浙江省打造行政复议体制改革示范样本，巩固运用行政复议规范化建设成果，努力发挥行政复议化解行政争议的主渠道作用。进一步完善行政执法机关、复议机关先行调解机制，对于当事人有调解意愿的行政争议，复议机关应在复议程序中先行协调化解；在人民法院严格贯彻落实立案登记制的前提下，探索行政复议与诉讼有效衔接机制，如在行政立案窗口加设行政复议申请受理窗口等方式，在尊重当事人意愿的基础上，鼓励引导复议先行；充实和加强行政复议队伍力量，确保行政复议队伍力量与所承担的工作任务相匹配，健全运行“行政复议局+行政复议咨询委员会”等模式，强化复议纠错力度；建立健全定期通报报告、行政复议决定抄告和行政复议案件纠错后的责任追究等机制，切实发挥行政复议监督功能。

（四）引入评估科学考核，确保司法中立地位不动摇

行政争议实质化解机制构建，仍应坚持“党委领导、政府牵头、法院指导、司法监督”思路。针对个别地方有异化为行政争议化解全过程由司法主导的倾向，应着力从科学考核、人财物保障等多维度完善配套机制。另外，

前期机制构建主要解决行政机关不敢调、不愿调、调不好等问题，目前有的地区已经转变为行政机关想要调但相对人的过高预期导致难调成等问题，可以通过具备专门解纷知识的中立评估员在纠纷进入行政复议、行政诉讼等渠道审理前对其结果进行预测，在降低当事人过高的解纷期望、促成当事人之间达成和解、克服评估式调解的弊端等方面发挥积极作用。可以考虑引入中立评估机制，以促进合意型行政争议解决机制与决定型行政争议解决机制有效衔接。①

（作者单位：浙江省高级人民法院）

① 施立栋：《行政争议的中立评估及其制度构建》，载《财经法学》2021 年第 2 期。

实质性解决行政争议的难点与出路

——以解决行政诉讼原告“隐藏诉求”为进路

吴林轶　尚　雪

【摘要】实质性解决行政争议在实践中面临诸多难题，行政诉讼原告存在“隐藏诉求”即为难点之一，“隐藏诉求”之下的行政争议会引发多个行政诉讼。本文对实践中存在的原告“隐藏诉求”情形进行具体分析，认为之所以存在该情形，除受制于原告的诉讼能力外，还受到当前行政诉讼在解决行政争议过程中所能发挥的作用有限，以及行政诉讼制度设计方面的影响。在此基础上，从三个方面就如何实质性解决原告“隐藏诉求”提出应对之策：一是识别“隐藏诉求”，建立案件纠纷化解评价机制；二是完善相关制度，通过诉讼过程中的诉调对接制度进行保障；三是需要行政复议的配合，针对如何提升行政复议实质性解决行政争议的功能提出建议。

【关键词】隐藏诉求　行政调解　诉调对接

自立案登记制确立以来，行政案件数量逐年上升，为实质性解决行政争议，各地法院采取了许多积极的尝试，比如建立“行政争议审前和解中心”，将争议化解在立案之初，取得了一定的积极效果。但已进入审理程序的行政争议，仍面临着实质性化解的难题，行政诉讼较高的上诉率和申诉率反映出“案结事未了”的问题依旧突出。其中不乏原告的诉讼请求因缺乏事实依据和法律依据，无法获得支持，但原告却“不达目的誓不罢休”，以至于出现好几轮诉讼的情形。笔者认为，原告存在该案不能解决的“隐藏诉求”，是导致“案结事未了”的原因之一。

一、困境：存在于行政诉讼司法实践中的原告“隐藏诉求”

（一）“隐藏诉求”的界定

所谓原告“隐藏诉求”，是普遍存在于行政诉讼司法实践中的一类情形，即行政诉讼原告在该案中所提诉求，无论是否得到法院的支持，均不能解决其真正想要解决的问题，该问题需通过其他诉讼另案解决。原告欲通过诉讼达到的最终目的，即为其在该案中的“隐藏诉求”。

根据“隐藏诉求”的形成特点，大致可分为两类：一类是案件事实清楚，原告与案涉行政行为之间确实存在利害关系，但原告起诉该案是欲将该案结果作为提起另案的基础或证据；另一类是原告与案涉行政行为之间不存在直接利害关系，被诉行政行为选择不正确，比如原告未能准确把握行政行为的性质，起诉的是某一行政程序中的过程性行为、内部行为，而该行为对原告的权利义务不产生实际影响，产生实际影响的是最终对外发生法律效力的其他行政行为。此外，实践中不乏原告因通过其他途径寻求解决无果，故提起行政诉讼向行政机关施压等具有现实因素的情况。

虽然存在“隐藏诉求”的原因各异，但此类行为反映出一个共性问题，即原告在寻找解决问题的路径，而且不惧于通过一次又一次的诉讼来实现其最终目标。因一个行政争议引发多个行政诉讼，无疑是在浪费有限的司法资源。

（二）“隐藏诉求”的具体表现

存在“隐藏诉求”的案件，其可被识别的难易程度有所不同，笔者根据实践中遇到的相关情形，在以下几类案件中作具体阐述。

1. 行政复议类案件

在行政复议类案件中，原告的诉讼请求往往是要求撤销被诉复议决定，除程序性驳回复议申请的情形外，法院在案件审理的过程中会一并审查原行政行为的合法性。探究行政复议类案件中原告的“隐藏诉求”，应当回溯到其在复议阶段所提申请的内容，以此为原点进行判断。

行政复议类案件可分为复议前置和复议选择两类，在复议前置的案件中，不服省级政府作出的征收土地批复而提起诉讼的，大多实质上是对下级政府在执行征地批复过程中制定的征收补偿标准等有异议，因对补偿安置等事宜存在争议，而选择对征地行为合法性提出质疑。这种针对征收土地批复提起诉讼的行为并不能解决其实质问题。

在复议选择的案件中，不乏原告通过先申请行政复议，再对复议决定提起行政诉讼的方式来提升被告级别，借此给行政机关施加压力。因复议选择案件中原行政行为涉及类型较多，如政府信息公开、征收补偿决定、行政许可等，故将其置于同类型诉讼案件中再行阐释。

2. 政府信息公开类案件

在政府信息公开类案件中，原告常常具备“隐藏诉求”的情形，且针对驳回诉讼请求判决的上诉率较高。这与信息公开类案件的特殊性有关，该类案件的审理主要围绕“是否属于政府信息、是否应当公开”等问题展开，特别是在《政府信息公开条例》取消了依申请公开的“三需要”门槛后，原告申请政府信息公开的目的便更加淡出了法官的视野。

该类案件中的原告，常常以申请信息公开为手段，获取信息的目的多为搜集证据，以便作为其他行为的依据或提起其他行政诉讼。在一些案件中，当事人的真实意图并没有非常直接的表现，比如，以信息公开为名义进行咨询，或查阅某行政程序中的案卷材料，至于其咨询或查阅背后的目的，有的可以根据其要求的内容进行判断，而有的却难以直接判断清楚。

因申请政府信息公开及提起相应行政诉讼的门槛低、成本低，故而不乏“滥诉”的情形。原告因其“隐藏诉求”未能解决，频繁提起诉讼，将诉讼作为向政府及其相关部门施加压力、谋求私利的手段，尤以“陆某某诉南通市发展和改革委员会政府信息公开答复案”[①] 为代表。

3. 确认行政行为违法类案件

就确认违法判决而言，其实际意义主要在于指出行政机关作出行政行为时存在违法之处，此类案件中原告即使胜诉，也难以直接从该确认违法判决中获益，所以不妨探究一下原告要求确认违法的真实意图。

在笔者办理的原告某公司诉被告某政府、第三人某厅行政复议一案中，原告因建设某项目准备引进外资，根据当时法律规定需要行政许可机关审查批准，而相关行政许可机关未批准其申请，自此引发纠纷。提起该案诉讼前，

---

① 该案查明陆某某及其家属此前至少已有 94 次政府信息公开申请、39 次政府信息公开复议和 36 次政府信息公开诉讼，法院认为其行为违背了诉权行使的必要性，丧失了权利行使的正当性，属于滥用诉权的行为，故裁定驳回其起诉。

原告已就行政许可的有关问题经历过其他几轮行政复议和行政诉讼，仍未解决，故向被告申请确认第三人不颁发许可证的行为违法。由于法律的修改，原告所申请内容早已不需要行政许可，但其却坚持提起确认违法之诉。经过审理，发现原告的真实目的是想通过确认违法继而提起行政赔偿，由于当年未获得行政许可，导致外资流失以至于项目搁浅，原告认为自己因此遭受了巨大损失，几番诉讼都是想让行政机关为其填补项目损失，然而这本应属于企业生产过程中可能存在的经营风险。

就该案而言，原告的诉求无法得到支持，所以其“隐藏诉求”亦得不到解决，这场旷日持久的纠纷也不会因此而终结，原告仍会为了实现最终目的继续提起诉讼。由于确认违法是提起行政赔偿的前提，同类型案件不妨从这个角度出发，去发现原告的真实意图。

4. 要求行政机关作为类案件

原告起诉要求行政机关为一定行为，比如履行法定职责、作出某行为或者撤销某行为等，有时其真实目的需要从要求作为的内容中判断。在投诉举报类案件中，原告因行政机关未回复其投诉举报，而要求履行法定职责，先不论投诉举报可诉性的问题，要求行政机关处理投诉举报是原告在该案中的诉求，但只有了解投诉举报内容与原告之间的关系才能判断原告的真实意图。比如有因征地补偿的问题而举报违法占地行为，有因医疗事故纠纷而投诉医院的具体工作问题。此外，还存在因未决的民事纠纷而提起行政诉讼的情形，比如原告称某公司不具备采矿许可的条件，故向行政许可部门申请撤销其采矿许可证，事实情况是该公司采矿区与原告承包林地区域重合，采矿破坏了原告种植的树木，但未给予原告赔偿，故原告提起撤销采矿许可证的行政诉讼。类似情形还有很多，具体内容因案而异，但相同的是原告的“隐藏诉求”并非该案审理范围，无法通过该案得以解决。

当然，并非所有原告都具有“隐藏诉求”，许多案件事实清晰、法律关系明确，原告的主张就是其真实目的。比如，在行政协议类、行政处罚类案件中，是要求履行还是要求撤销行政协议，是对是否处罚不服还是对处罚幅度不服，所涉法律关系都十分明确，且与原告具有直接利害关系，原告的主张可以在该案中全部解决。

有些行政案件涉及的行政行为及法律关系错综复杂，不可能将所有问题放在一个案件中解决，这也是行政诉讼“一行为一诉”的基本要求。但这些行政行为彼此具有关联性，原告对其中一个行为不服，很可能导致其对其他关联行为的诉讼。探究原告诉求背后的真实目的，可以发现，有些诉求并不能通过行政诉讼解决，但是原告选择陷于行政诉讼之中，在“理想”与“现实”之间挣扎，始终得不到想要的结果。本文所讨论的发现原告“隐藏诉求”，是从促进行政争议实质性解决的角度出发，试图了解原告争议事实的全貌，通过分析其内心所求，选择合适的解决途径，目的在于减少“案结事未了”的情形，降低上诉率，尽量避免“连环诉讼”的发生。

二、症结：行政诉讼中存在原告“隐藏诉求”的原因探析

（一）行政争议化解体系中行政诉讼的错位

行政争议涉及公共管理的各个领域，拥有多元化的纠纷解决机制，可分为诉讼和非诉讼两类，非诉讼解决机制包括行政复议、行政调解、行政裁决、信访等制度。从运行现状来看，行政复议、行政诉讼、信访构成目前主要的行政争议解决途径。理想化状态下，各种争议解决途径应各尽其用、有机衔接、相互协调，行政复议是主渠道，行政诉讼是最后的防线，信访是补充、兜底，确保所有行政纠纷都有出口。①

然而现实情况却与理想化的“大复议、中诉讼、小信访”的结构不同，形成了与之相反的“倒三角”模式，在该模式下，行政复议利用率低，行政诉讼案件逐年增多，信访潮涌现。许多行政争议未经过复议直接进入诉讼或信访，一些诉讼案件虽结案但未能解决实际争议，继续涌向信访领域，涉诉信访问题突出。复议、诉讼和信访之间的关系并没有呈现出各司其职、相互衔接的顺畅，反倒是在解决行政争议的功能上相互重叠、本末倒置。信访作为补充性的解决途径，应该用来解决因受案范围的限制而不能通过行政救济和司法救济解决的问题，但在老百姓“信访不信法”的心态下，信访却成为其面临行政争议时最为青睐的救济方式。

司法作为保障公民权利的最后一道防线，也应当在纠纷解决体系中扮演最终裁决者的角色，在实质性解决行政争议的背景下，应当坚持司法最终原则，进一步发挥行政诉讼在促进行政争议化解方面的作用。

---

① 参见刘莘、刘红星：《行政纠纷解决机制研究》，载《行政法学研究》2016 年第 4 期。

（二）行政诉讼中影响行政争议实质性解决的因素

1. 合法性审查的局限性

2014年《行政诉讼法》修正时，在第一条立法目的中增加了“解决行政争议”的规定，保留了“保护公民、法人和其他组织的合法权益”的内容，并将原文中的“维护和监督行政机关依法行使行政职权”修改为“监督行政机关依法行使行政职权”。从其立法目的可以看出，行政诉讼兼具行政监督与行政救济的功能，但二者侧重点有所不同，“行政监督重在纠正行政违法，督促行政机关依法行政；行政救济重在保护公民权益，弥补当事人所遭受的损害”。[①] 而解决争议的过程，即为实现行政监督与行政救济，三者共同构成行政诉讼制度的基本目标。

行政行为的合法性审查是行政诉讼中的核心问题，合法性审查作为行政诉讼的基本原则之一，是行政诉讼“监督行政机关依法行使行政职权”的集中体现。合法性审查在规范、指引、评价行政行为方面发挥着重要作用，但从实质性解决行政争议的角度出发，则存在能否有效回应当事人诉讼请求的问题。有学者认为，“合法性审查”作为一个客观性审判标准，事实上将行政诉讼标的限定于“行为”，即使当事人提起的诉讼请求是权利性质的，也不能不回归到“行为”层面。[②] 所以，虽然法院对被诉行政行为作出了合法性评价，但原告的真实利益诉求却未得以解决的情形时有发生。

在修法时加入“解决行政争议”的内容，正体现出行政诉讼目的的多元，要在注重行政争议的有效化解与司法权对行政权的监督中寻找平衡，促进形式公正与实质公正的统一。

2. 有限调解的规定与实际需求不符

基于公权力不得随意处分的限制，主流观点认为，行政诉讼中可调解的对象囿于行政机关行使行政裁量权的行为。《行政诉讼法》第六十条规定了仅行政赔偿、补偿以及行政机关行使法律、法规规定的自由裁量权的案件可以调解。但实践中，撤诉案件的背后却存在大量的诉讼外和解，《最高人民法院关于行政诉讼撤诉若干问题的规定》实际上是在为诉讼外和解解决操作上

---

① 何海波：《行政诉讼法（第二版）》，法律出版社2016年版，第42页。

② 参见薛刚凌、杨欣：《论我国行政诉讼构造：“主观诉讼”抑或“客观诉讼”?》，载《行政法学研究》2013年第4期。

的问题。所谓行政行为不得随意处分，似乎只是在诉讼程序中限制以调解书的形式结案，而当事人在诉讼程序之外的处分，难免会突破有限调解的规定，甚至还存在规避法律规定的情形。

对于当事人而言，选择调解还是判决以及由谁主持调解等，很大程度上是对公正、效率、利益的实现程度等现实因素综合权衡的结果。[①] 与其说是需要诉讼调解，倒不如说是需要一种更加规范化的协调解决手段，对实践中存在的诉讼外调解、和解的现象进行规制，并且依靠更有公信力的机关保证结果的履行，以此找到一条合法有效的途径来解决类似问题。

三、出路：实质性解决原告“隐藏诉求”的应对之策

实质性解决行政争议的核心，在于对“实质性”内涵的理解，诉讼程序的终结并不代表行政争议的完结。有学者认为，“实质性”理当包含“行政诉讼程序终结后未再启动新的法律程序”和“行政实体法律关系经由行政诉讼程序获得实质处理”两方面内容。[②] 诉讼程序启动后，在对被诉行政行为合法性进行审查时，也要关注原告与被告之间法律关系形成与调整的过程，特别是存在原告“隐藏诉求”的案件，有些在立案初期，无法根据诉求准确判断其真实意图，与之相关的事实问题往往需要通过当事人提交的证据以及法庭调查环节才能够予以明确。

当法官在审理案件的过程中，发现原告在该案中的诉讼请求无法得到支持，存在该案无法解决的“隐藏诉求”时，可综合利用裁判之外的手段，促进行政争议的实质性解决。对于该类案件，由于最终得以解决的法律争议并非该案中原告诉请的内容，故应在原、被告双方就有关争议的解决达成合意的基础上，以原告申请撤回起诉的方式予以结案，并将案件的处理情况记录入卷。

（一）源头识别，建立案件纠纷化解评价机制

已经进入诉讼程序的一审行政案件，都存在继续进入二审程序的可能，对于法院而言，控制一审案件的上诉率，将行政纠纷在一审阶段化解，能够

① 参见梁平：《实证视角下契合民意与法治的诉讼调解》，载《法学杂志》2016 年第 7 期。

② 王万华：《行政复议法的修改与完善——以“实质性解决行政争议”为视角》，载《法学研究》2019 年第 5 期。

在一定程度上实现诉讼阶段的“源头预防”。笔者认为，可建立案件纠纷化解评价机制，对一审行政案件的纠纷化解进行可行性评价，在此基础上确定该案适用的解决路径。该评价机制具体包括以下几方面内容：

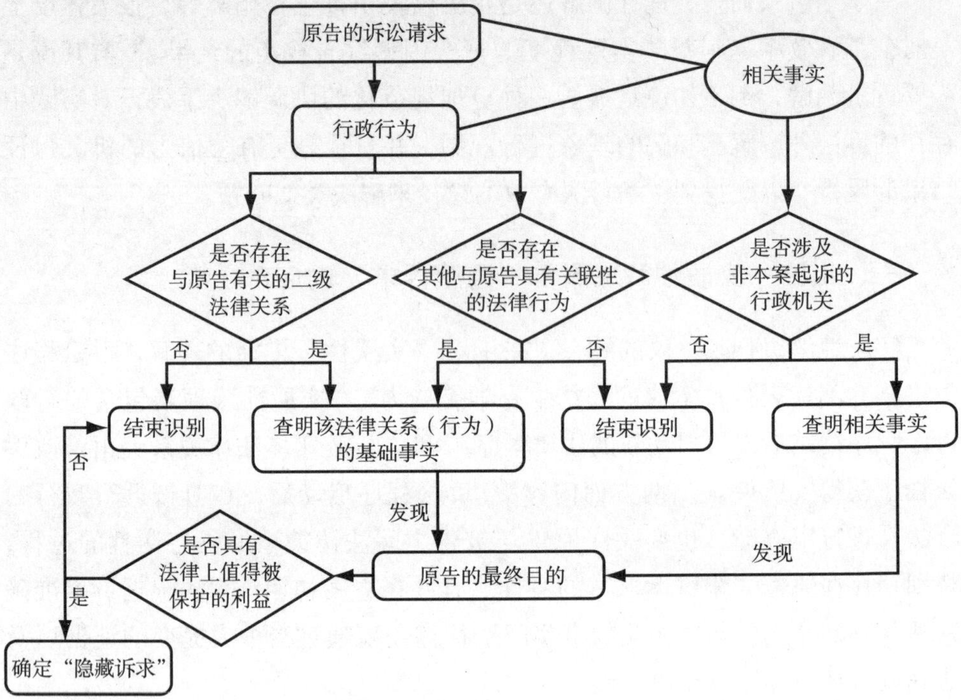

图1　“隐藏诉求”的识别过程

1. 通过“三步走”解析原告的“隐藏诉求”

首先，厘清原告诉讼请求层面指向的行政行为，以及围绕该行政行为产生的案件事实；其次，辨别案涉行政行为是否存在与原告有关的二级法律关系，是否存在其他与原告具有直接关联性的法律行为，足以影响案涉行政行为的作出或法律效力，根据诉讼请求及案件事实判断是否涉及非本案起诉的行政机关；最后，探寻上述内容的相关基础事实，以明确原告的最终目的，判断原告是否具有法律上值得被保护的权益。在解析的过程中，会存在一些主观判断的因素，因为追求纠纷的实质性化解，是为了让真正受损的权益得到保护，而行政纠纷类型多样且复杂，并非所有的“隐藏诉求”都值得被保护，如果不加区分，一味地通过审判以外的途径息事宁人，则有违司法公正，也不利于树立司法权威。

2. 通过法庭审理查明原告的“隐藏诉求”

若想妥善化解行政争议，真正做到案结事了，就需要不仅“知其然”，而且“知其所以然”。法官通过开庭前阅卷，对案件是否存在“隐藏诉求”作出初步判断，在庭审过程中尽可能查明相关事实。将一些与该案行政法律关系不具有直接关联性的事实于庭审环节查明，既不会额外增加法官的工作量，又给予原告充分表达的空间，使其感到被尊重，得到心理上的满足。通过对案件相关情况的梳理，能促使原告调整其预期，而法庭调查了解的事实，也可以作为下一步协调解决的基础。庭审结束后，法官可以根据庭审查明的情况，决定是否对该案进行协调解决，经原、被告双方同意且申请后，导入下一个程序。

3. 判断原告的“隐藏诉求”能否在该案中解决

可分为三种情形：一是，原告的“隐藏诉求”系与该案被告的其他纠纷，双方存在和解的合意和现实基础。该情形下，可通过法院主导下的和解程序寻求解决。二是，原告的“隐藏诉求”涉及该案被告以外的行政机关（错列被告、被告正确但还涉及其他行政机关的情形）。此时不宜由法院直接介入，可与所涉行政机关所在地的行政调解部门进行对接，寻求解决方案。三是，原告的“隐藏诉求”系与案外人的未决民事争议，向原告释明法律关系，建议其可通过对民事争议有管辖权法院的诉前调解部门或者其他社会调解途径予以解决。

通过上述几个方面，法官从是否具有“隐藏诉求”，是否存在协调解决的合意和基础，是否存在适当的解决途径，对案件纠纷的化解进行可行性评价，将符合相关条件的案件导入相应程序寻求救济。

（二）制度跟进，完善诉讼过程中的诉调对接制度

传统意义上，和解与调解的区别在于，前者仅有双方当事人参与，而后者除双方当事人外，还有处于中立地位的第三方参与。《行政诉讼法》中仅有关于适用调解的规定，行政诉讼中的调解是在法官主持下，基于案件审理的实际情况而进行，可适用的案件范围有限且仅能就本案争议的事实作出处分。本文所讨论的存在原告“隐藏诉求”的案件中需要通过协调解决的问题，有的与该案争议的事实存在一定关联，而有的则与该案争议的事实无关，如果在此情形下适用行政诉讼调解制度，则有违“不告不理”的原则。

1. 设立法院内专门的和解机构

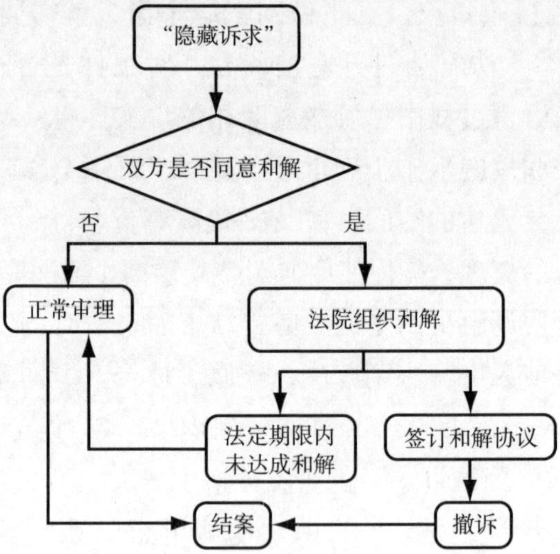

图2　与被告和解的程序

由于存在原告"隐藏诉求"的案件在争议内容上具有一定的特殊性，会牵涉到该案以外的法律关系和相关事实，不宜将案件之外的内容在该案的既定程序中加以解决，此种情形下，采取案外和解的方式更为妥当。

鉴于前文所述第一种情形在案外和解方面的需求，应在法院内部设立专门的和解机构，该机构既可独立设立，亦可依托已有的诉前调解机构予以完善。需要明确的是，经案件各方当事人申请并同意，将其争议导入和解机构进行处理，由于该争议与案涉法律关系不存在直接关联，故该案的合议庭成员不再参与和解阶段的具体事宜，主要由和解员主持进行。各方在和解过程中，应遵循"自愿、合法、诚信"原则，在法律、法规允许的范围内进行和解，行政机关不得随意处分行政权力。此外，可以有审判辅助人员参与和解过程，以掌握和解进度和结果。

该和解程序与传统意义上仅有双方当事人参与的和解不同，由于系法院主导下的和解，和解员将在达成和解的过程中发挥重要作用，因此，和解员可考虑由政府委派或以法院选任的方式产生。如果达成和解，作为产生于诉讼外阶段，未经法院参与而达成的和解结果，应当由当事人双方根据达成的合意订立和解协议，至于其相关效力以及违约救济，法院均可在制度上予以关注和跟进，做到和诉讼过程达成中的调解协议并无区别。

2. 与法院外调解机构的对接

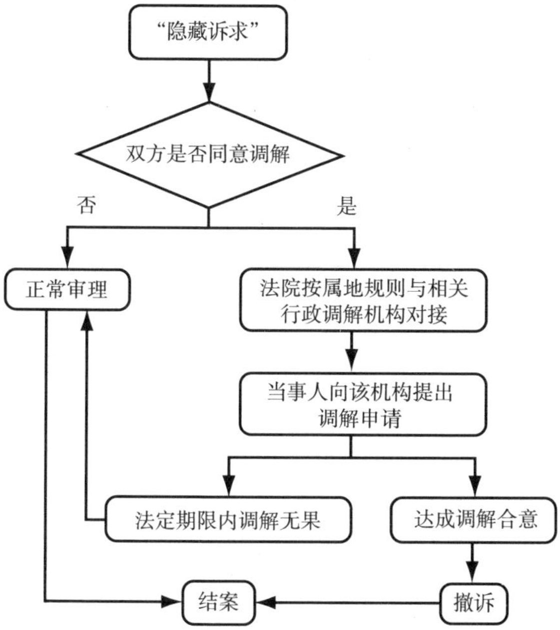

图 3 与被告以外的行政机关进行调解的程序

针对前文所述的第二种情形，原告的“隐藏诉求”涉及该案被告以外的行政机关。此类案件协调处理的难点在于，所涉法律关系并非该案审理范围，基于行政诉讼“不告不理”的原则，法院不能主动审查。可通过加强府院互动的方式，按属地规则与相关行政调解机构对接，并由当事人向该机构提出调解申请，充分发挥行政调解在解决行政争议方面的快捷、专业与广泛性。

行政调解系非诉讼纠纷解决机制的一种，有学者认为其属于行政指导行为，“即行政主体依职权或依相对人申请，在职权范围内，遵照纠纷主体的意思，采用调停、斡旋等方式，给予参考意见、解决纠纷的活动”。[①] 就化解个案争议而言，行政调解拓展了法院选择协调解决行政争议的路径；就促进依法行政而言，行政争议的解决最终在于对行政行为的调整，由行政机关主持调解，更加符合行政相对人的心理需求，也有助于问题的解决。

当然，原告“隐藏诉求”下的纠纷必定有其复杂性，调解只能作为尝试

① 黄学贤、孟强龙：《行政调解几个主要问题的学术梳理与思考——基于我国理论研究与实践发展的考察》，载《法治研究》2014 年第 2 期。

而不是唯一手段。“人民法院府院互动积极功能的发挥，应以坚守有效救济公民权利、有效监督行政权力的底线作为前提”[①]，诉讼不仅要解决争议的问题，还要讲求效率，无论是和解还是调解，都不应是无休止的，需在合理的限度内进行，即确定诉讼中和解或调解的期限，若超过期限仍无法达成合意的，合议庭应及时就案件事实依法作出裁判。和解或调解的过程，能够增强原告对于判决结果的认同，亦使其对所争议问题的症结以及解决问题的途径产生更为清晰的认识。

（三）协同配合，发挥行政复议的主渠道作用

与《行政诉讼法》的修改方向相同，“行政复议法的立法定位逐渐由内部监督机制向行政争议解决机制转型”[②]，而且相比之下，行政复议在行政行为的审查强度、处理程序等方面的特有优势，更有利于实质性解决行政争议，特别是在解决“隐藏诉求”这个问题上，比行政诉讼更加灵活、便捷且高效，比行政调解更具权威，能保障落实。故应当充分挖掘行政复议制度的内在潜力，使之成为解决行政争议的“排头兵”，在此基础上做好与行政诉讼的有效衔接。

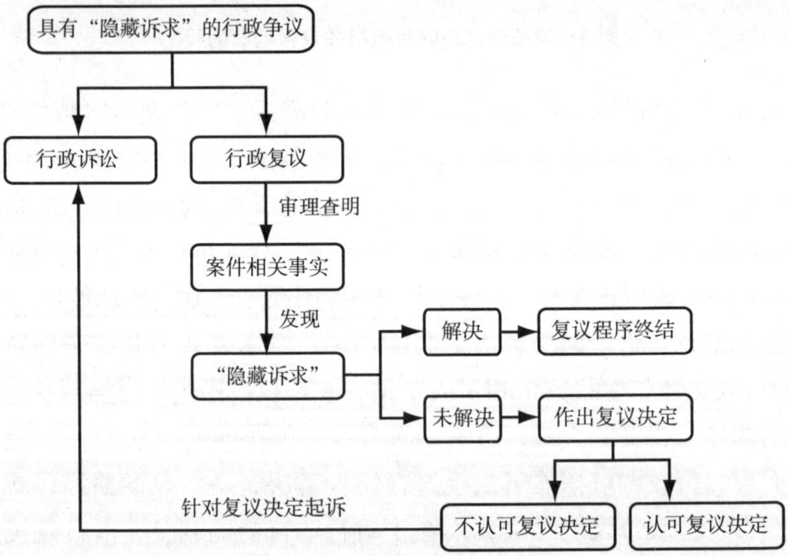

图4　理想化状态下行政复议案件数量应多于行政诉讼案件数量

① 章志远：《中国行政诉讼中的府院互动》，载《法学研究》2020年第3期。

② 王万华：《行政复议法的修改与完善——以“实质性解决行政争议”为视角》，载《法学研究》2019年第5期。

1. 扩大复议前置范围

在《行政复议法》修改的讨论中，复议前置问题一直是争议的焦点，针对现有“自由选择为主、复议前置为辅”的制度安排，有支持亦有反对，有人主张应以复议前置为原则，也有人主张全面实行前置。笔者认为，可以先探索对争议频发、受案量大、专业性强的案件实行复议前置，在实践的基础上不断扩大复议前置范围，将行政争议化解在基层，解决在行政程序中，从而缓解行政诉讼的压力。

扩大复议前置并非剥夺当事人的选择权，对于权利受到侵害的当事人而言，能够得到救济才是最终目的，复议或者诉讼都只是寻求救济的手段，选择的标准系能否公正、有效地解决行政争议。行政复议虽然在解决行政争议方面具有天然优势，能够及时调动行政资源，全面审查行政行为并充分回应当事人的诉求，但是因为其“行政化”的特点，导致复议机关独立性不强、权威性不够，这也成为行政复议利用率不高的重要原因。

2. 充分保证行政复议程序中的公正性

“保证行政复议达到公正的要求，正是推进复议改革的核心、重点与难点”①，其中对程序公正的保障诉求尤为迫切，以此弥补行政复议“行政化”特点下的先天不足。“纠纷解决的公正性与纠纷解决机构自身的独立性和权威性休戚相关”②，目前改革的方向是建立以“块块管辖”为原则，“条条管辖”为例外的管辖模式③，即除垂直管辖外，由县级以上地方人民政府设立复议机构统一管辖的集中复议体制。

“相对集中行政复议权既有利于整合行政资源、强化政府监督，又有利于提升行政复议的职业化和专业化，可以解决行政复议机构多头分散、独立性不够，权威性不足的问题，是行政复议公正的重要保障。”④ 在相对集中的复议体制下，仍需在效率与公正之间寻找平衡。“行政化”与“司法化”之争的内容之一，正是效率与公正如何选择的问题。复议程序的简便虽然提升了

① 应松年：《对〈行政复议法〉修改的意见》，载《行政法学研究》2019 年第 2 期。

② 章志远：《行政复议与行政诉讼衔接关系新论——基于解决行政争议视角的观察》，载《法律适用》2017 年第 23 期。

③ 参见曹鎏：《作为化解行政争议主渠道的行政复议：功能反思及路径优化》，载《中国法学》2020 年第 2 期。

④ 刘莘、刘红星：《行政纠纷解决机制研究》，载《行政法学研究》2016 年第 4 期。

效率，但书面审理的方式亦有弊端，“在效率和公正之间，复议程序的设计应当踩在略偏效率一端，兼顾公正”[①]，从程序公正的角度出发，在重大复杂或争议较大的案件中必须保障听证、质证、辩论等程序的实质化，提升利益相关方的参与度，在充分听取意见的基础上作出裁断。

结语

实质性化解行政争议不仅是保障公民合法权益的要求，还是实现法律效果与社会效果相统一的具体措施，更是推进法治政府、法治社会建设的必然选择。在社会矛盾日益复杂的背景下，行政争议不仅是法律问题，更是某一社会问题在具体行政领域的缩影。对于本文所探讨的原告“隐藏诉求”，法院能解决的部分是有限的，在做好本职工作的基础上，实质性化解还需要借助行政的力量，解析原告真实诉求并且对症下药。既需要完善行政复议制度，让“隐藏诉求”的行政争议能够先进入复议程序予以解决，又需要做好与行政调解的对接，从化解争议的角度出发，实现诉讼中的“源头预防”。

（作者单位：郑州铁路运输中级法院）

① 余凌云：《论行政复议法的修改》，载《清华法学》2013 年第 4 期。

审判实务

行政非诉执行案件审查实务研究

——以C市J区法院近六年数据为样本

沈迎春　李昱娇

【摘要】我国现行法律对行政非诉执行审查程序、审查标准等的相关规定较为笼统，可操作性不强，部分问题缺乏规定。本文以实践为基础，梳理行政非诉案件的特点及审查现状，一方面对审判组织、审查标准、裁执分离等制度问题进行分析，另一方面对特殊类案中行政机关申请强制执行的期限、行政机关催告的起始时间、裁定驳回起诉的适用条件等法律适用问题进行探讨，并从提高行政非诉审查效率、统一非诉审查标准尺度出发，对明确独任审查制、推进裁执分离机制、完善裁定方式适用条件方面提出建议。

【关键词】行政非诉执行　独任审查　裁执分离

《最高人民法院关于适用〈中华人民共和国行政诉讼法〉若干问题的解释》第一百六十条第一款规定，人民法院受理行政机关申请执行其行政行为的案件后，由行政审判庭对行政行为的合法性进行审查，并作出是否准予执行的裁定。近年来，行政非诉案件在法院审判工作中占据着重要位置，已成为行政审判的重要工作。但是现行法律对于非诉审查的相关规定较为笼统，导致实践中存在诸多困惑和争议。本文以C市J区基层法院近六年的行政非诉案件为样本，梳理非诉案件特点及相关工作机制，从行政非诉审查制度以及案件法律适用两大方面进行分析，并从完善审查程序、细化审查标准、明确结案方式、推进裁执分离等方面提出粗浅建议，以期能够对行政非诉案件的司法审查工作有所裨益。

一、行政非诉执行审查的现状与分析

《行政诉讼法》第九十七条规定，公民、法人或者其他组织对行政行为在法定期间不提起诉讼又不履行的，行政机关可以申请人民法院强制执行，或者依法强制执行。行政非诉制度是一套独立完整的程序运行模式和制度安排，被通俗地称为“准官告民程序”。我国现行非诉制度起始于改革开放初期，当时并非一个明确的法律概念，只是司法实务中，行政机关申请法院执行行政行为的情况比较普遍。1990 年 10 月 1 日起施行的《行政诉讼法》第六十六条对非诉执行作出具体规定，至此非诉执行有了明确的法律依据。长期以来，在司法实践中，基层人民法院受理的非诉执行案件一直高于行政诉讼案件，目前人民法院每年受理这类案件的数量平均在 20 万件以上。以 C 市 J 区基层法院为例，2015 年至 2020 年，该院审查非诉案件为 3152 件，准予执行金额近 1. 5 亿元。

从案件基本情况来看，行政非诉执行案件所涉行政管理领域广泛，包括交通、人力和社会保障、公安行政处罚、环保、安全生产、市场管理、建委等，其中数量较多的是交通巡逻 628 件，占 20%；高速执法 1064 件，占 34%；环境资源 1036 件，占 33%（见图 1），且环境资源类案件每年数量大幅增长（见图 2）。在已审结案件中，裁定准予执行 1716 件、不准予执行 133 件、准予撤回申请 1012 件、终结执行 261 件、驳回申请 30 件（见表 1），其中裁定准予撤回申请和终结执行占总数的 40. 39%，部分被执行人经法院引导说服后，自愿履行义务，或当事人达成和解后，法院裁定终结或准予撤回。

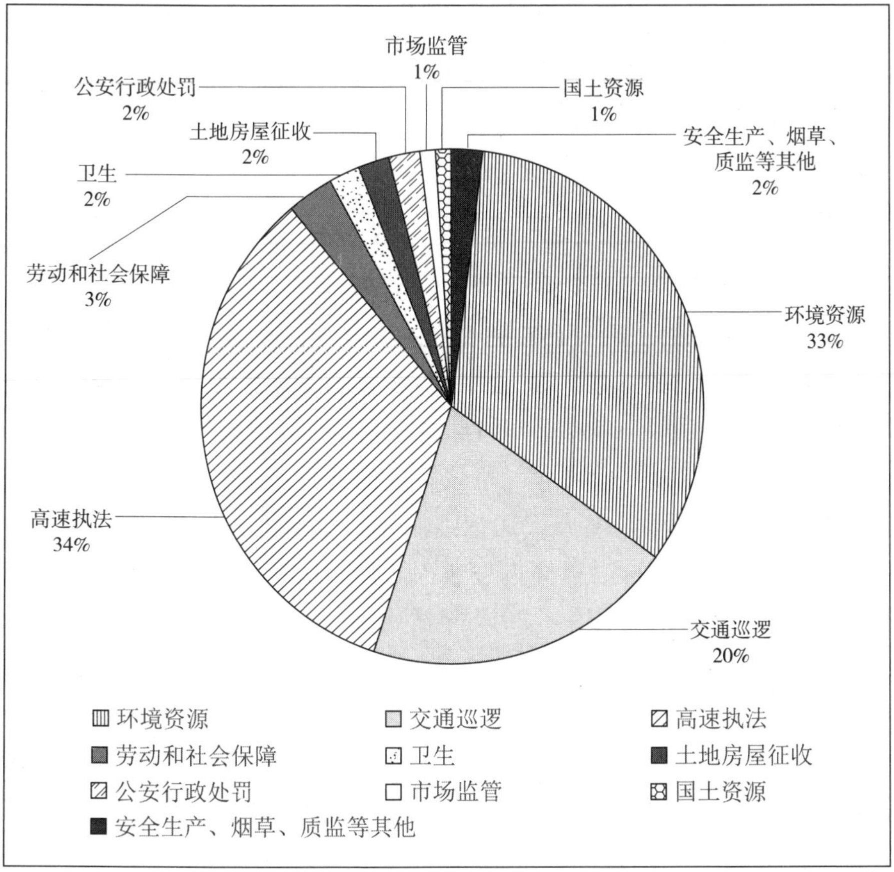

图 1　行政非诉案件类型统计

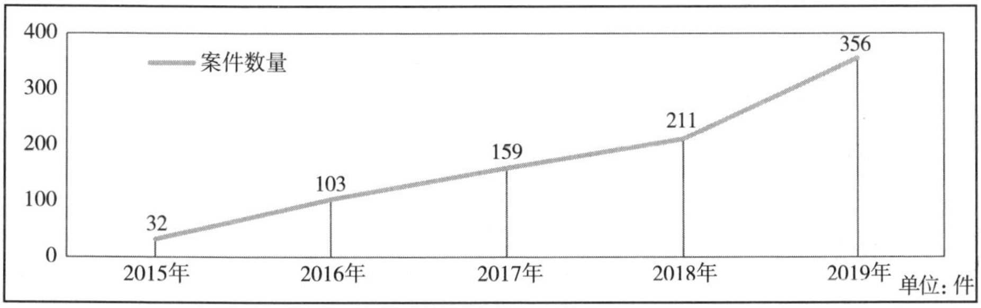

图 2　环境资源类非诉案件趋势

表1 行政非诉执行案件结案方式汇总

件数／年份	准予执行	不准予执行	准予撤回	终结执行	驳回申请	总数
2015—2020	1716	133	1012	261	30	3152
	54.44%	4.22%	32.11%	8.28%	0.95%	

由于非诉案件数量多，所涉领域广，部分案件社会矛盾尖锐，对此，J区法院在审判组织、裁执分离等方面进行积极探索，取得较好效果。一是在审判组织上，该院采取一般独任与特殊合议相结合、以独任审查为主的方式。对处罚金额较大、涉及征收补偿、争议较大的案件组成合议庭进行审查。对独任审查的案件，采取简便方式送达强制执行申请书、权利义务告知书等，在保障被执行人权利的同时提高审查效率。J区法院2015年适用独任制审查案件287件，占总数的67.5%；2019年适用独任制审查案件531件，占总数的99.8%（见图3）。二是积极适用“裁执分离”机制。五年来，该院审查国有土地房屋征收补偿非诉案件55件，裁定准予执行46件，其中交由行政机关自主实施35件，占准予执行的76%（见表2）。同时，积极探索在非国有土地上实施“裁执分离”，如2019年裁定1件交由区林业局自主实施的非国有土地“恢复原状”案件。

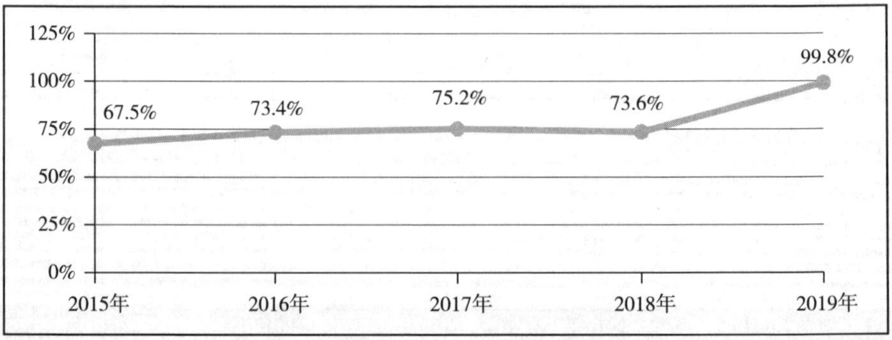

图3 传统非诉案件独任审理占比趋势

表2　适用“裁执分离”制度案件统计

件数 / 年份	案件总数	准予执行	不准予执行	准予撤回申请	终结执行
2015—2019	55	46	0	7	2

二、行政非诉审查机制方面存在的问题

（一）关于采取独任制审查的问题

《最高人民法院关于适用〈中华人民共和国行政诉讼法〉的解释》第一百六十条规定，行政审判庭审查行政非诉执行案件。该条删除了原《最高人民法院关于适用〈中华人民共和国行政诉讼法〉若干问题的解释》第九十三条中“应当……组成合议庭……进行审查”的规定。有意见认为，行政非诉案件应当组成合议庭进行审查，行政行为合法性审查的专业性比较强，在适用法律上的疑难问题比较多，判断是否合法的难度也比较大，因此有必要组成合议庭。笔者认为，司法解释没有规定是否应当组成合议庭进行审查，留下了探索空间。审查标准更为严格的行政诉讼都可适用简易程序，非诉案件采取独任制审查更符合实践需要。首先，简单的非诉案件由独任审判员审查完全可以完成，无须再组成合议庭，可节省审判资源。其次，对于简单的行政非诉案件，实践中大多采取书面审查方式，往往由一名审判员独立完成，可能导致合议制“有名无实”。但是，由于缺少法律的支撑，在独任制的适用条件、制度的细化上需进一步探索。

（二）关于“裁执分离”的运行问题

“裁执分离”是指行政机关申请强制执行，法院审查后裁定准予强制执行，并由行政机关自行实施的情形。首先，由于裁执分离的具体操作规则不明确，导致其在实践中运行有所不佳，如行政机关更希望借助法院的司法权威来促进征收补偿工作的有序进行，加之征收补偿工作容易引发社会矛盾，行政机关组织实施面临压力较大，实践中，在有生效裁判文书的情况下，也有行政机关怠于实施。其次，非诉审查标准本身具有一定争议，在裁执分离模式下又应如何界定，缺乏相应规定。最后，目前法律仅规定部分行政机关

享有执行权，要让裁执分离具有可执行性，可能需要从法律层面赋予行政机关强制执行权。如规划和自然资源管理局对集体土地上的房屋作出征收补偿决定，法院经审查裁定准予强制执行后，若交由规划和自然资源管理局自主实施存在一定的障碍，一方面法律没有赋予规划和自然资源管理局强制执行权，另一方面即使交规划和自然资源管理局自主实施，也涉及多部门的协同配合，往往存在较大阻力，行政机关可能怠于执行。

（三）关于非诉审查标准问题

非诉行政执行司法审查的困境形成已久，实践中一直没有得到很好的解决。《最高人民法院关于适用〈中华人民共和国行政诉讼法〉的解释》第一百六十一条采取了“一主体、三明显”的列举和概括性规定，但是比较原则化，可操作性不强，具体表现为：一是“明显”概念较为模糊，如何认识存在争议。何为明显违法没有具体表述，从哪些方面判断明显违法标准，与一般违法有何区别，达到何种程度的违法才能称为“明显违法”，司法解释未对其有进一步的规定，各地方的审查标准也有所差异。二是行政处罚显失公正的处理问题。有意见认为，非诉审查属于“宽松的合法性审查”，罚过相当不应在非诉案件审查中过多考虑。也有意见认为，虽然显失公正的行政处罚不宜包括在“明显缺乏法律、法规依据”的情形之内，但是依据最高人民法院的观点，损害被执行人实体上的合法权益应当作为首要的核心的问题加以考虑，无论是因行政行为何种原因所致，都不应当准予执行。若行政机关对一个较轻的违法行为给予较重的处罚，则违反了《行政处罚法》第五条第二款“设定和实施行政处罚必须以事实为依据，与违法行为的事实、性质、情节以及社会危害程度相当”的规定，损害了当事人的实体权益，应裁定不准予执行。但在实践中，“显失公正”的界定标准不好把握。

三、行政非诉案件法律适用方面的问题

（一）经法院判决维持或驳回诉讼请求的行政行为，行政机关申请强制执行的期限有待明确

驳回诉讼请求判决生效后，行政机关向人民法院提出的强制执行申请的期限没有明确规定。实践中存在两种处理意见：一种意见认为行政机关申请执行的期限为两年。首先，非诉执行三个月期限的适用前提是当事人不行使

诉权，而《最高人民法院关于适用〈中华人民共和国行政诉讼法〉的解释》第一百五十三条规定的两年执行期限，属于一般性规定，在没有特殊规定的情况下，应当适用一般规定。其次，经过诉讼的行政行为，往往争议较大，在此情形下，期限设定为两年，更有利于当事人实体权益获得充分救济，从而促进争议的实质性化解。另一种意见认为行政机关申请执行的期限为三个月。首先，法院判决驳回原告诉讼请求后，行政机关执行的依据依然是生效的行政法律文书，而非驳回原告诉讼请求这一无实体可执行内容的生效判决书，应适用行政非诉程序中的三个月申请期限。其次，法院判决驳回原告诉讼请求后，被诉行政行为“已经生效”，行政机关申请执行应从其收到生效判决之日起算。最后，将行政机关申请强制执行的期限确定为三个月，有利于增强行政机关工作人员的法治意识和效能意识，促进公共利益的实现，更加符合立法本意。J 区法院对此问题持第二种意见，但部分行政机关提出过异议，笔者建议对《最高人民法院关于适用〈中华人民共和国行政诉讼法〉的解释》第一百五十六条的规定进行修改，或作进一步释义，实现有据可查，从而避免不必要的矛盾。

（二）行政机关催告的起始时间存在争议

《行政强制法》规定，行政机关申请法院强制执行前，应当催告当事人履行义务，并给其十日的履行期限。催告当事人履行义务，实际上具有教育的作用，是坚持教育与强制相结合的方式的体现。但是，对于催告的起始时间，实践中有较大争议。有意见认为，催告前置程序应在被执行人起诉期限届满后，申请强制执行前。告知义务人强制执行的可能性和后果，起到催促、警告的作用，降低执行可能造成的矛盾对立情况，且有利于保障当事人在催告程序中再次享有的陈述权和申辩权。如湖北省宜昌市某法院认为，行政机关在起诉期届满前向当事人发出催告书，该催告前置程序不合法。笔者认为，对该问题产生争议的原因在于缺乏催告起始时间的相关法律规定。实践中，如 J 区法院对催告的起始时间并未作严格限定，只要行政机关履行了催告程序即可。

（三）裁定方式适用条件不明确

《最高人民法院关于适用〈中华人民共和国行政诉讼法〉的解释》没有专门明确审查行政非诉案件的结案方式，为解决实践难题，部分省、市高级人民法院出台了相关规范，如重庆市高级人民法院于 2012 年发布相关会议纪要，明确六种结案方式，以及四种具体情形下的结案处理方式，但这些并不能完全满足司法实践的需要，而且各省市的规定和做法可能存在不同之处。

行政机关未送达行政处罚决定书，应如何裁定？J 区法院裁定不准予执行的案件中，部分属于行政机关未有效送达行政处罚决定书的情形。裁定不准予执行的理由是，行政机关作出行政处罚决定书后，应当向被执行人送达行政处罚决定书，这是行政机关最基本的义务，未送达处罚决定书属于严重违反法定程序，剥夺了被执行人行政复议和诉讼的权利，给被执行人合法权益造成损害，属于“其他明显违法并损害被执行人合法权益的情形”，应当裁定不准予执行。但另有意见认为应裁定驳回申请。审查案件应首先进行形式审查，确认是否符合受案条件，之后再进行实质审查。由于行政机关未有效送达行政处罚决定书，该行政处罚决定书并未生效，不符合《最高人民法院关于适用〈中华人民共和国行政诉讼法〉的解释》第一百五十五条第一款第二项“行政行为已经生效并具有可执行内容”的规定，不具备申请强制执行的条件。如天津市某区人民法院认为，未有效送达行政处罚决定书导致该法律文书依法不生效力。而行政行为生效是申请执行的条件之一，该案不符合申请执行的受理条件，已立案的，应裁定驳回申请。

被执行人主体已不存在，应当如何裁定？2019 年至 2020 年，J 区法院审查有限责任公司在主动履行行政处罚前已注销工商营业执照的案件 30 件。实践中，各地法院对此类案件裁判结果不统一，如浙江、河南、广东、四川、重庆等法院裁定结果都所有不同。由于近年来推进企业简易注销制度改革，大量企业基于各种原因通过简易程序在短时间内进行注销，导致上述类型的案件数量增多，此类案件如何裁定，标准亟待统一。第一种意见认为，行政机关以已注销的公司为被执行人申请强制执行，缺乏事实和法律依据，应裁定不准予执行。如广东省中山市某法院以中山市某公司已注销，中山市生态环境局仍以该公司为被执行人申请强制执行，缺乏事实和法律依据为由，裁定不准予执行。第二种意见认为，被执行人应是行政行为所确定的义务人，被执行人已注销，其法人人格已经消灭，而被执行人的权利义务在本案中无法查证，应裁定终结执行。如重庆市某区环境保护局对重庆市某科技有限公司作出行政处罚后，该公司被注销，重庆市某区人民法院依上述理由裁定终结执行。又如河南省某县人民法院以汝阳县某有限公司办理注销登记为由，裁定终结执行。第三种意见认为，“行政行为已经生效并具有可执行内容”是行政机关申请执行的必要条件，被执行企业已经注销，不具有可执行性，故应裁定不予受理，已经受理的应当裁定驳回申请。如J区人民法院以重庆某公司已经注销，不具有可执行性为由，裁定驳回申请。第四种意见认为，公司收到行政处罚决定书后，应履行该行政处罚决定所确定的义务，由于公司在清算时承诺注销后如有隐藏、遗留的债务，由投资人承担无限连带责任，行政机关可要求公司股东承担责任。如宁波市某区人民法院以宁波市某工艺品有限公司的投资人在注销前未对注销机关承诺行政处罚事宜为由，裁定该公司全体股东承担行政处罚义务。笔者认为，行政机关申请人民法院强制执行，被执行人应当具有相应的主体资格及行为能力，否则不具备执行的条件，没有必要再进行实体审查。裁定驳回申请，有利于行政机关的后续处理，若行政机关收集到企业违法注销的相关证据，使原行政处罚具备执行条件后，行政机关可变更被执行人申请强制执行。

（四）行政机关申请执行冻结行政相对人存款账户的问题

司法实践中，存在行政机关要求强制冻结行政相对人存款账户，但相应的冻结决定书并未送达行政相对人的案件。对此类案件的处理，第一种意见认为，行政机关未将执行依据送达行政相对人，执行依据未生效，不符合上述法律规定，应裁定不予执行。第二种意见认为，行政机关作出的冻结行政相对人存款的决定，属行政强制措施行为，由于行政机关无冻结行政相对人银行账户的权限，其作出的冻结决定，需要借助公检法等司法机关的力量才能实现，如果行政机关的行为不存在《最高人民法院关于适用〈中华人民共和国行政诉讼法〉的解释》第一百六十一条规定的不予执行的情形，就应裁定准予执行，这样才能杜绝行政相对人在知道账户将被采取冻结措施后，实施转移资金的行为。但在采取冻结存款这一措施后，应要求行政机关及时向行政相对人送达决定书。笔者同意第二种意见。

四、完善行政非诉审查的建议

（一）加强顶层制度设计，实现有据可依

一是明确独任审查制。明确独任制审查适用条件，如执行金额较小、行政行为依法当场作出以及其他不宜适用独任制的情形；对于社会影响较大，如征地补偿、被执行人争议较大的案件，仍应适用合议制。明确独任制的审查期限，独任制审查的案件一般比较简单，因此审查期限应低于合议制。可简化送达程序，独任制审查案件，可以采取简便的方式送达执行申请书，告知当事人的权利义务等。二是细化听证程序。进一步明确非诉审查阶段必须听证的情形，以及细化听证的程序。三是明确非诉结案方式。在非诉执行章节明确裁定驳回申请、终结执行以及裁定准予部分执行的情形。加强案例指引，解决实践中的疑难问题，从而统一裁判尺度，防止同案不同判。四是明确催告起始时间。将催告的起始时间确定为当事人起诉期届满之后，防止催告流于形式，保障当事人实现其陈述权和申辩权。五是对一些特殊行政行为的申请执行条件，如对冻结存款的行政强制行为等，作出特殊的规定，以适应司法实践的需求。

（二）明确非诉审查标准，实现司法统一化

关于“三个明显”的认定，可进一步予以说明，哪些是明显，哪些是瑕疵，或通过发布典型案例进行指导。关于明显缺乏事实依据的认定，主要是对证据的判断，如将行政机关未提供认定事实的主要证据的，行政机关提供的主要证据证系行政行为作出后才收集的，行政机关收集的证据不真实、不合法的，重复处罚的等作为缺乏事实依据的情形。在明显缺乏法律、法规依据的认定上，要看行政行为有无法律、法规依据或适用法律、法规有无明显错误，其程度与《行政诉讼法》第七十条规定的“适用法律、法规错误”有所区别，如行政行为没有适用法律、法规，行政机关作出的行政行为的法律文书中没有引用法律依据，适用的法律、法规已经废止或失去效力，所依据的法律、法规明显不适用于行政行为针对的情形，行政行为适用法律、法规违反法律适用原则等。其他明显违法并损害被执行人合法权益属于兜底条款，一般情况下，包括行政行为超越行政机关法定职权范围、行政机关滥用职权损害被执行人权益、严重违反法定程序等。笔者认为，可将结果明显不当也纳入此种情形，如该行政行为严重违反合理性原则，明显超过其违法行为带来的社会危害程度。

（三）推进“裁执分离”，保障当事人权益

采取裁执分离，有利于巩固法院的中立地位，巩固司法权威，具有难以替代的法律意义。在适用范围方面，为避免裁执分离模式在法律依据上出现

混乱局面，建议对社会矛盾尖锐、最难执行的领域循序渐进推进，综合考虑公共利益受影响的程度、专业性、执行难度等因素，将非法占地、责令停产停业等纳入裁执分离的范围，再根据实际逐步扩大至其他领域。具体可先在预试行地区进行充分调研，通过对当地特征与问题的深入了解，有针对性地出台符合本地区实际情况的地方性规章或制度，保障裁执分离的顺利施行，做到有法可依，有据可循。在实施主体方面，可参照相对集中行政处罚权制度，如由原享有行政强制权的某个行政机关集中行使；成立新的政府职能部门集中行使；在行政机关内部成立新部门或原有行政强制权的部门以该行政机关名义综合执法。在执行救济方面，法院裁定准予执行并交由行政机关自主实施后，行政机关所实施的强制执行行为，其本身仍然是行政行为，并非司法行为，因此行政相对人有权就该行为提起行政诉讼，若该强制执行行为违法，对相对人造成损害，应当由作出行政行为的行政机关承担行政赔偿责任，从而更有利于保障当事人的合法权益，发挥司法审查功能，提升司法监督水平。

（作者单位：重庆市江津区人民法院）

涉征迁行政赔偿案件赔偿标准确定难题的实证分析及破解路径

张慧颖　仵　媛

【摘要】 近年来，人民法院受理的行政赔偿案件呈增长趋势，其中涉征迁行政赔偿案件占比较大。此类案件关系到当事人的基本生存权利，是目前行政审判实践中矛盾相对集中、审理难度较高的一类案件。特别是在原、被告无法举证或举证不充分的情况下，人民法院如何确定赔偿标准、分配举证责任、引入鉴定程序等问题，成为当前审判实务中亟待解决的疑难问题。本文立足于审判实践，以陕西法院近三年涉征迁行政赔偿案件的基本情况为视角，探讨目前涉征迁行政赔偿案件审理中存在的疑难问题，对相关司法实务问题进行研究，客观分析审理难的成因，探索审理此类案件的基本理念、原则和思路。

【关键词】 征收补偿　行政赔偿　赔偿标准　司法审查

一、实践考量——行政赔偿案件基本情况及主要特点

（一）行政赔偿案件总体呈上升趋势，涉征迁行政赔偿案件占比较大

2018 年度陕西全省法院受理一审行政赔偿案件 366 件，其中涉征迁行政赔偿案件 203 件，占比 55. 46%。2019 年度全省法院受理一审行政赔偿案件 523 件，同比上升 42. 90%；其中涉征迁行政赔偿案件 422 件，占比 80. 69%。2020 年度全省法院受理一审行政赔偿案件 681 件，同比上升 30. 21%；其中涉征迁行政赔偿案件 592 件，占比 86. 93%（见图 1）。

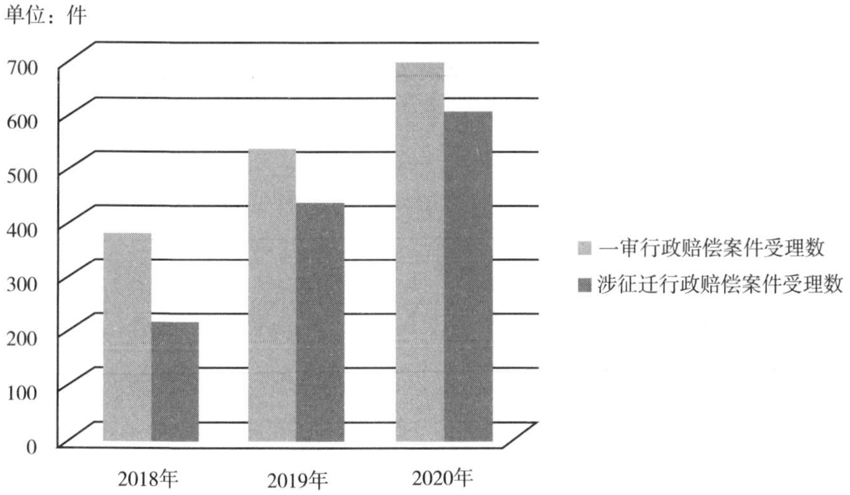

图 1　2018—2020 年陕西法院行政赔偿案件受理数

行政赔偿案件，特别是涉征迁行政赔偿案件数量上升的主要原因在于，经济社会的快速发展和城市化进程的加速推进，对建设用地的需求日益增长，由此引发的征收类行政案件数量长期居高不下，相应的涉征迁行政赔偿案件也日益增多。

（二）从结案方式上看，调解化解争议的效果并不理想

近三年来，全省法院审结的一审行政赔偿案件中，调解结案 31 件、协调撤诉结案 383 件，两项共占比 27.75%（见图 2）；全省法院审结的二审行政赔偿案件中，调解结案 4 件、协调撤诉结案 82 件，两项共占比 14.41%（见图 3）。

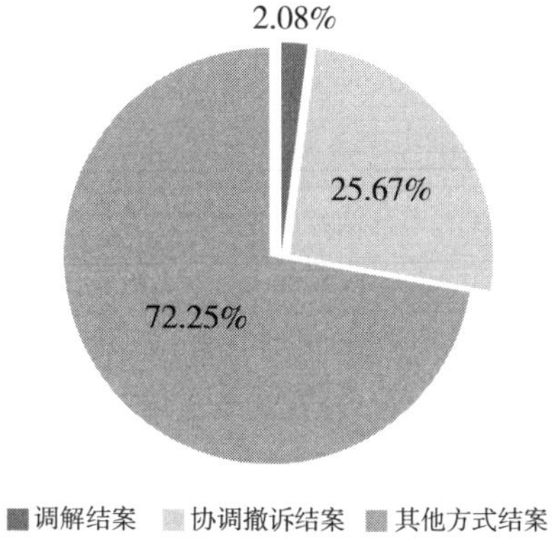

图2　2018—2020年全省法院一审行政赔偿案件调解、协调撤诉结案占比

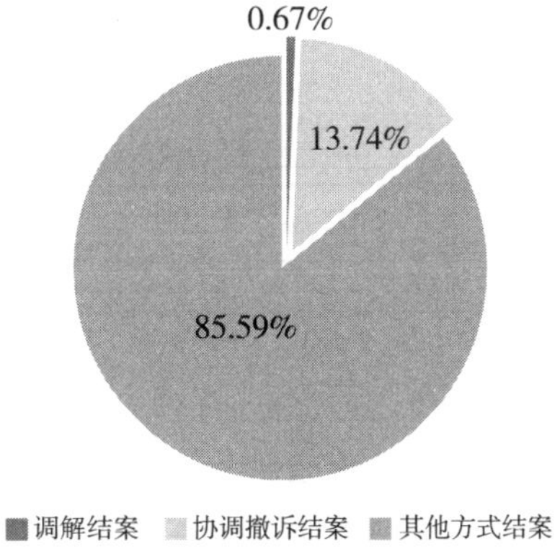

图3　2018—2020年全省法院二审行政赔偿案件调解、协调撤诉结案占比

相比于审判，调解具有其天然独特的优势，能够以相对和平的方式快捷、高效地解决当事人之间的争议。《行政诉讼法》确定了行政赔偿、补偿以及行政机关行使法律、法规规定的有自由裁量权的案件适用调解的有限调解制度，为实质解决行政赔偿争议提供了更多的途径。但从实际情况看，行政赔偿案件调解难度较大、成功率较低，往往是花费了大量的时间和努力，双方当事人仍然无法达成一致，行政赔偿诉讼调解机制并没有发挥出预期的作用。

（三）行政赔偿案件审理难度大、发改率高，因赔偿标准确定不当导致被发改的问题较为突出

2018 年，省法院二审发改行政赔偿案件 41 件，占省法院二审行政赔偿结案数的 70.69%；2019 年，省法院二审发改行政赔偿案件 33 件，占省法院二审行政赔偿案件结案数的 48.53%；2020 年，省法院二审发改行政赔偿案件 78 件，占省法院二审行政赔偿结案数的 61.90%（见图 4）。

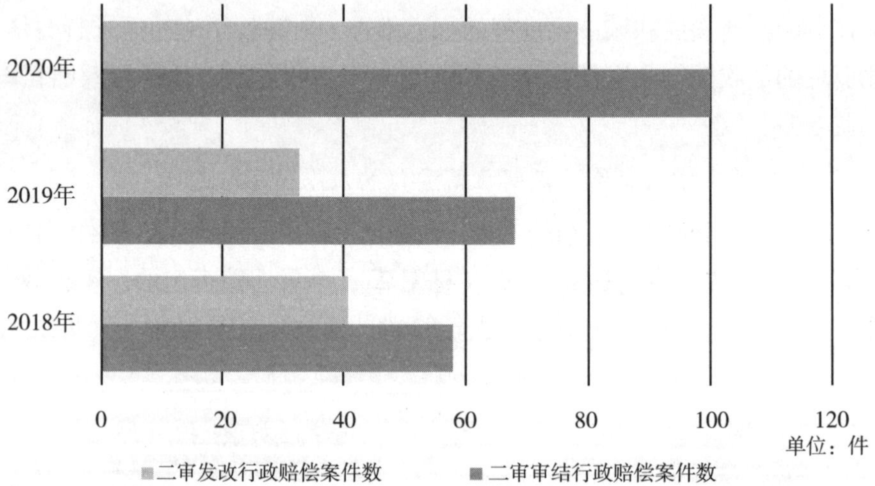

图 4　2018—2020 年度陕西省高级人民法院二审行政赔偿案件数

在近三年来发改的 152 件行政赔偿案件中，涉征迁行政赔偿案件 134 件，占比 88.16%。其中，38 件案件因赔偿标准认定不当导致被发改；19 件案件因违反全面赔偿原则导致被发改；35 件案件因裁判方式明显不当导致被发改。

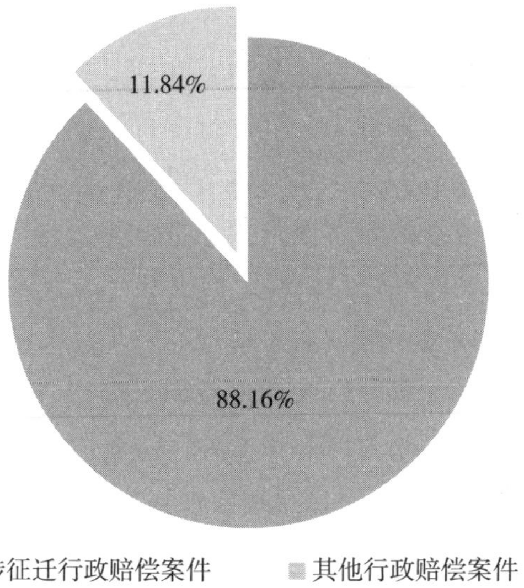

图 5　2018—2020 年涉征迁一审行政赔偿案件发改占比

值得注意的是，在因违反全面赔偿原则或裁判方式明显不当被发改的一些案件中，一审法院因赔偿标准难以确定，从而判决被诉行政机关另行作出赔偿或补偿决定，而未对行政赔偿争议作出实质判决。反映出目前涉征迁行政赔偿案件审理中的主要难点在于赔偿标准的确定问题。

二、问题凸显——审判实务中遇到的困境

行政赔偿案件审理难，涉征迁行政赔偿案件审理起来更难。一方面，涉征迁行政赔偿案件涉及的法律关系更为多元，牵扯的利益格局更为复杂，引发的矛盾更为尖锐，人民法院在审理时既要为积极推动社会经济发展提供司法保障，又要全面保护和救济受害人的合法权益，还要兼顾社会利益和公共利益，十分考验行政诉讼法官的大局观和审判理念养成。另一方面，涉征迁行政赔偿案件的复杂程度不断增加，在具体的案件中，双方当事人往往对赔偿标准争议明显但举证困难，直接影响案件事实的认定进而影响裁判结果，成为案件处理的“瓶颈”。

（一）以征收补偿安置方案作为确定赔偿标准依据存在的主要问题

在征收过程中，对因违法强制拆除造成被征收人房屋等相关财产损失的，参照征收补偿安置方案确定的标准予以行政赔偿，确保受害人因违法强制拆

除行为产生损失获得的行政赔偿，不低于行政机关合法征收给予被征收人的行政补偿。这一做法符合《国家赔偿法》关于“直接损失”的基本原则，不违反法律规定。故在诸多案件中，被诉行政机关主张将征收补偿安置方案作为确定赔偿标准的依据。但是，在具体案件中，各案情况不尽相同：有的涉案征收补偿安置方案未经法定程序作出，以此为依据与法不合；有的涉案征收补偿安置方案作出的时间过早，确定的标准与实际房地产市场行情不匹配，以此为依据无法如实体现土地或房屋的应有价值，受害人的合法权益难以得到充分保障；有的涉案征收补偿安置方案确定的内容并不包含涉案的特殊性质的土地或房屋，无法以此为依据确定赔偿标准。

（二）以评估报告作为确定赔偿标准依据存在的主要问题

《国有土地上房屋征收与补偿条例》第十九条规定确立了以评估确定被征收房屋价值的房屋价格评估制度，并且明确了“不得低于房屋征收决定公告之日被征收房屋类似房地产的市场价格”的标准。《土地管理法》《土地管理法实施条例》虽然对土地征收中的评估程序没有相关规定，但在实践中，不少行政机关在实施土地征收补偿的过程中，参照《国有土地上房屋征收与补偿条例》对被征收土地及地上附着物等也进行了评估，并以此作为确定补偿价值的核心依据。具体到赔偿案件中，以评估报告作为确定赔偿标准的依据，遇到了以下问题：一是评估程序不符合《国有土地上房屋征收评估办法》的相关规定，在选定评估机构、评估机构及估价师资质、是否实地查勘、评估时点和评估方法选择以及评估报告的送达等方面存在违法之处，不能作为定案依据；二是评估报告应用有效期一般为评估报告出具之日起一年，有些评估报告在行政赔偿诉讼时已经超过有效期，评估报告确定价值的时点与实际赔偿时点相隔明显超过合理期限，如仍以评估报告作为定案依据有失公平。

（三）关于已经纳入城市规划区的农村集体土地上房屋的赔偿问题

《最高人民法院关于审理涉及农村集体土地行政案件若干问题的规定》第十二条第二款规定了特殊情形下，原农村集体土地征收涉及的补偿安置可参照国有土地上房屋征收补偿标准执行。实践中，有些农村集体土地虽然已经被征收，但由于种种原因，征收部门并未启动补偿安置工作，农户仍然实际占有、使用原土地和房屋。若干年后征收部门进行补偿安置或者赔偿时，因集体土地与国有土地之间的补偿或者赔偿标准存在巨大的价差，有些案件当事人对补偿或者赔偿标准提出异议，要求参照国有土地上房屋征收补偿标准执行。对此人民法院是否支持，存在认识不一致、裁判不统一的情形。

（四）在诉讼程序中进行司法鉴定存在的主要问题

《最高人民法院关于适用〈中华人民共和国行政诉讼法〉的解释》第四十七条第二款规定："对于各方主张损失的价值无法认定的，应当由负有举证责任的一方当事人申请鉴定，但法律、法规、规章规定行政机关在作出行政行为时依法应当评估或者鉴定的除外；负有举证责任的当事人拒绝申请鉴定的，由其承担不利的法律后果。"在行政赔偿案件中，通过司法鉴定确定赔偿标准和数额也不失为一个科学、合法的途径，但实践中的问题也较为棘手：一是关于司法鉴定的启动，如果负有举证责任的一方当事人未申请鉴定，人民法院应否进行释明？如果经释明后，当事人仍不申请鉴定，人民法院又认为需要鉴定的，可否依职权启动鉴定？二是关于费用，人民法院在审理过程中为了查明案件事实，需要向专门的机构委托鉴定、询价等，专业机构需要收取费用的，由谁承担？三是关于鉴定意见的审查，实践中存在人民法院委托鉴定后，鉴定机构出具的鉴定意见不能采信的尴尬现象，此时是否应该补充鉴定或重新鉴定？能否要求鉴定机构退费？

（五）全案证据不足但又不能拒绝裁判的问题

《最高人民法院关于适用〈中华人民共和国行政诉讼法〉的解释》第四十七条第三款规定："当事人的损失因客观原因无法鉴定的，人民法院应当结合当事人的主张和在案证据，遵循法官职业道德，运用逻辑推理和生活经验、生活常识等，酌情确定赔偿数额。"尽管法律规定的原则易于阐述，但"酌情确定赔偿数额"的具体操作却常常引发争议：能否酌情按照判决时涉案房屋周边房产的市场交易价格确定赔偿标准和数额？能否通过走访询价，酌情按照判决时同区位房屋的市场价格确定赔偿标准和数额？能否酌情按照与当事人相仿的其他被征收人所签订的补偿安置协议或补偿安置决定确定赔偿标准和数额？能否以有瑕疵的征收补偿安置方案或评估报告确定的补偿、赔偿标准为基础，酌情上浮？上浮多少？未及时支付赔偿金所产生的利息应否支持等。

三、破解路径——案件处理的总体思路和方法

（一）涉征迁行政赔偿案件审理的基本原则

行政诉讼应当彰显保护公民产权的制度功能。人民法院应当从基础事实出发，结合责任政府、产权保护等法律理念以及生活逻辑作出合法合理的司法判断，引导政府“严格、规范、公正、文明”执法，体现出以人为本，尊重群众主体地位的制度价值。①

1. 全面赔偿和公平合理原则

人民法院审理涉征迁行政赔偿案件，应当贯彻有权必有责、违法须担责、侵权要赔偿、赔偿应全面的法治理念，坚持全面赔偿和公平合理的原则，确保赔偿请求人的合法权益得到充分保障，最大限度地发挥国家赔偿制度在维护和救济因受到公权力不法侵害的行政相对人的合法权益方面的功能与作用。参照《最高人民法院关于民事、行政诉讼中司法赔偿若干问题的解释》第十一条、《中华人民共和国土地管理法》第四十八条及《国有土地上房屋征收与补偿条例》第二条、第十九条第一款的规定，确定征收过程中违法强制拆除房屋行政赔偿项目和数额时应当秉持的基本原则是：要保障被征收人居住条件有改善、原有生活水平不降低、长远生计有保障，确保被征收人因行政机关侵权所得到的赔偿至少不低于依合法征收程序应得到的补偿。②

2. 司法最终原则

人民法院对行政赔偿诉讼应当依法受理并作出明确而具体的赔偿判决，保护赔偿请求人的合法权益，实质性解决行政争议。在当事人已经依照法定程序提出明确的赔偿请求、案件已经进入司法程序的情况下，人民法院不应再判决由赔偿义务机关先行作出赔偿决定，使赔偿争议又回到行政途径。主要理由有二：一是行政赔偿诉讼在诉讼类型上属于给付之诉，审理对象应当围绕原告主张的赔偿请求、侵权法律关系和侵权责任分配，而非行政机关作出的赔偿（或不予赔偿）决定。二是人民法院直接判决赔偿更有利于公平、公正解决问题，避免行政机关对赔偿问题不予处理、拖延处理或者作出不合

---

① 参见最高人民法院（2015）行提字第 20 号行政赔偿判决。

② 参见最高人民法院（2017）最高法行再 101 号、（2020）最高法行再 38 号行政判决。

理的赔偿决定，最后当事人仍然需要通过司法裁判寻求救济，增加当事人的诉累。①

（二）确定赔偿标准的主要方法

涉征迁行政赔偿案件审理的主要难点在于赔偿标准的确定。由于我国行政诉讼起步晚，法律规定不够具体、明确，加之行政机关的执法行为不规范、当事人包括行政机关的举证能力欠缺的现象较为普遍，导致在具体案件审理过程中，依据不足难以准确界定赔偿标准。秉承“从实践中来，到实践中去”的规律，我们从证据规则的正确适用、审判实践的经验做法中找到了一些实务中可以参照适用的方式方法，为解决此项难题提供些许思路。

1. 正确适用行政诉讼证据规则

根据现行相关行政诉讼法律规定，在行政赔偿诉讼中，原告应当对被诉具体行政行为造成损害的事实提供证据，被告有权提供不予赔偿或者减少赔偿数额方面的证据。但因被告的原因导致原告无法举证的，由被告承担举证责任。人民法院有权要求当事人提供或者补充证据，有权向有关行政机关以及其他组织、公民调取证据。各方主张损失的价值无法认定的，应当由负有举证责任的一方当事人申请鉴定，拒绝申请鉴定的，由其承担不利的法律后果。当事人的损失因客观原因无法鉴定的，人民法院应当结合当事人的主张和在案证据，酌情确定赔偿数额。根据上述规定，在涉征迁行政赔偿案件中，我们可以总结出以下证据规则的适用方法：（1）原告应当对损失价值及赔偿标准提供证据。（2）如果因为被告的违法行为已经陷原告于举证不能的境地，法官则应当运用价值衡量原则，理性地对举证责任重新进行分配，具体的逻辑思维轨迹为：一是被告在实施强拆行为之前有证据登记和保全的法定义务；二是被告未履行上述义务；三是原告已经无法提供间接证据进行举证；四是难以查明赔偿的内容和数额应归责于被告；五是尊重当事人双方合意，依法委托鉴定；六是以鉴定意见确定赔偿标准；七是运用价值衡量原则，由被告承担损害价值难以查清的不利后果。②

如果说举证责任的分配决定了案件事实真伪不明情况下败诉的风险，那

---

① 参见最高人民法院（2019）最高法行申 8133 号行政裁定。

② 刘媛媛：《运用价值衡量规则合理分配新政赔偿举证责任》，载《人民司法（案例）》2011 年第 22 期。

么，证明标准就是判断证据的证明力是否足以达到让事实裁判者对其主张的事项产生内心确信的尺度。[①] 关于行政诉讼证据的证明标准，我国现行行政诉讼法律规范并没有明确规定，但从最高人民法院出台的司法文件中可以看出，最高司法机关对行政诉讼证明标准的基本态度是：首先，由于被诉具体行政行为对原告权益影响的大小不同，所以行政诉讼证明标准应当多样化；其次，对于人身、财产等权益影响越大则越趋向于适用刑事诉讼的证明标准，影响越小则越趋向于适用民事诉讼的证明标准。[②] 我们认为，审理行政赔偿案件，可以适用具有高度可能性的证明标准，即根据在案证据确信案件事实具有高度可能性的，人民法院应当予以支持。

2. 若干疑难问题的处理意见

最高人民法院行政审判庭负责人在 2021 年全国两会期间接受澎湃新闻专访时谈到：人民法院审理行政赔偿案件，必须紧密结合实际，统筹考量受害人损失弥补、国家财力负担、操作便捷性等多方面因素。要更加注重结合个案案情，通过合理界定“直接损失”范围、科学选择损失计算标准，准确认定赔偿数额，既体现出对行政机关违法行政的惩戒性，又有效弥补受害人的合法利益损失。

（1）经过法定程序制订的征收补偿安置方案和依法作出的评估报告是行政机关开展征收补偿安置的依据，也是确定行政机关因违法强拆承担赔偿责任的重要标准。实践中可以根据案件具体情况参照适用：征收补偿安置方案或评估报告的制定和作出程序均符合法律规定，仅强拆程序违法的，人民法院可以结合受害人实际损失、补偿标准发布时间、评估时点、违法行为发生时间等因素，在征收补偿安置方案或评估报告确定的赔偿标准基础上适当上浮，上浮幅度原则上控制在 10%—40%。也可以参照《国家赔偿法》第三十六条第七项、《最高人民法院关于审理民事、行政诉讼中司法赔偿案件适用法律若干问题的解释》第十五条第一款的规定，对行政机关未及时支付赔偿款的，判决给付相应利息，但需特别注意的是计算利息起止点的判断。这一标准也为最高人民法院裁判文书所认可。[③]

---

① 阎巍：《行政诉讼证据规则原理与规范》，法律出版社 2018 年版，第 59 页。

② 阎巍：《行政诉讼证据规则原理与规范》，法律出版社 2018 年版，第 104—105 页。

③ 参见最高人民法院（2020）最高法行赔申 1590 号、1392 号行政裁定；（2020）最高法行再 329 号行政判决。

（2）未经法定程序制订征收补偿安置方案或作出评估报告，当事人各方提交的证据均不能证明损失情况的，当事人可以在举证期限内申请鉴定。人民法院在案件审理中认为待证事实需要通过鉴定意见证明的，应当向当事人释明，并指定提出鉴定申请的期间。经释明，当事人不申请鉴定的，人民法院也可以根据案件具体情况决定依职权委托鉴定。[①] 在司法鉴定时，还应当特别注意以下问题：一是选择的鉴定机构要具备相应资质，委托鉴定的目的和要求要明确、具体，鉴定时点的选择要合理，鉴定资料的准备、质证和移交要合法合规，尽量避免产生因前期工作不到位导致鉴定意见无法采用的尴尬局面。二是鉴定意见有瑕疵的，可以通过补正、补充鉴定或者补充质证、重新质证的方式解决；鉴定意见确有错误的，则应当重新鉴定，鉴定人已经收取的鉴定费用应当退还，人民法院可以参照适用《最高人民法院关于民事诉讼证据的若干规定》第四十条、第八十一条第二款的规定处理。还需指出的是，目前对于人民法院依职权委托鉴定、评估、询价的启动程序、范围、费用承担等规定不明确、实操性差，有必要进一步探索建立相关机制，以解决法官调查取证中的实际困难。

（3）对于征收农村集体土地时未就被征收土地上的房屋进行安置补偿，多年后才予以强制拆除的，如果继续按照集体土地征收时的价格进行安置补偿，显然会严重损害当事人的合法权益。因此，有必要考虑城镇化过程中房屋产权价值普遍升高的实际情况。但是，在具体适用《最高人民法院关于审理涉及农村集体土地行政案件若干问题的规定》第十二条第二款规定时，应当注意以下问题：一是征收农村集体土地后，行政机关怠于行使职权，未及时进行相关征收项目的补偿安置工作；二是因房屋等不动产所在地已经纳入城市规划区，导致周边房价出现明显上涨；三是土地权利人主动请求，而非人民法院主动参照执行；四是应当扣除已经取得的土地补偿费。[②]

（4）没有参照适用的征收补偿安置方案或者评估报告，客观上又不具备鉴定条件的，可以采取如下方法确定赔偿标准：一是参照适用与当事人相仿的其他被征收人所签订的征收补偿安置协议或者征收补偿决定，通过综合比对，按照“就高不就低”原则，选择最有利于当事人的赔偿标准和赔偿方

① 参见《最高人民法院关于民事诉讼证据的若干规定》第三十条。

② 金城轩：《房屋征收中的评估时点研究》，载《法律适用》2020年第24期。

式。二是通过走访询价，参考估价时同区位类似房屋的市场价格，酌情确定赔偿标准和数额。

（三）积极推进调解，实质解决争议

新增“解决行政争议”的诉讼目的是2014年《行政诉讼法》修正的一大亮点。一方面，建立“官”民合意、有限调解的纠纷解决机制，更契合社会利益和价值观的多元化，更符合社会实践理性。有效发挥调解在行政赔偿争议实质性解决中的作用，是人民法院能动司法的应有之义。另一方面，司法作为诉讼纠纷解决的最后一道防线，人民法院应当在能动司法与司法克制中实现平抑，在行政诉讼中恪守司法中立，可以在查明事实的基础上促成调解，而不是主动介入双方争议。[①] 我们认为，行政赔偿诉讼中的调解需要满足三个前提条件：一是在法治范围内有实体法上的处分权；二是所保护的利益具有合法性，不得违反法律，损害国家利益、社会利益及他人利益；三是行政赔偿诉讼双方当事人地位平等。在调解时还应当坚持以下两个原则：一是当事人自愿原则，此为行政诉讼调解的本质属性和核心原则；二是合法、合理原则，即调解程序必须合法，调解协议内容必须合法、正当。[②]

（作者单位：陕西省高级人民法院）

① 刘群：《构建行政诉讼有限调解的思考》，载《行政法学研究》2013年第2期。

② 马武阳：《论行政赔偿案件的调解制度》，重庆大学2016年硕士学位论文。

城市更新视域中的城中村改造及争议解决

——以农村集体土地转国有土地为叙事线索

谭建军

【摘要】 城市更新是当代中国城市化发展进程中一曲气势磅礴的宏大乐章。广州是千年南国商都，无数个城中村见证了这颗璀璨明珠的孕育发展，向人们诉说着这里曾有过的曲水流觞、岭南风情，也正在经历着史无前例的更新改造，迎接现代城市文明的洗礼。广州作为全国重点中心城市，是拥有城中村数量最多的大城市之一，改造任务十分繁重，各种利益关系复杂。广东省和原国土资源部在2009年共建土地节约集约型发展区域以来，广州市领潮争先、善于创新、以人为本，推出了“政府引导、市场开发、集体自决、利益共享”的旧村改造模式，创造性地启动了在村集体多数决的基础上实现“农村集体土地转为国有土地”的方式，避免了强制征收带来的高昂财政压力、社会稳定风险和法律问题，城市更新让城中村农民有了实实在在的获得感、幸福感。但这一改造模式的嬗变和土地转性的创造，也必然引发了村民与集体经济组织、开发商乃至行政机关之间的权利争议，现行的解决方案并未能达到“熨平织物皱褶”的实效，其中的原因或是由于争端解决机制的位阶问题或是由于诉讼受案的障碍，本文基于土地所有权变换的内在理路，结合法政策、司法和行政实践，在对各类争议性质细致分析的基础上，提出完善对策，期待能为城中村改造纠纷息讼止争提供支持。

【关键词】 城市更新　城中村改造　国有土地　集体土地　征收补偿安置

随着中国经济的快速发展和城市的不断扩张，城市更新已成为城市化进程的重要组成部分。城市更新既是加速城市化进程的需要，也是城市土地高效利用的需求。以广州市为例，广州市计划到2023年年底前，基本完成33

条已批复改造实施方案的城中村回迁安置房建设，其余50条城中村回迁安置房开工建设；到2025年年底前，基本完成纳入“三年实施计划”的83条城中村回迁安置房建设，其余100条城中村回迁安置房开工建设；到2030年年底前，基本完成纳入“五年行动方案”的183条城中村回迁安置房建设。[①] 可以说，这是一张激动人心的城市化蓝图，展示着中国发达地区城市由大拆大建到综合整治的城市物理、人文空间不断优化的趋势。

城市更新俗称“旧改”，总体上由“旧城镇改造、旧村改造、旧厂房改造”组成，城乡二元体制和不同的土地所有制形成的“城中村”，成为城市改造的重点对象，广州尤其突出。[②] 城市更新有着复杂的主体构成，是一个涉及社会、经济和环境的综合性问题，政府、开发商、居民或村民、集体以及全社会的利益，眼前利益和长远利益等多种利益交织在一起，是一个需要考虑综合效益的重大课题。作为城市更新的重要板块之一，“城中村改造”孕育了农村集体建设用地权属变更的重大创制，有关宅基地收回、补偿安置协议签订及履行、集体用地转为国有土地等环节，一方面构成了城市更新的基本线索；另一方面由于复杂的利益博弈，衍生了许多类型的权益纠纷，与城市更新的规模、体量、历程相比，这些纠纷还没有形成成熟的解决机制，容易发酵、扩散，给城中村自主改造带来许多不确定的法律风险。

一、从集体到国有——城中村自主改造的土地转换模式

根据2015年《广州市旧村庄更新实施办法》第四条的规定，广州市旧村庄全面改造主要包括“征收储备、自主改造、合作改造”三种模式，在后两种模式下，在市城市更新部门、区政府制订片区策划方案确定旧村庄改造方式和改造模式后，编制项目实施方案向相关村集体经济组织、村民和相关权属人征求意见，形成全面改造项目实施方案村民表决稿（含征收补偿安置方

---

① 参见《广州未来三年推进83条城中村改造工作》，载《信息时报》2020年12月20日，https：//www.sohu.com/a/439394380_120091004，2021年6月26日访问。

② 城中村一般指农村村落在城市化进程中，在城市建成区内失去农用地但仍然保有部分集体土地的村庄，属于城市的“夹缝地”和边缘化区域，区域上虽然属城市，但在土地权属、户籍、行政管理体制上仍然保留着农村模式，多具有规划滞后、基础设施不完善、治安环境较差、外来人口较多等特征。据统计，广州市城镇建成区范围内有城中村288个，占地面积534.63平方公里，占比25.56%，位居广东第二，数量规模是北京、武汉等大中城市的3—5倍。数据来源于温志毅：《数说广州：城中村，村中城》，zhuanlan.zhihu.com/p/99951991，2021年6月28日访问。

案）经村民（含村改居后的居民）和世居祖屋权属总人数 80% 以上同意后，由村集体与村民签订补偿安置协议。对于住宅房屋可分期签订补偿安置协议，每一期应在达到 80% 以上权属人签约后启动房屋拆除工作。安置地块由村集体经济组织申请划拨使用，也可申请将地块转为国有土地，融资地块由村集体经济组织在完成房屋征收补偿安置后，再按规定申请转为国有土地，直接出让给由原农村集体经济组织与市场主体组成的合作企业。合作改造、自主改造项目，经村民大会或村民代表大会表决，由村集体经济组织自愿申请将集体建设用地转为国有建设用地的，对少数无法达成协议的村民，由区政府依法作出征收补偿决定，并依程序申请法院强制执行。村集体经济组织与村民之间就已签订的补偿安置协议产生争议的，可依法提起民事诉讼。

2021 年 3 月起施行的《广东省旧城镇旧厂房旧村庄改造管理办法》对旧村庄集体建设用地转为国有建设用地的程序作出了规定，包括：旧村庄集体建设用地转为国有建设用地及补偿安置方式经农村集体经济组织依法表决同意；在规定期限前与农村集体经济组织、农户签订征地补偿安置协议并已经落实，且未因征地补偿安置产生纠纷；“三旧”用地、“三地”和其他用地，除政府收储后按照规定划拨或者公开出让的情形外，可以以协议方式出让给符合条件的改造主体。

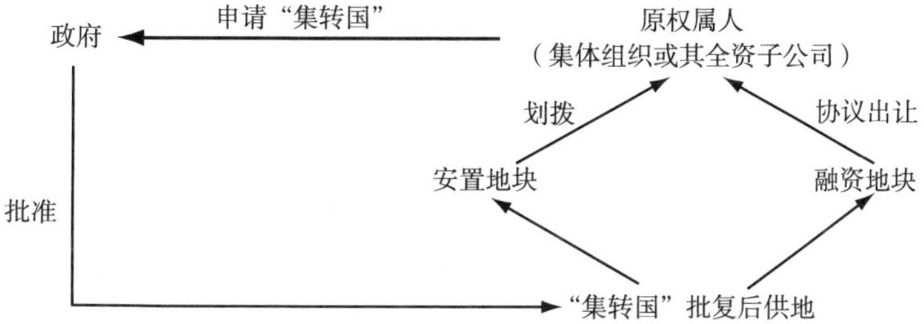

图 1　城中村改造集体土地转国有土地示意图

不难看出，在非政府主导的城中村自主改造（合作改造）模式下，启动城中村拆除重建或者实施综合整治的总体思路是，以城中村土地权属性质转变为枢纽，以村集体为主体，以市场化开发为支撑，通过非强制征收手段将村集体土地（主要是宅基地）转换为国有土地，在此基础上对村民进行复建安置，实现城市更新“产城融合、职住平衡”的目标。集体土地转为国有土地，是现行城中村市场化改造的前提和基础，是城市更新的梁柱所在。在现行的制度框架下，真正实现城中村的城市化，就要使城中村的土地能够合法地在市场上自由流通，而实现流通的唯一办法就是改变土地的所有权性质，使其由集体所有转变为国家所有。

在广州市当前的实际操作中，集体土地转为国有土地主要是通过村集体经济组织主动申请、政府审批来实现的。以广州市黄埔区某村为例，政府批复的改造方案明确“改造范围内用地均按规定申请转为国有建设用地”。2017 年 6 月 5 日《广州市人民政府关于提升城市更新水平促进节约集约用地的实施意见》第二十五条规定，将以前文件规定的一次表决分解为两次，旧村改造实施方案提交市城市更新工作领导小组审议前，由各区结合实际形成方案表决稿，表决稿须经村集体经济组织成员代表会议表决通过，表决内容应是征收安置总量、补偿具体方案等直接涉及村民利益的相关内容。旧村改造实施方案经市城市更新工作领导小组审议并批复后，在三年之内经村民（含村改居后的居民）和世居祖屋权属人总人数的 80%以上表决通过的，批复生效实施。

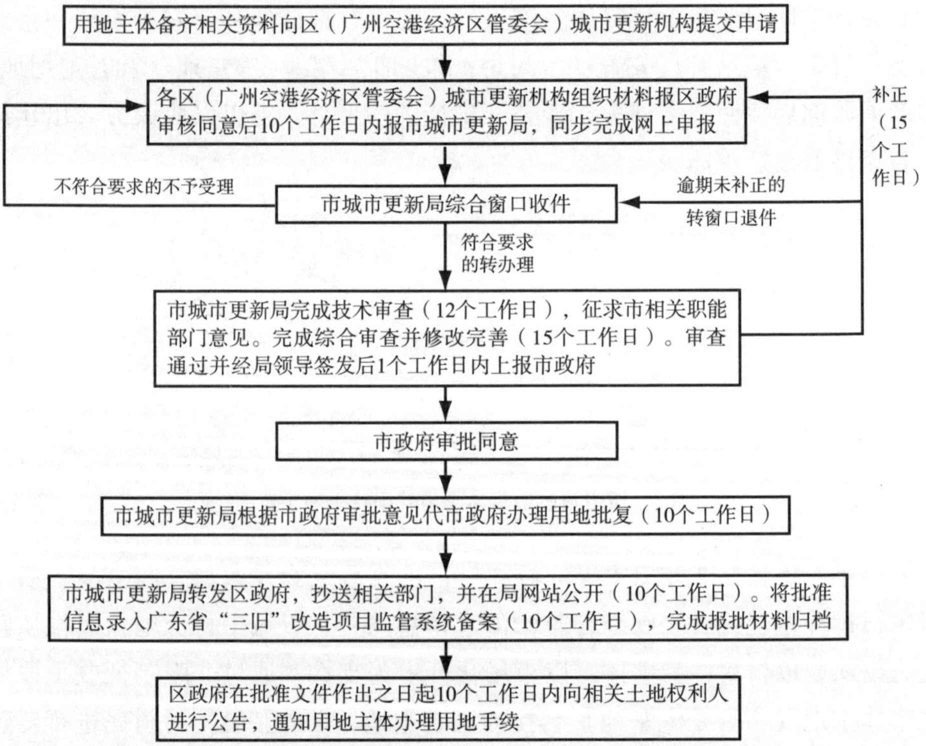

图 2　旧村庄集体建设用地为国有建设用地审批流程

梳理城市化的历史可以发现，土地强制征收是城市经营开发和建设获取土地的基本途径，甚至形成了高强度的路径锁定，但《土地管理法》对土地征收规定了严格的条件和程序，政府不仅要支付高昂的安置补偿成本、时间成本，还要应对众多的法律风险和其他不确定因素，可谓难以承受之重。从2000年以来的珠三角城市化进程看，由于城市用地的不足，围绕历史遗留的城中村问题，有关地方解放思想、大胆创新，先后形成了“集体土地转为国有土地”的两种路径。

一是深圳模式。2004—2005年，深圳市针对人口规模和土地总量矛盾日益凸显、全市建设用地消耗殆尽的窘迫现实，借力《土地管理法实施条例》第二条第五项[①]的规定，创造性地运用了有别于以往征地模式的转地政策，在将宝安、龙岗两区农村村民全部转为城市居民的基础上，对两区集体土地完成了国有化，深圳成为全国第一个没有农村行政建制和农村社会体制的城市，共完成260平方公里集体土地的转制任务。此次转地增加了大量国有土地储备，一定程度缓解了迅速工业化和城市化对土地资源需求的压力。有学者分析了此次城市化转地与以往集体土地国有化征地的几点主要区别：征地主要依据《土地管理法》相关条款，转地主要依据《土地管理法实施条例》第二条第五项规定；征地是根据经济和社会发展需要将一个特定区域的土地通过相关程序征为国有，而转地则是将农村集体所有土地全部转化为国有；征地前被征用土地用途已大致确定，转地则仅同于政府收储；征地后集体成员身份一般不发生转变，转地则同时全部转为城镇居民；征地补偿费用归被征用者所有，转地则归继受单位所有，仅青苗补偿费和地上附着物补偿费归权属人所有。[②] 针对《土地管理法实施条例》该条款的适用问题，2005年，国务院法制办公室、国土资源部专门发布了《关于对〈中华人民共和国土地管理法实施条例〉第二条第（五）项的解释意见》（国法函〔2005〕36号）：“该项规定，是指农村集体经济组织土地被依法征收后，其成员随土地征收已经全部

① 《土地管理法实施条例》第二条（该条例于2021年修订，此条规定现已删除）规定：“下列土地属于全民所有即国家所有：（一）城市市区的土地；（二）农村和城市郊区中已经依法没收、征收、征购为国有的土地；（三）国家依法征用的土地；（四）依法不属于集体所有的林地、草地、荒地、滩涂及其他土地；（五）农村集体经济组织全部成员转为城镇居民的，原属于其成员集体所有的土地；（六）因国家组织移民、自然灾害等原因，农民成建制地集体迁移后不再使用的原属于迁移农民集体所有的土地。”

② 付莹：《深圳城市化转地政策对新型城镇化土地制度改革的启示》，载《深圳大学学报（人文社会科学版）》2018年第2期。

转为城镇居民，该农村集体经济组织剩余的少量集体土地可以依法征收为国家所有。”深圳的集转国模式最终成为土地制度改革实践的特例。

二是广州模式。广东省自 2009 年推行“三旧”改造以来，逐步探索出一条全新的集体土地入市路径，集体建设用地除了通过政府征收方式变更为国有建设用地，还可以由集体建设用地权属人通过申请将集体建设用地转为国有建设用地。广州市旧村改造项目中，经村民集体自愿申请，政府可以批准将存量集体建设用地直接转为国有建设用地，不再办理征收手续。自愿申请转为国有土地之后，权利主体需补缴土地出让金，取得国有建设用地使用权，然后自行改造或与有关单位合作开发建设，开发完成后的国有建设用地性质的不动产可以自由入市交易。其中，融资地块由村集体经济组织在组织完成房屋征收补偿安置后，再按规定申请转为国有土地，直接签订协议出让给原农村集体经济组织与市场主体组成的合作企业；经批准后，由合作企业与市国土部门直接签订土地出让合同。融资地块按照合作改造和自主改造以协议方式出让的，按申请办理土地出让手续时点市场评估价的 20%计收土地出让金。对于安置地块，村集体经济组织可以申请将集体建设用地转为国有建设用地，也可以保留集体建设用地性质。2017 年，广州市人民政府出台《关于提升城市更新水平促进节约集约用地的实施意见》，其第二十四条规定，“鼓励和引导村集体经济组织申请将集体建设用地转为国有建设用地”。

城中村改造涉及的用地主要是宅基地，属于农村集体建设用地的范畴，所有权属于农村集体经济组织，使用权属于集体经济组织成员。另外，还有一些属于集体经济组织所有的其他用地，包括厂房、养殖场等。从权利流转的角度来看，城中村改造首先需要解决的是宅基地使用权的回收问题，农村集体经济组织只有收回了城中村的宅基地使用权，才具有申请转为国有土地的前提和基础。

二、变强制为自治——集体土地转为国有土地的实定法基础及其法理路径

从实定法基础看，集体建设用地转为国有土地的相关法规主要涉及《土地管理法》第六十六条第一款第一项关于农村集体经济组织报因为公益原因收回土地使用权的规定，即为乡（镇）村公共设施和公益事业建设，需要使

用土地的，经原批准用地的人民政府批准，可以收回土地使用权，对土地使用权人应当给予适当补偿。1997 年中共中央、国务院下发的《关于进一步加强土地管理切实保护耕地的通知》（中发〔1997〕第 11 号）规定："农村居民每户只能有一处不超过标准的宅基地，多出的宅基地，要依法收归集体所有。"在原国家土地管理局颁行的《确定土地所有权和使用权的若干规定》中，规定了几种不同于《土地管理法》第六十六条规定的宅基地使用权收回条件。原国土资源部印发的《关于加强农村宅基地管理的意见》（国土资发〔2004〕第 234 号，现已废止）第十条规定，"对'一户多宅'和空置住宅，各地要制定激励措施，鼓励农民腾退多余宅基地。凡新建住宅后应退出旧宅基地的，要采取签订合同等措施，确保按期拆除旧房，交出旧宅基地"。依此条规定，宅基地使用权的收回不再仅强调农村集体经济组织依法单方面收回，还包括农村集体经济组织与宅基地使用权人的双方协商收回，但"建新拆旧"情形仍属于农村集体经济组织单方面收回的一种具体类型。原国土资源部下发的《关于进一步完善农村宅基地管理制度切实维护农民权益的通知》（国土资发〔2010〕第 28 号，现已废止）第十四条还规定，"对一户违法占有两处宅基地的，核实后收回一处"。此条规定进一步将"一户多宅"纳入农村集体经济组织单方面收回之中。①

本质上，土地"集转国"是基于一种集体经济组织的自治逻辑，即集体经济组织作为一种法定组织，依法经营管理和处分本组织集体所有的资产。根据《广东省农村集体经济组织管理规定》（地方规章），农村集体经济组织决定重大事项，要通过"多数决"的方式。该规定第九条规定，农村集体经济组织的最高权力机构是成员大会。凡涉及成员切身利益的重大事项，必须提交成员大会讨论决定。农村集体经济组织对具体事项的表决，可以通过召开成员代表会议的形式进行。成员代表会议表决通过的事项应当公示 5 天。1/10 以上有选举权的成员提出异议的，应当提交成员大会重新表决。成员大会或者成员代表会议实行"一人一票制"或者"一户一票制"等表决方式，具体由组织章程确定。第十条规定，农村集体经济组织成员大会，应当有本组织具有选举权的成员的半数以上参加，或者有本组织 2/3 以上的户的代表

---

① 贺日开等：《宅基地使用权收回条件的规范分析与立法完善》，载《江苏行政学院学报》2014 年第 5 期。

参加，所作决定应当经到会人员的半数以上通过。农村集体经济组织召开成员代表会议，应当有本组织 2/3 以上的成员代表参加，所作决定应当经到会代表 2/3 以上通过。农村集体经济组织对具体事项的表决，可以通过召开成员代表会议的形式进行。成员代表会议表决通过的事项应当公示 5 天。1/10 以上有选举权的成员提出异议的，应当提交成员大会重新表决。

对照广州“集转国”的操作流程，不难看出，其抓手主要是城中村集体经济组织及其成员对集体土地的所有权（宅基地使用权）和处分权。村集体经济组织通过召开成员大会，先后对全面改造征求意见稿、实施方案进行表决，而方案中“申请将集体土地转为国有土地”是必备条款，经村民（含村改居后的居民）和世居祖屋权属总人数 80% 以上同意后通过，即可由集体经济组织与村民个人签订征收补偿安置协议。宅基地使用权协商收回本质上是农村集体经济组织与宅基地使用权人在双方平等、自愿协商基础上，通过订立合同的形式收回宅基地使用权的双方法律行为，宅基地使用权的协商收回原则上应当满足以下几个基本要件：一是宅基地使用权协商收回中的双方当事人必须是农村集体经济组织与宅基地使用权人，政府不得“越俎代庖”成为一方当事人；二是农村集体经济组织与宅基地使用权人双方意思表示真实，不存在受胁迫、受欺诈的情形；三是宅基地使用权的协商收回不得违反法律、行政法规的强制性规定，不得侵害国家或社会公共利益。

虽然当前更高层级的法律和行政法规对于城中村改造中农村集体经济组织土地“集转国”未予以规定，但在当前城市化快速推进、城市追求高质量发展的背景下，这种国有化模式具有内在的合理性和较强的正外部价值。一是符合城市化的发展方向。城中村是历史遗留下来的城市中的农村问题，是城市转型发展的一个“瓶颈”，通过“集转国”方式进行旧村改造，有利于解决城乡二元结构的矛盾，实现城乡管理一体化，实现旧城市与新城镇之间设施共建、资源共享、环境共保，拓展城市发展空间，充分发挥城市的规模效益和凝聚、辐射功能。二是有利于改革成果共享。通过旧村改造，打开城市农民身份转换的通道，“一揽子”解决社保福利待遇，打破城乡隔离封闭状态，使农民真正融入现代化城市的经济社会生活。同时，通过引进市场主体共同开发，为村民提供了较征收更高的补偿标准、安置待遇，也为集体经济的发展开辟了空间。三是体现了自愿、有偿原则。通过集体经济组织成员大会表决的方式决定是否启动改造，进而签订分户补偿（收购）安置协议，全程体现了政府对集体经济组织管理自主权、村民宅基地房屋财产权的充分尊重，也进一步彰显了集体经济组织的主体地位，培育了基层组织的自主管理能力。四是契合了集体建设用地改革的主旨。修订后的《土地管理法》《民法典》贯彻中央关于土地三权分置改革的要求，对集体建设用地经营入市进行了赋权，为集体土地、国有土地“同地同权”创造了条件。城中村不同于其他农村地区，村民已经不属于依赖于土地产出生存的农民群体，不应成为《土地管理法》严厉管制的目标，集体建设用地通过转换成为国有土地，有利于实现土地价值的最大化，为农民带来更大的实惠。

当前，以广州为代表的广东城市更新政策下的土地转性问题，即由集体土地转为国有土地，根据不同的改造模式可适用不同的土地变性程序流程，虽然目前没有国家层面或其他相关上位法的规定，但随着国家集体建设用地入市方式多元化探索的深入，相信会有更多明确细致的操作指引出台，为城市更新提供更有力的法律支持。

三、争议与聚讼——城中村改造涉村民权益的纠纷样态及其阐释

近年来，随着高质量发展、环境治理、社会治理价值的日渐走高，土地财政、GDP 导向和“锦标赛”式发展色彩逐渐淡化，城市更新逐渐由物质环境的更新转向注重社会综合效益的提升，追求兼顾政治、经济和社会等综合性、整体性和关联性，民生逻辑的分量不断加重。城中村改造实践中，地方政府对城中村改造的立项审批，特别注重民众的表决权和参与度，在补偿安置方案的标准设置上设置了诸多利好，较之政府征收程序，村民无疑有了更多的获得感。[①] 这也是诸多改造方案能得到大多数村民表决同意进而付诸实施的主要原因。但由于利益驱动等种种原因，也有少数村民在改造实施中拒绝配合或者中途反悔，产生了种种纠纷，形成了城中村改造中引人瞩目的“留守户”现象。“在广州市拟强力推进的 92 条旧村庄全面改造项目中，天河区的冼村、新塘新合村，黄埔区的横沙、文冲等 16 个进入实施阶段的旧村

---

① 《广东省国土资源厅关于印发深入推进“三旧”改造工作实施意见的通知》（粤国土资规字〔2018〕3 号）第十九条规定，农村集体经济组织少数成员拒不履行经村集体表决通过并经政府批准的改造方案（含搬迁补偿安置内容），改造过程不涉及征收集体土地但必须对村民的房屋进行拆迁的，由县级以上人民政府参照《国有土地上房屋征收与补偿条例》的相关规定作出补偿决定，限期搬迁，并可申请法院强制执行。

庄全面改造项目，就因征收补偿安置纠纷无法如期完成任务，导致更新改造进度一再延误。”[①] 自主改造、合作改造类项目是由村社集体和市场主体共同推进更新改造工作，改造主体不享有强制搬迁和拆除的权利，因此，少数被征收人出于各种动机选择当“留守户”，不配合更新改造，甚至以种种手段进行对抗。自主改造、合作改造类项目普遍面临拆补方案表决、签约和搬迁拆卸工作受到阻滞，项目不能如期推进的困境。由此形成了村民与村集体、与行政机关间的各类性质的纠纷和争议（村集体及其公司与开发商、与行政机关之间的争议本文不作探讨）。

（一）民事争议

常见的民事争议，主要发生在村集体及其合作开发商与村民之间。从争议主体、争议内容的法律性质看，主要表现为：1. 拒绝表决或者拒绝签约。反对改造，拒不参加表决，或者作出反对表决，达到改造方案无法通过的目的。2. 拒绝交出房屋。签订协议或者领取补偿款后以种种理由反悔，拒绝交出房屋。3. 违约不履行。以安置房质量问题向村集体或者开发商提出违约损害赔偿请求。承租人要求村集体给予经营损失、装修损失补偿或者要求继续保留承租权的争议也属于常见纠纷。4. 强制拆除。旧改实务中，村集体及其开发公司因时间利益、工期进度压力，对长期无法协商签订协议的村民，被迫自行采取强制拆除手段。[②]

衍生争议则包括因城市旧改带来的可观安置补偿利益，村民受此驱动，对历史上的成员资格待遇认定、宅基地分配、土地房屋承包合同等与村集体组织形成争端。

（二）行政争议

常见的行政争议，主要是村民对政府对于旧村改造方案批复、宅基地证（房屋所有权证）批准注销、批准集体土地转为国有等行政行为不服，引起

---

① 广州市天河区冼村“城中村”改造项目于 2009 年 7 月启动改造工作，2011 年 4 月正式开拆。截至 2019 年 3 月，共拆除村民房屋 1500 栋，尚有 262 栋村民房屋和 143 户外单位住宅未签订征收补偿安置协议，开发企业保利地产仅支付给村民临迁费一项，每月就需付款 1000 多万元。转引自黄家章《广州市处置旧村庄更新改造拆迁留守户的实践探索》，https：//www. fx361. com/page/2020/0509/6663359. shtml，2021 年 6 月 25 日访问。

② 参见《广州黄埔火村大破局，全民公决留守户》，载腾讯新闻 2021 年 5 月 2 日房地产导刊，https：//new. qq. com/rain/a/20210502A07GUQ00，2021 年 6 月 27 日访问。

争议。

为了给城市更新创造条件，行政机关开展了大规模的城市房屋拆违行动，包括城管、国土、镇街、水务、林业、环保等行政机关行政执法频次增加，产生了大量的行政争议。2015 年《广州市城市更新办法》第十九条第一款明确规定，城市更新应当与查处违法用地、违法建设相结合。2016—2020 年，广州铁路两级法院受理此类案件（一审）分别是 149 件、279 件、168 件、465 件、508 件。行政机关败诉率分别为 26.85%、36.50%、41.13%、26.45%、29.52%。

此外，由于广东省法院对集体经济组织成员资格认定案件实行行政处理先行模式，导致此类民事性质的争议也以行政纠纷的形式导入行政诉讼。广铁两级法院 2016 年至 2020 年审结并公开上网至中国裁判文书网①，涉及农村集体经济组织认定的共有 622 份判决书。

（三）交叉问题

广州旧村改造实践多为自主改造或合作改造模式，征收补偿安置协议多是由村集体经济组织或市场主体与村民签订的，将此类征收补偿安置协议的性质认定为民事合同还是行政协议素有争议，这一分歧直接影响着当事人寻求救济的路径。

案例 1（2017）粤 7101 行初 4397 号：法院审理认为，被告某沙经联社采用自主开发模式在改造范围内实施全面改造而与相对人就房屋征收补偿安置等事宜签订协议，某沙经联社非行政机关，亦非受行政机关委托，上述协议非行政协议，不属于行政行为。裁定驳回起诉。

案例 2（2020）粤 01 民终 18271 号：2009 年 6 月广州市审批通过某冲石化路以西城中村改造方案，项目按照“自主开发，整村改造”的模式实施改造。原告肖某芬认为自身利益受损，诉至法院，要求确认陆某根与某冲经联社签订的《拆迁补偿安置协议》无效。法院认为某冲石化路以西城中村改造是在政府主导下开展的，其改造方案得到相关政府的批准同意，《某冲石化路以西城中村改造拆迁补偿协议》虽然是以某冲经联社作为主体与陆某根签订，但应视为某冲经联社是受政府房屋征收部门的委托签订上述协议，该协议应属于行政协议，对行政协议效力的审查及判断不属于人民法院民事诉讼的受案范围。

案例 3（2020）粤 01 民终 10081 号：法院审理认为，原告与某利公司签

① 数据来源于中国裁判文书网，2021 年 1 月 1 日访问。

订了《补偿安置协议》，该签约行为只是某利公司受广州市海珠区某洲街某洲经济联合社委托而具体实施安置方案过程中的一个步骤。涉案纠纷实质系双方在履行《某洲村城中村改造村民房屋拆迁补偿安置方案》过程中所产生的纠纷，均属于村民自治的范畴，不属于人民法院的受案范围。

此外，关于村集体对拒不签约村民的强制拆除问题，是否属于行政诉讼受案范围，也即应否将区政府或者有关行政机关列为适格被告，在司法实务界尚存在争议。

（四）未纳入诉讼解决框架的争议

此类争议主要由村民不服改造方案、不签订协议、不交出房屋形成，村集体组织需要对村民采取法律手段推进改造加快实施，但由于法政策和法律规定缺失等原因，尚无规范的法律解决渠道。2007 年启动的广州市天河区猎德村“城中村”改造项目，在摸索中形成了由村集体经济组织对被征收人提起民事诉讼、法院判决后再申请强制执行的“猎德模式”。但该模式存在争议，后被叫停。广东省高级人民法院于 2012 年下发了《关于依法稳妥处理涉“三旧”改造纠纷案件的通知》[粤高法（2012）217 号，现已废止]，指出：我省“三旧”改造主要立足于市场运作，通过土地公开出让招商融资的方式进行。在“三旧”改造中，无论采用何种形式进行土地征收，当事人争议的本质往往是拆迁补偿问题。对于此类纠纷，在当事人达成拆迁补偿协议后，因协议的效力、履行等发生争议的，人民法院可以作为民事案件受理；当事人未达成拆迁补偿协议的，人民法院不能作为民事案件受理，而应引导当事人依据《土地管理法实施条例》第二十五条或《国有土地上房屋征收与补偿条例》第十四条、第二十六条的规定，依法通过“行政裁决—行政复议—行政诉讼”的程序寻求救济。土地所有权人或土地使用权人同意签订征收补偿协议，但房屋所有权人不同意签订拆迁补偿协议的，应作为当事人未达成征收补偿协议的情况进行处理。但《广东省高级人民法院关于明确土地、房屋征收征用补偿协议纠纷案件作为行政案件处理的通知》第三条第二款又规定，集体土地上房屋征收与补偿协议的签订主体为村集体或房地产开发公司的，应视为受房屋征收部门委托签订合同，被拆迁人提起诉讼的，应当同时将房屋征收部门列为共同被告。

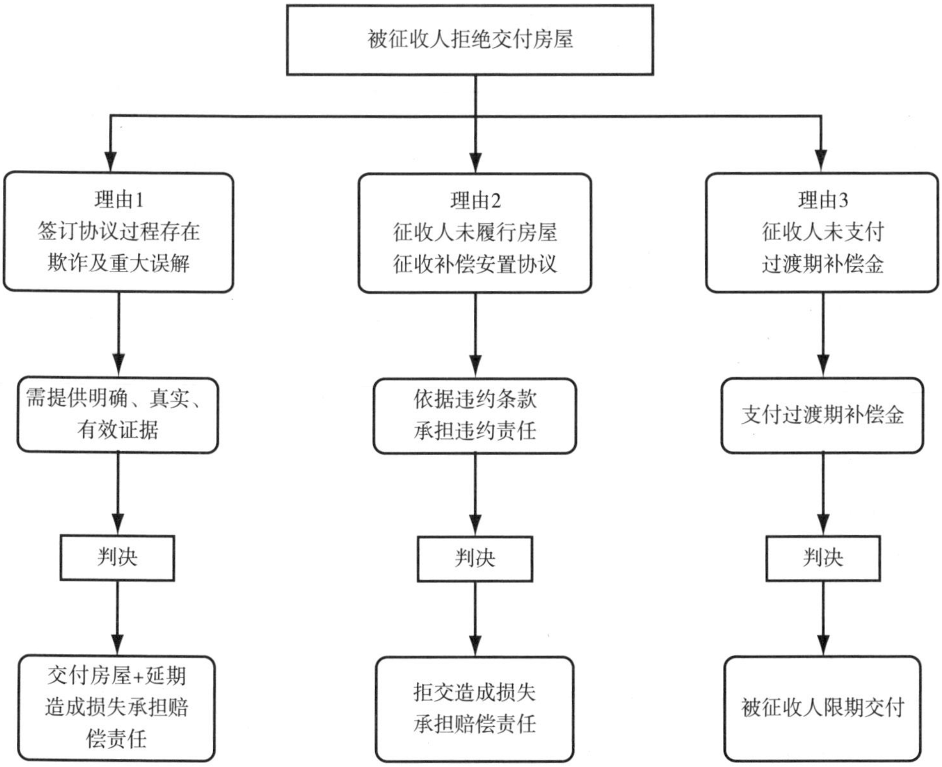

图3　旧村改造中被征收人拒绝交付房屋的履约之诉

四、解纷与止争——城中村征收补偿安置争端解决机制之完善

广东省“三旧”改造是广东省政府与原国土资源部合作共建节约集约用地示范省的项目，已成为广东深化改革的知名品牌，得到国家充分认可并逐步在全国复制推广。[①] 这一改造最大的特色在于改变了原来由政府主导的征收模式，实行“政府引导、市场运作”。从长远来看，省、市两级政府充分考量了政策法规、权利主体意愿、诉讼风险、政治和社会效益、城市综合发展效益等因素，确保了包括旧村改造在内的城市更新可持续健康发展，在全国具有鲜明的改革创新价值。“有恒产者有恒心”，个体的权利保护连接着公

① 截至2020年12月，广东省共实施“三旧”改造面积92.6万亩，节约土地22.77万亩。参见《全国首部“三旧”改造地方政府规章出炉 十大亮点助力广东旧改》，载广东省人民政府门户网站，2021年2月7日访问。

民的基本权利、法治的可预期价值，虽然城市更新因其强烈的社会公益色彩、多方共赢的利好效果应被肯定，但其在操作实践中引发的各类权益纠纷的解决仍有待于从立法和法律实施层面予以主动回应、妥善解决，避免争端无法解决、矛盾久拖不决的情形。对此，应结合土地管理法、诉讼法以及土地房屋征收、集体经济组织管理的相关法规，对包括省一级地方规章在内的地方性法律文件进行周详审视，并相应提出完善建议。

（一）现有地方性法律文件对相关争议的解决规定及评估

1. 政府裁决。《广东省人民政府关于深化改革加快推动“三旧”改造促进高质量发展的指导意见》（粤府〔2019〕71 号）在第十六条中专门规定，对由市场主体实施且“三旧”改造方案已经批准的拆除重建类改造项目，原权利主体对搬迁补偿安置协议不能达成一致意见，符合规定条件的（如“属于旧村庄改造用地，农村集体经济组织以及不少于三分之二的村民或户代表已签订搬迁补偿安置协议”），原权利主体均可向项目所在地县级以上人民政府申请裁决搬迁补偿安置协议的合理性，并要求限期搬迁。对裁决不服的，可依法申请行政复议或提起行政诉讼。当事人在法定期限内不申请行政复议或提起行政诉讼的，由作出裁决的人民政府申请人民法院强制执行。该意见现行有效。《广州市人民政府关于加快推进“三旧”改造工作的意见》（穗府〔2009〕56 号）（现已废止）第十九条规定，对于两轮征询后少数未签订拆迁补偿安置协议的被拆迁人，依法启动行政裁决程序，并委托区政府组织采取组织强制执行依法生效的行政裁决决定，切实维护社会公共利益和最广大群众的合法权益。《广州市黄埔区、广州开发区关于进一步深化城市更新工作推进高质量发展的若干措施》（穗埔府〔2020〕6 号）第十六条规定，在取得省市有权机关授权同意后，旧村庄更新改造房屋搬迁安置补偿过程中，改造主体与被补偿人经协商对搬迁补偿安置协议不能达成一致意见的，或者一方当事人签订搬迁补偿安置协议后拒不履行的，对方当事人可按本区行政裁决办法申请行政裁决。

2. 处理决定。《广东省旧城镇旧厂房旧村庄改造管理办法》第三十五条规定，有批准权的人民政府对本办法第十六条第一项、第二项和第四项关于土地征收事项作出决定后，任何单位和个人违反土地管理法律、法规规定，阻挠征收土地的，由县级以上人民政府自然资源主管部门责令交出土地；拒不交出土地的，申请人民法院强制执行。[①]《广东省国土资源厅关于深入推进“三旧”改造工作的实施意见》（粤国土规字〔2018〕3 号）第十九条规定，改造过程不涉及征收集体土地但必须对村民的房屋进行拆迁的，县级以上地方人民政府参照《国有土地上房屋征收补偿条例》第三章补偿相关规定执行。《广州市旧村庄更新实施办法》（穗府办〔2015〕56 号）第三十三条第三款规定，合作改造、自主改造项目，经村民大会或村民代表大会依法表决，由村集体经济组织自愿申请将集体建设用地转为国有建设用地的，对少数无法达成协议的村民应当加强宣传、解释工作，村民理事会也可协助村民委员会、村集体经济组织进行协调；经多次协商仍无法达成协议的，由区政府依法作出征收补偿决定，并依程序申请法院强制执行。

3. 诉讼指引。《关于广州市推进“城中村”（旧村）改造的实施意见》（现已废止）第二十四条规定，对不履行村集体经济组织成员决定通过的拆迁补偿安置方案的，村集体经济组织可以依法提起诉讼。《广州市旧村庄更新实施办法》（穗府办〔2015〕56 号）第三十三条第二款规定，合作改造、自主改造项目，村集体经济组织与村民之间就已签订的补偿安置协议产生争议的，村民理事会可进行协调；协调无果的，可依法提起民事诉讼。

4. 其他方式。《广东省人民政府关于提升“三旧”改造水平促进节约集约用地的通知》（粤府〔2016〕96 号）第十六条规定，因“三旧”改造发生土地权属争议的，由所在地政府依法及时处理；因征地补偿安置、国有土地上面的房屋征收、建筑施工等发生纠纷的，要引导当事人通过以调解为基础的多元处理方式妥善解决。鼓励社会组织设立第三方调解服务机构，充分发挥社会组织参与土地纠纷调解的优势。有关土地权利人就旧村庄是否实施改造、搬迁补偿安置等重大事项未能达成一致意见的，由村集体提交村民大会或者村民代表大会讨论决定。

从法律检索及司法实践看，当前无论是农村集体土地征收还是国有土地

① 该办法第十六条规定：“‘三旧’改造用地审批包括下列类型：（一）集体土地完善转用、征收审批；（二）旧村庄集体建设用地转为国有建设用地审批；（三）国有土地完善转用审批；（四）‘三地’及其他用地办理转用、征收审批；（五）供地审批。”

上房屋征收，政府均可依据《土地管理法实施条例》[①] 或者《国有土地上房屋征收与补偿条例》[②] 的规定，对土地房屋权利人与政府无法达成征收补偿协议的，作出征收补偿决定。[③] 行政裁决，一般适用于农村集体土地征收过程中对征收补偿标准不服的情形，根据《土地管理法实施条例》的规定，要由批准征收的省一级政府作出裁决，后来经由原国务院法制办解释，可以参照行政复议程序，由制订补偿方案的上一级政府作出裁决。[④] 由于集体土地征收经由省一级政府批复方可启动，因此和国有土地上房屋征收相似，均是以土地权属性质已经转为国有为前提的。就此而言，广州市旧村改造，由政府对无法达成补偿安置协议的情况作出行政处理决定或者行政裁决，似乎尚不具备法律法规的规范事实基础条件。

就诉讼途径而言，村集体经济组织因无法签约而对村民提起民事诉讼，因为法政策原因及村集体经济组织的自治性质，也尚未顺利开启诉讼之门，甚至对于旧村改造中签约后未能履行的情形，有些法院也仍以属于“村民自治范畴”为由不予受理。行政诉讼恒定以行政机关为被告，如果将上述争议引入行政诉讼渠道解决，显然与中央和省政府从“政府主导”到“政府引导”、以村民自治为主轴旋转的初衷不合，也将使地方政府面临“口袋式”诉讼风险和权利义务明显不对等的不公正对待，城市更新可能因此重回政府主导、大包大揽的旧路。

（二）打通争端解决机制

“权利必须以看得见的方式实现”，“没有救济就没有权利”。面对“史诗

---

① 《土地管理法实施条例》第三十一条规定，征收土地申请经依法批准后，县级以上地方人民政府应当自收到批准文件之日起十五个工作日内在拟征收土地所在的乡（镇）和村、村民小组范围内发布征收土地公告，公布征收范围、征收时间等具体工作安排，对个别未达成征地补偿安置协议的应当作出征地补偿安置决定，并依法组织实施。

② 《国有土地上房屋征收与补偿条例》第二十六条第一款规定，房屋征收部门与被征收人在征收补偿方案确定的签约期限内达不成补偿协议，或者被征收房屋所有权人不明确的，由房屋征收部门报请作出房屋征收决定的市、县级人民政府依照本条例的规定，按照征收补偿方案作出补偿决定，并在房屋征收范围内予以公告。

③ 无论是修正前还是修正后的《土地管理法》均未规定政府在农村集体土地征收过程中可以作出征收补偿决定。但基于实质合理性，司法实践对此一般予以认可。

④ 原国土资源部《征用土地公告办法》（现已废止）第十五条第一款规定，因未按照依法批准的征用土地方案和征地补偿、安置方案进行补偿、安置引发争议的，由市、县人民政府协调；协调不成的，由上一级地方人民政府裁决。

级”的城市更新，村民的权利主张必须有表达的渠道，权利的争议必须纳入法治的轨道加以解决。对这种或是法律留白式的空间或是风险规避式的政策考量，应该用政治、法律的视角，以有所担当的气魄，积极回应，解决现实的问题。具体而言，应该以法律实施应有的勇气和智慧，在法律的框架下积极稳妥地处理好城中村改造中的权利纠纷问题。

1. 着力推动行政裁决（行政处理）落地运行

2009 年，广州市政府就已经以地方规章的形式对旧村改造纠纷的行政裁决作出了规定，但囿于地方规章的位阶，该规定一直未得到实际施行，令人遗憾地成为沉默条款。广东省政府于 2019 年、2021 年先后出台的两个规章，均对地方政府居中处理集体经济组织与村民征收补偿纠纷作出了规定，但响应者寥寥。对此，应在完整理解城中村改造的政治意义、社会治理作用和解决城乡二元结构性矛盾方面的实际功能的基础上，充分肯定广东省、广州市对于行政居中处理的大胆探索、锐意创新的勇气和决心，寻求地方人大立法或者行政法规的支持，推动行政处理模式落实运行，使旧村改造的相关纠纷解决有门可入、有章可循。对此，可从以下几个方面去阐释（不排除平行救济、择一行使）。

（1）中央政策支持加强行政裁决工作。党的十八届四中全会提出：“健全行政裁决制度，强化行政机关解决同行政管理活动密切相关的民事纠纷功能。”中共中央办公厅、国务院办公厅于 2019 年印发了《关于健全行政裁决制度加强行政裁决工作的意见》，指出行政裁决是行政机关根据当事人申请，根据法律法规授权，居中对与行政管理活动密切相关的民事纠纷进行裁处的行为。行政裁决具有效率高、成本低、专业性强、程序简便的特点，有利于促成矛盾纠纷的快速解决，发挥化解民事纠纷“分流阀”作用。

（2）符合《土地管理法》及其实施条例的立法意旨。修正后的《土地管理法》将签订补偿协议前置到征地报批之前，为广东省和广州市城中村改造纠纷行政裁决提供了参考和指引。根据最高人民法院相关生效裁判，农村集体土地征收过程中政府与土地房屋权属人无法达成补偿协议的，政府可以作出补偿决定，该决定属于附生效条件的行政行为，即应当待省一级政府作出征收决定后方才生效。同理，就城中村征收补偿而言，鉴于集体土地转为国有土地的申请—审批时间相对滞后于前期签约时间，地方政府亦可以依据村集体经济组织的申请，对村民应否签约作出行政处理决定（或者裁决），待集体土地正式转为国有土地后发生效力。

（3）具有广东省和广州市处理集体经济组织成员资格问题的成熟借鉴。广东省和广州市农村集体经济组织成员资格认定是带有普遍性的问题，外省法院对类似纠纷多数以村民自治为由不予处理，少数纳入民事诉讼。而广东省、广州市处理集体成员资格问题采用行政—司法模式，即先由镇政府或街道办依照申请作出行政处理，再通过行政诉讼实行司法最终解决。这一模式源于2006年12月13日中共广东省委办公厅、广东省人民政府办公厅联合转发的《省委农办、省妇联、省信访局关于切实维护农村妇女土地承包和集体收益分配权益的意见》（粤委办〔2006〕142号），意见主要基于对农村集体经济组织外嫁女及其子女的合法权益的保护，规定基层政府有对集体收益分配纠纷作出处理决定的职能。此种模式与既有的、其他省仍主要施行的民事诉讼解决纠纷方式相比，村民可随时向政府提出行政处理申请，启动程序的证据要求不高，没有案件费用负担，行政机关一般会依职权调查收集证据，行政处理决定生效后可申请执行，给权利人带来了很大的便利。以广州铁路两级法院为例，2016年集中管辖广州地区行政案件以来，每年受理大量的此类行政案件，对于稳定和发展广州农村集体经济组织、有效保障村民的成员权和财产权益发挥了很大的作用。对于广东这一司法创举，最高人民法院第一巡回法庭予以了充分肯定。城中村改造中的村民与村集体之间的此类纠纷，与村民资格待遇纠纷在纠纷性质、主体等方面具有高度的相似性，完全可以借鉴和复制。

2. 畅通民事诉讼渠道

（1）开放村民不服改造方案或者类似大会表决的民事诉讼渠道。当前人民法院对于诉诸民事诉讼的村民不服表决的争议，一般以属于“村民自治”范畴为由不予受理。改造方案（包括引入合作开发公司）的表决关系城中村改造的命运，也与村民个体的财产权益密切关联，司法对此不予理会难言正当。农村集体经济组织属于《民法典》规定的特别法人，具有高度的人合性，也具有一定的资合性特征，对此不妨参考《公司法》中的公司决议无效诉讼。《公司法》第二十二条第二款规定：“股东会或者股东大会、董事会的会议召集程序、表决方式违反法律、行政法规或者公司章程，或者决议内容违反公司章程的，股东可以自决议作出之日起六十日内，请求人民法院撤销。”准此以言，村民如果认为改造方案和其他重大问题的表决程序违法或者表决内容与法律法规、章程相抵触，可以提起民事诉讼请求人民法院予以撤销或者确认违法。

（2）将征收补偿安置协议纳入民事诉讼范围。征收补偿安置协议具有民事合同的基本特征，体现了双方主体的平等、自愿和有偿原则。任何一方主体如果有违约行为或者是协议本身具有可撤销或无效情形，均可以诉请人民法院通过民事审判判决继续履行协议、赔偿违约损失或者宣告协议无效，撤销协议。如果继续以此类协议属于“村民自治”范畴为由不予受理，或者简单以属于政府征收事由一推了之，无疑是对民事主体诉权的漠视，也是违反基本法的行为。对于经过长时间磋商后仍未达成协议的情形，也可以考虑允许村集体经济组织提起签订合同之诉，通过民事裁判强制缔约。

（3）可借鉴其他国家和地区的“卖渡请求权”或者“强制出让”制度。日本法律规定，区分所有的建筑，是否拆除重建由五分之四的业主作决定。经过业主大会表决以及再次催告之后，少数业主不同意重建，同意重建的人可以行使“卖渡请求权”，请求法院判决少数业主将所有权转让给多数业主。法院一经判决，所有权就改变了，不需要业主配合。[①] 我国台湾地区的“出让请求权”，香港特别行政区的“强制出卖”制度，意旨与此相似。建议立法机关或者司法机关对此予以借鉴，妥善解决团体内多数表决机制失灵的问题，破解城中村改造的签约难题。

3. 合理开展行政司法审查

（1）认真审查行政处理（裁决）。对村民或集体经济组织不服政府或行政机关作出的征收补偿安置方面的行政处理决定的，行政诉讼立案后要认真审查行政裁决的程序合法性及事实和证据的认定，必要时可以引入“一并解决民事争议”。尤其要对改造方案是否实质合理、表决程序是否正当进行深入审查，如果审查发现改造方案明显不合理、对村民的补偿安置权益明确不公平、表决程序不合法的，可以判决行政机关重新作出处理。

（2）对土地权属转移行政批准行为加强监督。在城中村改造中，宅基地收回、集体土地转为国有等行政审批、宅基地证注销等行为，均涉及村民个体乃至多数村民的重大财产性权益，对此不可不察。如果前期村民的补偿安置权益并未得到保障落实，即发生宅基地收回、证件注销、土地转性的，应

---

① 陈华彬：《区分所有物的重建》，载《法学研究》2011 年第 3 期。

坚决保护弱势群体的利益，严格依法予以监督纠正。

（3）对强制拆除行为予以审慎甄别。一般来说，城中村改造中的强制拆除行为多数是村集体自行组织实施的，对此应循民事途径诉请赔偿。如果政府或者行政机关为主体制订强拆方案、组织现场实施、提供保障的，为保障村民合法财产权益，也可以作为行政诉讼案件受理，但一般应将村集体组织或者其开发合作主体列为第三人，区分各主体参与程度和过错大小，准确认定相应侵权责任，确保村民的财产损失得到足额赔偿。

（作者单位：广州铁路运输中级法院）

从相关案例看正当程序原则的适用及其界限

葛　翔

【摘要】从文意表述上来看，正当程序原则在英美法中并不单纯指向行政活动的程序，还包含了对行政活动实体正当的内在要求。正当程序原则在英美法系中的主要作用是通过公正的过程来控制裁量，而大陆法系因成文法体系和比例原则的适用，并没有将“正当程序”作为一项原则加以提炼。从我国适用正当程序原则的相关案例来看，一般只有行政决定所针对的直接相对人可主张正当程序的权利。而从典型性案例中可以归纳出正当程序的四个层次内容，由此可将行政程序中的陈述申辩区分为两个层面的含义。正当程序原则的适用受到当事人权利的重要程度、行政效率和司法谦抑性的约束。同时，应根据不同层面的陈述申辩，选择相应的裁判方式。

【关键词】正当程序原则　当事人权利　司法谦抑

从2004年《全面推进依法行政实施纲要》提出“程序正当”要求至今，正当程序原则的适用已经不是一个新问题。“两造兼听”（*Audi alteram partem*）作为正当程序原则的子项之一，在司法实践中具体如何展开，对此认识还不一致。本文通过对正当程序原则的本源进行探究，并从审判实践出发，对该问题作一些梳理，希望有助于该原则司法适用的进一步统一。

一、正当程序原则的源与流

（一）正当程序原则的英美法起源

论及正当程序原则，国内通说认为其是一项程序性的基本原则。[①] 从我国审判实践来看，正当程序原则确实可以归入程序性原则而一般不涉及实体

① 参见姜明安主编：《行政法与行政诉讼法》，北京大学出版社2019年版，第77页。

法内容。但是，从正当程序原则的法律史起源来看却并非如此，该原则引入我国行政法理论研究和司法实践主要是受美国法的影响，由 due process 转译而想当然地认为该原则规制的是行政行为过程（process），而忽视了正当程序原则在英国被称为自然正义原则（natural justice），也就是说它有实体性的一面。

“正当程序”最早的成文法渊源是英国 1215 年《大宪章》（Magna Carta），其中规定：“任何自由人将不受逮捕、监禁、没收财产、剥夺法律保护、流放或依其他任何方式受到伤害，朕亦不会对之施加暴力或派人对之施加暴力，除非通过其平等人事之合法裁决或通过英格兰法裁决（*per legem terre*, through the law of the land）。”[①] 而美国宪法第五和第十四修正案中都规定了“未经正当法律程序（due process of the law），不得剥夺任何人的生命、自由和财产”。实际上，due process 和《大宪章》中 the law of the land 表示的是同一意思，至今美国部分州宪法中关于规定正当程序原则的条款仍使用 the law of the land 的表述。由此，从文意表述上来看，正当程序原则在英美法中并不单纯指向行政活动的程序，还包含了对行政活动实体正当的内在要求。[②] 这就不难理解在美国，正当程序原则会区分为实体法意义上的正当程序原则和程序法意义上的正当程序原则。[③] 在 1791 年宪法第五修正案通过后，美国联邦最高法院在十九世纪开始就在诸多判例中运用实体性的正当程序原则保障契约自由和财产权。而在英国法上，狭义的自然正义原则不过是越权无效原则的一个分支，或是归于程序错误，或是归于滥用权力。其实质上也包含了实体法面向。在 1966 年的一起判例中，法院认为伦敦机场的移民事务官员拒绝一名巴基斯坦男孩入境，并未违反正当程序原则，因为该官员“事实上行事公正”。[④] 这也从侧面反映出正当程序原则在英美法中并非一项单纯的程序法原则。

（二）大陆法系为什么只有正当程序“规则”而无“原则”

正当程序原则之所以在英国法上产生并为美国法继受，有其特定的法律

① 译文参见《大宪章》，陈国华译，商务印书馆 2016 年版，第 45 页。

② 刘东亮：《还原正当程序的本质——“正当过程”的程序观及其方法论意义》，载《浙江社会科学》2017 年第 4 期。

③ 王名扬：《美国行政法》（上），中国法制出版社 2005 年版，第 380 页。

④ ［英］威廉·韦德、克里斯托弗·福赛：《行政法》，骆梅英等译，中国人民大学出版社 2018 年版，第 340 页、第 377 页。

制度背景。在《大宪章》制定时，英国在日常法律实践中运行的是习惯法，司法中适用判例制度。而行政须依照规则，在成文法不发达的情况下行政权力存在广泛的裁量空间。因此，为了约束行政裁量，其一方面通过越权无效原则确保行政机关遵循立法机关的意志，另一方面则通过公正的程序对行政过程加以约束，进而从间接意义上确保能够得出公正的结果。故正当程序原则中两造兼听、禁止偏私这两项子原则在形成之初，有其特定的实体权利保障之意义。1610 年，柯克法官在伯纳姆诉皇家医学会案中，认定皇家医学会依据特许状将罚金的一半收入囊中，因此皇家医学会认为伯纳姆没有执照在伦敦行医而对其裁定有罪并处罚款和监禁，这一裁定有违自然正义，即一个人不应该成为自己案件的法官。[①] 这一案件显然很难简单归于程序问题，而更为明显地体现为实体法律问题。反观大陆法系，如德国、日本等国家，正当程序原则并不是一项行政法基本原则。虽然在二十世纪后半叶，如听证、陈述申辩等内容在大陆法系国家的行政程序法具体条款中作了规定，但并没有像英美法系那样作为一项独立原则加以提炼，并被赋予特别重要的理论地位。其中的原因在于，大陆法系成文法体系本身对行政行为实体条件作了相对严格的规定，而统一的行政程序法典和单行法律规范对行政行为的程序也作了比较全面的规范，因此，法律对行政机关的裁量已经作了相应限制。而另外，大陆法系对行政裁量的规制可以通过比例原则加以实现。因此，德国、日本等国并没有将正当程序作为一项原则进行提炼，而是作为规则在程序法中进行了规定。比如德国《联邦行政程序法》第 28 条规定，对当事人作出不利决定时应当听取其陈述意见。[②] 日本《行政程序法》第 13 条也规定了在作出撤销许可等不利决定前应当进行听证或给予当事人辨明的机会。[③] 在英美法系，应当听证而未予听证的，当然属于无效行政行为，但是大陆法系普遍对听证、陈述申辩程序保持相对宽容的态度。比如德国《联邦行政程序法》第 45 条规定，在行政决定作出前未听取陈述申辩的，但事后予以补正的，并不认为构成无效的情形。德国联邦行政法院的判例还认为，如果行政决定经

---

① ［美］约翰·V. 奥尔特：《正当法律程序简史》，杨明成、陈霜玲译，商务印书馆 2006 年版，第 14—15 页。

② 具体条文参见应松年主编：《外国行政程序法汇编》，中国法制出版社 2004 年版，第 79—120 页。

③ ［日］室井力等：《日本行政程序法逐条注释》，朱芒译，上海三联书店出版社 2009 年版，第 124—125 页。

过行政复议程序的，那么行政复议程序的开始即意味着听证的补正。[①] 同时，诸如德国《联邦行政程序法》第45条第（2）款、第（3）款和日本《行政程序法》第13条第2款都规定了听证或陈述申辩程序的例外情形。实际上，即使在英美法系法域，正当程序原则的适用也有相当的司法裁量空间。[②]

二、我国行政审判中正当程序合法性审查的类型化

据笔者不完全统计，在最高人民法院发布的指导案例、公报案例和典型案例中，约有15件案件中法院引述了“正当程序”。其中法院对正当程序所涉及程序性权利内容的评判也有所差异。从实践来看，在行政诉讼中如何适用正当程序原则，笔者认为涉及两个问题，第一是谁能够主张正当程序，第二层面才涉及正当程序是什么的问题。

（一）谁能够主张正当程序

【案例1】原告山东某化肥公司诉被告新泰市工商局与第三人安某华、陈某亭、王某华工商行政处罚案[③]：第三人安某华从原告某化肥公司购进化肥后直接销售给第三人陈某亭。后第三人陈某亭、王某华向被告投诉，称该批化肥有质量问题。经检测化肥不合格。后被告对安某华作出处罚决定。原告就该处罚提起诉讼。法院认为，被告在未通知原告参与，未听取原告陈述申辩意见的情况下作出处罚决定，认定安某华销售不合格的原告生产的化肥，违反法定程序。二审维持原判。

【案例2】韶关市浈江区某联电线厂诉广东省住建厅及第三人韶关市某建筑公司行政处罚决定案[④]：2015年3月31日，广东省住建厅对某建筑公司建设的某小区进行建筑材料抽检，发现该小区建设所使用的某联电线厂提供的电线不合格。8月，广东省住建厅对该建筑公司作出处罚决定，罚款115余万元。某联电线厂不服该处罚决定，提起行政诉讼。一审法院认为，广东省住建厅完全有能力通知某联电线厂，但未通知具有利害关系的某联电线厂参与

① ［德］汉斯·J. 沃尔夫等：《行政法》（第二卷），高家伟译，商务印书馆2002年版，第232页。

② ［英］威廉·韦德、克里斯托弗·福赛：《行政法》，骆梅英等译，中国人民大学出版社2018年版，第387页。

③ 刘万金：《利害关系人对处罚决定享有撤销请求权》，载《人民司法·案例》2015年第16期。

④ 详见最高人民法院（2019）最高法行再107号行政判决。

调查处理，不利于保障生产者的权益。二审法院认为，相关行政法规没有规定建设行政主管部门在对施工单位进行处罚时负有一并考量和保护相关建筑材料的生产单位、销售单位等相关民事权益的义务以及负有告知并听取他们陈述、申辩的义务。因此，某联电线厂作为案涉建筑材料生产单位与本案无利害关系，二审撤销一审判决，驳回原告起诉。最高人民法院再审认为，按照正当程序的基本要求，行政机关在作出对行政管理相对人、利害关系人不利的行政决定之前，应当告知并给予其陈述和答辩的机会。但是，鉴于目前的法律法规均未明确规定，建设行政主管部门在开展建设工程质量监督管理过程中应当通知建设材料生产者参与调查处理或给予其陈述、申辩的权利，故广东省住建厅的处罚程序并不违反现行法律规定。

前述两案例中不同法院对正当程序的主张主体存在不同的认识，其原因在于：一方面，正当程序原则是在司法实践过程中逐步引入的法理概念，对特定问题尚未形成统一认识确属正常；另一方面，则是我国行政程序法典的缺位。从域外行政程序法典来看，陈述申辩权利的行使主体一般仅及于行政决定的直接相对人。因为大陆法系行政程序法典中所规定的程序主要针对的是单方法律行为，前述德国《联邦行政程序法》和日本《行政程序法》中的听证、辨明条款都规定在行政决定章节中。而单方法律行为是以行政机关单方意思表示创设、变更行政法律关系的形式，因此其与民事法律行为一样，具有相对性。行政程序规范的是行政机关的行政意思形成并将之传递于直接相对人的过程，不利行政决定并非直接对利害关系人产生法律效果。除行政程序法对利害关系人参与行政程序作特别规定，或者该行政决定对利害关系人也产生直接法律效果，行政机关必须考虑其法律上利益外，利害关系人与直接相对人在行政程序中的法律地位并不相同，并不能主张程序性权利。[①]前述两案例中，原告皆非行政处罚的相对人，案例 2 中最高人民法院判决理由也阐述了相应意见，即法律并未规定对产品使用人之处罚程序中须通知产品生产者参与行政程序，行政机关并非必须通知原告参加行政程序，因此其并无正当程序权利得以主张。

（二）正当程序原则实现的层次

在最高人民法院发布的相关案例中，法院大多从行政机关没有履行何种

---

① 参见吴庚、盛子龙：《行政法之理论与实用》，三民书局 2017 年版，第 554—555 页。

程序而有违该原则的角度进行说理，那么，正当程序原则在我国司法实践中应当如何从正面展开？笔者认为大致可以划分出四个层次：

1. 行政程序参与的通知。在张某银诉徐州市人民政府房屋登记行政复议决定案①中，复议机关受理第三人复议申请后，在未通知原告参与复议程序的情况下撤销了原告名下的房屋登记。在郑州市中原区某星调味品厂诉郑州市人民政府行政处理决定案②中，被告亦在未通知原告参与行政程序的情况下，迳行作出注销国有土地使用权证的行政决定。

2. 行政程序中权利义务的告知。在张某文、陶某诉四川省简阳市人民政府侵犯客运人力三轮车经营权案③中，最高人民法院认为在行政许可颁发时应当告知相对人许可的期限，而该案中被告怠于告知相对人许可期限，造成相对人误解；进而在后续发布《公告》通知原已取得运营许可的相对人重新缴纳经营费用，由此引发行政争议。该案中诉讼标的虽然是《公告》，即后续重新审核许可的决定，但再审判决中认为在先许可阶段未告知许可期限，有违正当程序，因此确认后续《公告》行为违法。在陆某佐诉上海市闸北区房屋土地管理局房屋拆迁行政裁决纠纷案中，征收人未有效送达房屋评估报告，房屋裁决机关也未就该报告送达情况进行查明，法院就此认为其违反正当程序原则。④ 在孙某花诉原浙江省环境保护厅环保行政许可案中，被告未告知原告可就车辆排放进行技术鉴别，依据鉴别结果核发相应的环保标志，就此被法院认定违反正当程序。⑤

3. 陈述申辩的听取。在定安某建筑装修工程公司诉海南省定安县人民政府收回国有土地使用权及撤销土地证案⑥中，被告于 2004 年认定系争土地属于闲置土地，拟无偿收回使用权。2007 年，被告作出有偿收回决定，补偿原

---

① 《张某银诉徐州市人民政府房屋登记行政复议决定案》，载《最高人民法院公报》2005 年第 3 期。

② 《郑州市中原区某星调味品厂诉郑州市人民政府行政处理决定案》，最高人民法院行政审判十大典型案例（第一批）（2017 年 6 月 13 日）。

③ 《张某文、陶某诉四川省简阳市人民政府侵犯客运人力三轮车经营权案》，最高人民法院行政审判十大典型案例（第一批）（2017 年 6 月 13 日）。

④ 《陆某佐诉上海市闸北区房屋土地管理局房屋拆迁行政裁决纠纷案》，载《最高人民法院公报》2007 年第 8 期。

⑤ 《孙某花诉原浙江省环境保护厅环保行政许可案》，行政诉讼附带审查规范性文件典型案例（2018 年 10 月 30 日）。

⑥ 《定安某建筑装修工程公司诉海南省定安县人民政府收回国有土地使用权及撤销土地证案》，载《最高人民法院公报》2015 年第 2 期。

告80余万元后收回土地使用权，并将决定送达原告。法院认为该决定作出前没有向原告提出有偿收回国有土地使用权的方案，未听取原告陈述申辩，违反正当程序。

4. 听证权利的保障和实现。在黄某富等诉四川省成都市金堂工商局行政处罚案（指导案例6号）中，被告对大额没收处罚未告知原告享有听证的权利，被法院认定违反正当程序。在寿光某燃气有限公司诉寿光市人民政府、潍坊市人民政府解除政府特许经营协议案[①]中，被告解除特殊经营协议未举行听证，也被法院认定违反正当程序。前述定安某建筑装修工程公司诉海南省定安县人民政府收回国有土地使用权及撤销土地证案中，被告先作出决定，后进行听证，亦违反正当程序要求。

从前述最高人民法院指导案例、公报案例和典型案例归纳来看，大多数案件表述了正当程序中应当听取当事人陈述申辩的要求，从广义而言行政相对人参与行政程序后当然可以通过口头或书面方式表达意见。但是从细分来看，正当程序中的陈述申辩包含了两层意思：第一层意思是通知行政相对人参与行政程序，给予其对相关事实发表意见的权利。德国《联邦行政程序法》第28条规定，“在颁布影响参与人权利的行政行为之前，应给参与人陈述对有关决定为重要的事实的机会”。我国台湾地区“行政程序法”第39条规定，行政机关基于调查事实及证据之必要，得以书面通知相关之人陈述意见。在这里，行政相对人仅就“事实”发表意见。在第一层面的陈述申辩权利行使过程中，其所要起到的作用与行政调查程序是一样的，即为了保证行政决定所认定的事实能够成立。[②] 第二层意思是在作出行政决定前，就拟处行政决定认定的事实和适用依据告知行政相对人，听取其就事实认定、裁量选择和法律适用所发表的相关意见。如德国《联邦行政程序法》第66条规定，要式行政程序中，参与人有权在作出决定之前获得表达其意见的机会。我国台湾地区“行政程序法”也在第102条规定：“行政机关作成限制或剥夺人民自由或权利之行政处分前，除已依第三十九条规定，通知处分相对人陈述意见，或决定举行听证者外，应给予该处分相对人陈述意见之机会。”这里的陈述申辩本质上与听证一样，是当事人“听审权”的实现方式之一。当

---

① 《寿光某燃气有限公司诉寿光市人民政府、潍坊市人民政府解除政府特许经营协议案》，载《最高人民法院公报》2018年9期。

② 参见陈敏：《行政法总论》，2016年自刊本，第807—808页。

事人在此阶段所为陈述申辩，既针对事实内容，也针对法律观点。第二层面的陈述申辩具有防止行政机关专断的功能。[①] 因此，第二层面的陈述申辩对行政机关裁量权的运用有更为明显的约束作用。同时，第二层面的陈述申辩权利的实现有赖于行政程序中说明理由、卷宗阅览等其他程序性机制加以保障[②]，相应地对行政机关的程序义务提出更高的要求。

结合前述案例中归纳出的四个层次的正当程序要求，参与行政程序的通知和程序中权利义务的告知所对应的是第一层面的陈述申辩，在这一层面当事人只要参与到程序中即可认为享有陈述申辩的权利，同时行政机关负有告知鉴定内容、复检权利、许可期限等内容的法定义务，使当事人能够就行政决定所依据的相关事实提出自己的意见。而狭义的陈述申辩和听证都属于“听审权”的范畴，也就是可以归于第二层面的陈述申辩，其所处程序阶段在行政调查终结后行政决定作出前，行政机关不仅负有听取陈述申辩的义务，同时还应当告知行政相对人拟处决定所依据的事实、理由和法律规范。在第二层面，陈述申辩和听证实质上有类似功能，只不过听证程序更为严格。我国《行政处罚法》第四十四条、第四十五条的规定就体现了第二层面的陈述申辩权利。

三、行政审判适用正当程序原则的界限和裁判选择

近年来，随着法治意识的不断增强，行政审判对程序正义的关注也相应提升。各级法院裁判中适用正当程序原则的案例层出不穷。但是正当程序原则的适用显然不是无边无际的，其需要平衡当事人权益、行政效率和司法判断的谦抑性等因素。

（一）正当程序原则的适用界限

前述提到正当程序原则最根本的功能还是控制行政机关的裁量，基于此会衍化出一定的界限和例外。比如英国早期认为正当程序原则只适用于司法性决定而非行政性决定，虽然这一区分在 *Ridge v. Baldwin* 案后发生了变化，法院不再强调这种区分。但是并不意味着其没有相应的界限。其从实体上判别行政决定是否“公正”，也就是从实质上把握正当程序原则的要求。如在作出决定之前案件结果如此明确，可以免除行政机关的听证义务。在 *Malloch*

---

① 参见陈敏：《行政法总论》，2016 年自刊本，第 815—817 页。

② 参见汤德宗：《行政程序法论》，元照出版有限公司 2005 年版，第 27—28 页。

v. Aberdeeb Coporation 案中，法院指出，个人不仅应当证明其享有陈述意见的权利，而且要证明所作出的陈述对案件有实质影响。① 又如美国，传统上法院认为正当程序原则只保护权利，而不保护行政机关赋予相对人的许可、资格、津贴等特权，之后适用范围稍有扩大，将受正当程序原则保护的范围扩大到法律上可主张的权利。② 但是仍认为立法性决定等适用宽泛的政策决定，排除正当程序原则的适用。③ 而大陆法系如德国、日本在行政程序法典中也都明确了陈述申辩、听证的例外情形。综合而言，正当程序原则作为一项原则在个案适用中是“多和少”的问题而非“全有和全无”的问题，需要根据案件情况进行综合判断。

从我国行政审判实践来看，正当程序原则的适用大概受到以下四个方面的约束：

1. 正当程序原则规制的是行政机关的裁量，单纯的事实问题并不一定涉及程序正当性评价。如前述案例1和案例2，产品是否符合标准是一个纯粹的技术性事实问题，在行政机关处罚产品使用人的程序中，是否通知产品生产商参加程序，一般不会改变产品质量标准的适用和认定。一方面，行政机关在行政程序中负有全面调查案件事实的职能；另一方面，行政诉讼中法院对相关事实是否成立也有全面审查的义务，法院完全可以通过鉴定等方式对行政程序中的事实进行二次审查。因此，单纯事实认定问题一般并不属于正当程序原则评价的范畴，除非行政机关对事实构成有判断余地。

2. 法院对正当程序原则的适用应当具有谦抑性，与行政机关的裁量应当互相协调。正当程序原则形式上是对程序的判断，本质上是对实体裁量的审查。有的案件已经体现出正当程序原则从形式判断向实质判断转变的情形。④

【案例3】于某某诉北京大学撤销学位案⑤：2014年，北京大学成立专家调查小组对于某某涉嫌抄袭一事进行调查。9月，于某某参加了专家调查小组

---

① ［英］：彼得·莱兰、戈登·安东尼：《英国行政法教科书》，杨卫东译，北京大学出版社2007年版，第396—397页、第414页。

② 王名扬：《美国行政法》（上），中国法制出版社2005年版，第388—404页。

③ ［美］理查德·J. 皮尔斯：《行政法》（第二卷），苏苗罕译，中国人民大学出版社2018年版，第575—577页。

④ 周佑勇：《司法判决对正当程序原则的发展》，载《中国法学》2019年第3期。

⑤ 详见北京市海淀区人民法院（2015）海行初字第1064号行政判决、北京市第一中级人民法院（2017）京01行终277号行政判决。

第二次会议，就涉案论文是否存在抄袭情况进行了陈述。同年10月，专家调查小组作出调查报告。2015年1月，北大学位评定委员会召开会议，全票通过决定撤销于某某博士学位。一审、二审法院认为，相对人只有在充分了解案件事实、法律规定以及可能面临的不利后果之情形下，才能够有针对性地进行陈述与申辩，发表有价值的意见，从而保证其真正地参与执法程序，而不是流于形式。故北京大学未告知原告拟撤销其学位决定的内容，违反正当程序原则。

对于撤销学位处分作出前是否需要向相对人告知拟处决定，法律规范中并未明确规定，就充分保障当事人程序权益的角度而言，适用正当程序原则当然有其意义和价值。但是案例3中有这样一个问题需要考虑，北京大学对于某某撤销博士学位所作的学位评定是裁量吗？学位是对学生学术能力的评价，而学术能力评价显然与行政机关依照法律进行裁量有本质的区别。学术能力评价一方面涉及学术自治，另一方面属于高度专业判断，是否适宜法院从实质角度通过正当程序原则的适用来进行介入，是值得商榷的。

3. 正当程序原则的适用有层次性，与行政相对人的权益保障应当相互适配。在第二部分论述中笔者已经提到，在不同案例中正当程序体现出四个层次，分别对应陈述申辩的两个层面。因此，正当程序原则的适用不可能在所有案件中都存在统一的、刚性的标准。对于陈述申辩权利的实现，除考虑行政机关裁量幅度和判断余地的范围外，还应当考量当事人权益的重要性与行政机关程序效率之间的相当性。一般情况下，除非法律有明确规定，否则行政机关通知当事人参与行政程序，即视为行政相对人享有陈述和申辩的权利，并不苛求行政机关必须依照第二层面的陈述申辩权实现方式，向当事人披露拟处决定的相关事实和依据，听取当事人的意见。而反过来，在法律没有明确规定的情况下，如果法院认为应当保障当事人第二层面的陈述申辩权利，应当具备较强的理由，即行政相对人的程序性权利确有更高的保障需求，或者行政机关的裁量确有不公正之虞。

4. 正当程序原则的适用与行政机关的行政效率要求也需要协调。域外大陆法系法域，如德国《联邦行政程序法》等程序法典中大多规定，对于大量、重复性的行政决定，或者对于事实显著清晰、对当事人权益影响轻微的，或者紧急状况等情形，都可以不听取当事人的陈述申辩。这类立法例即属于考虑行政效率与当事人权益保障之间的平衡性所作出的相应取舍。而我国目前尚无统一行政程序法，正当程序原则所适用的情形多依赖于司法机关的摸索，在此过程中适当兼顾行政惯例和行政效率的要求，也属于题中之义。新修订的《行政处罚法》第四十九条规定，在特定社会情形下实施行政处罚，可以依法从速从重。这实质上也是为行政机关在急迫情形下处罚程序的展开提供了某种裁量空间。

（二）正当程序原则适用的裁判选择

既然法律原则在个案适用中是“多和少”的问题，那么部分未听取当事人陈述申辩的情形并不必然导致行政行为的撤销。这里涉及的问题是《行政诉讼法》第七十四条第一款第二项规定确认轻微程序违法判决的适用问题。从正当程序原则出发来理解《行政诉讼法》第七十四条第一款第二项规定的适用，笔者认为有以下两个方面：首先，程序轻微违法确认判决针对的是法定程序。如果说正当程序原则是对法定程序的补充，那么在法律未明确规定程序要求时，就法院裁判而言，行政机关要么符合正当程序的要求，要么不符合正当程序的要求，而并不存在未遵循正当程序而判决确认轻微的裁判空间。这是因为，违反法律原则属于重大违法情形。其次，《最高人民法院关于适用〈中华人民共和国行政诉讼法〉的解释》中罗列了轻微程序违法的两种情形：超过处理期限和通知、送达程序轻微违法。行政机关在行政程序中通知、告知等法定义务的履行，亦有可能影响当事人正当程序权利的实现。行政机关未履行通知、告知等法定程序义务，在裁判方式的选择上就需要斟酌。笔者认为，如果对于影响行政相对人第二层面陈述申辩权利实现的通知、告知义务，行政机关未遵循法定要求的，被诉行政行为自然属于违反正当程序而应当予以撤销的情形。而影响第一层面陈述申辩权利的通知、告知义务，原则上只涉及事实问题而不涉及裁量，如果行政机关未遵循告知、通知的法定要求，但是在事后通过其他方式进行补救，对该通知、告知的程序瑕疵进行了治愈，则可以认为属于轻微程序违法的情形。

结语

正当程序原则是一项法律移植的法理概念，应当对其来源和界限有清晰的认识，并结合本土实践后，才能发挥出其规范和指引作用。同时，也要考虑其与现有其他法律原则、规则的衔接关系。

（作者单位：上海金融法院）

案例分析

无偿收回国有建设用地使用权的行政处罚决定与行政处理决定的界定与厘清

杨志华　刘韦唯

【裁判要旨】

收回国有土地使用权是地方政府管理、保护和开发土地资源的重要行政管理措施，主要以行政处理决定和行政处罚决定两种方式进行。行政处理决定是指地方人民政府因社会公共利益、行政管理的必要，适用行政管理程序作出收回决定，收回国有用地的行为。行政处罚决定是指公民、法人或其他组织等怠于履行开发建设职责，致国有建设用地闲置满二年，地方人民政府适用行政处罚程序作出无偿收地处罚决定，无偿收回国有用地的行为。

行政程序不同，当事人的知情内容、参与程度及陈述申辩事由亦不相同。在无偿收地处罚程序中，当事人是围绕着土地是否闲置、闲置原因是否归责于政府或不可抗力、闲置土地查处程序是否合法、是否应当无偿收回等内容进行陈述申辩。在无偿收地的处理程序中，当事人则围绕着收回决定是否符合公共利益、收回审批程序是否合法、是否应当给予补偿及补偿标准是否公平合理等内容进行陈述申辩。若混淆行政程序，会间接剥夺当事人的知情权、参与权及申辩权，违反程序正当原则。

行政复议对原行政行为有瑕疵治愈的效力，但仍应有一定限度，不能违反基本的法治原则。在无偿收地处罚决定的行政复议之中，不得适用行政处理决定的法律依据，维持处罚决定的无偿收地结果；否则属于适用法律错误、超越法定职权、违反法定程序及违反程序正当原则。

【案情】①

再审申请人（一审被告、二审被上诉人）：海南省人民政府（以下简称海南省政府）。

被申请人（一审原告、二审上诉人）：海口农村商业银行股份有限公司（以下简称海口农商行）。

一审被告：海南省海口市人民政府（以下简称海口市政府）。

1994 年 2 月，经原琼山市人民政府批准，原琼山县灵山镇信用社（以下简称灵山信用社）取得涉案土地，并办理琼山国用（灵山）字第 01577 号《国有土地使用证》。经信用社合并改制，灵山信用社并入海口农商行。2015 年 12 月，海口农商行申请换发涉案土地的国有土地使用证，海口市政府向其核发了海口市国用（2015）第 010124 号《国有土地使用证》（以下简称 124 号国土证），证载土地类型为国有划拨，面积 720 平方米，用途为商务金融用地。

2016 年 11 月，海口市国土资源局（以下简称海口市国土局）对涉案土地开展闲置调查。经调查核实，涉案土地处于 2015 年 8 月批复的《海口市灵山东片区控制性详细规划》范围内，规划为防护绿地；海口农商行自 1994 年 2 月取得土地使用权至今未动工开发建设，也未向政府及职能部门报规报建。2017 年 12 月，海口市政府作出海府罚字（2017）24 号《无偿收回国有建设用地使用权决定书》（以下简称 24 号收地决定），认定涉案土地因企业原因超过动工开发日期满二年未动工开发建设，根据《闲置土地处置办法》第十四条和《海南省闲置土地认定和处置规定》第二十九条规定，决定无偿收回涉案土地。海口农商行不服 24 号收地决定，向海南省政府申请行政复议。

2018 年 5 月，海南省政府组织听证会，听取海口农商行的陈述申辩。2018 年 11 月，海南省政府作出琼府复决（2018）49 号《行政复议决定书》（以下简称 49 号复议决定），认为在 2015 年 8 月前涉案土地无规划覆盖、没有具体规划指标，不具备开发建设条件，系政府原因造成土地闲置；2015 年

---

① 基于文章整体结构及叙事的考虑，“案情”和“审判”部分有一定调整和删减。

8 月之后，涉案土地被规划为防护绿地，亦不能动工开发建设，属于政府原因导致土地闲置且至今未能消除。因此，涉案土地闲置系政府原因，24 号收地决定认定为企业原因，属于认定事实不清。但是，49 号复议决定认为涉案土地为国有划拨，且规划为防护绿地，根据《城镇国有土地使用权出让和暂行条例》第四十七条第二款关于“对划拨土地使用权，市、县人民政府根据城市建设发展需要和城市规划的要求，可以无偿收回，并可依照本条例的规定予以出让”的规定，政府仍可以无偿收回涉案土地的使用权，24 号收地决定的结果并无不当；决定确认 24 号收地决定违法，维持其无偿收地的结论。

海口农商行不服 49 号复议决定，向人民法院提起行政诉讼，请求撤销 49 号复议决定。

【审判】

海口市中级人民法院一审认为，涉案土地属于国有划拨用地，且已经被规划为防护绿地，不具备开发建设的条件。海口市政府根据城市规划的要求，有权无偿收回该土地。虽然海口市政府作出 24 号收地决定时认定事实不清，导致适用法律不当，但无偿收地的处理结果是正确的。海南省政府经审查后，作出 49 号复议决定适用《城镇国有土地使用权出让和转让暂行条例》第四十七条第二款规定，确认海口市政府的 24 号收地决定违法，保留其效力的复议决定系适用法律正确。根据《行政诉讼法》第六十九条规定，判决驳回海口农商行的诉讼请求。海口农商行不服一审判决，向海南省高级人民法院提起上诉。

海南省高级人民法院二审认为，海南省政府在复议阶段中未能查清涉案土地是出让用地或是划拨用地。但是在 2015 年 8 月之前，涉案土地无规划覆盖，规划覆盖之后又被规划为防护绿地，不具备动工开发建设的条件，根据《闲置土地处置办法》第八条第一款第一项的规定，应认定涉案土地闲置系政府原因；因此，24 号收地决定认定涉案土地闲置系企业原因的事实是错误的。但是，海南省政府未告知海口农商行，其作出 49 号复议决定的事实和依据，剥夺了海口农商行的知情权和参与权，违反了程序正当原则。综上，49 号复议决定认定事实不清、程序违法，应予以撤销；一审判决认定事实清楚，但适用法律和处理结果错误，应予以纠正。依照《行政诉讼法》第七十条第一项、第三项和第八十九条第一款第二项及《最高人民法院关于适用〈中华人民共和国行政诉讼法〉的解释》第八十九条规定，判决撤销一审判决，责令海南省政府重新作出复议决定。海南省政府不服二审判决，向最高人民法院申请再审。

最高人民法院经审查认为，涉案土地为国有划拨用地，此外49号复议决定已认定土地闲置系政府原因，各方当事人对此无异议，因此，本案主要的争议焦点是49号复议决定适用法律是否正确的问题，即在行政处罚的复议审查之中，可否适用《城镇国有土地使用权出让和暂行条例》第四十七条第二款的规定，维持无偿收地的结论。

收回国有土地使用权是地方政府管理、保护和开发土地资源的重要行政管理措施，主要以行政处理决定和行政处罚决定两种方式进行。参照原国家土地管理局《关于认定收回土地使用权行政决定法律性质的意见》的规定，因国有建设用地闲置满二年而无偿收回的属于行政处罚，基于公共利益的需要而无偿收回国有划拨用地的则属于行政处理；两种无偿收回土地行为的性质、事实基础、作出主体、法律依据和法定程序等内容截然不同，不能混淆。24号收地决定是一项行政处罚决定，而49号复议决定作为该处罚决定的复议审查，应当受处罚行为的性质、程序及法律适用等内容限制。因此，49号复议决定为维持无偿收地的结论，适用《城镇国有土地使用权出让和转让暂行条例》第四十七条第二款关于无偿收回国有划拨用地行政处理决定的规定，没有界定行政处罚决定和行政处理决定的区别，属于适用法律错误。若确因公共利益的需要收回国有划拨用地使用权的，应由自然资源主管部门启动收回程序，由有权机关作出收回决定，不得以行政复议程序代之。此外，作为行政相对人的公民、法人或者其他组织在行政处罚或者行政处理中均具有知情权、参与权及申辩权，但行政程序不同，当事人的知情内容、参与程度及陈述申辩事由亦不相同。海南省政府虽听取了海口农商行针对无偿收地行政处罚的陈述申辩，但是却迳行适用了无偿收地行政处理决定的法律依据作出49号复议决定，间接剥夺了海口农商行的知情权、参与权和申辩权，违反了程序正当原则。

综上，49号复议决定适用法律错误、违反法定程序。依照《最高人民法院关于适用〈中华人民共和国行政诉讼法〉的解释》第一百一十六条第二款的规定，裁定驳回海南省政府的再审申请。

【评析】

一、法律适用问题

本案所涉法律适用问题的争议，可以归纳为：在无偿收地行政处罚的复议审查之中，可否适用《城镇国有土地使用权出让和暂行条例》第四十七条第二款的规定，维持无偿收地的结论。

第一种观点认为，行政复议是一种准司法程序，复议机关可以对被申请的原行政行为的合法性、合理性进行全面审查，在案件事实查清的前提下，可以改变原行政行为的法律依据，甚至改变原行政行为。本案中，涉案土地为国有划拨，且已经被规划为防护绿地，不具备开发建设的条件，符合《城镇国有土地使用权出让和暂行条例》第四十七条第二款规定的情形，可以无偿收回。虽然 24 号收地决定认定事实不清，但是其无偿收回的结论是正确的，49 号复议决定改变法律依据，维持 24 号收地决定结果并无不当。

第二种观点认为，复议机关虽具有对合法性、合理性全面审查的职责，但仍受到原行政行为的性质、程序及法律适用的限制。24 号收地决定是行政处罚决定，因此 49 号复议决定亦要受到行政处罚性质、程序及法律适用的约束；若认为不存在违法事由，则应当依法予以撤销或责令重作。而《城镇国有土地使用权出让和暂行条例》第四十七条第二款是关于因公共利益需要可以无偿收回国有划拨用地的法律，属于行政管理的范畴，不属于行政处罚的范畴，行政处罚决定及其复议决定均不能直接适用。因此，49 号复议决定适用前述第四十七条第二款规定，维持 24 号收地决定的结论，适用法律错误，违反法定程序。

合议庭最终采纳了第二种观点处理本案，具体理由下文分述之。

二、收回国有土地使用权是政府重要管理措施

土地是不可再生的稀缺资源，依法合理利用土地是土地行政管理的宗旨。根据《土地管理法》第三条规定，我国实行严格的土地管理制度，各级人民政府应当依法管理、保护和开发土地资源。其中，收回国有土地使用权是地方人民政府及其土地管理部门管理、保护和开发土地资源的重要行政管理措施。

根据《土地管理法》第五十八条第一款、《城市房地产管理法》第二十

条、第二十二条第二款及第二十六条等规定，收回国有土地使用权是通过行政处理决定和行政处罚决定两种方式进行的。所谓行政处理决定，是指地方人民政府因社会公共利益、行政管理的必要，依据土地行政管理法律法规的规定，适用行政管理程序，依法收回国有土地使用权的行为，如土地使用权年限届满的无偿收回、因公共利益的有（无）偿收回、因特殊情形停止使用原划拨用地的无偿收回等。而行政处罚决定，是指公民、法人或其他组织等用地单位怠于履行开发建设职责，欠缺开发建设意图，导致国有建设用地闲置满二年，地方人民政府根据《行政处罚法》《土地管理法》等关于土地处罚的法律法规，适用行政处罚程序，依法无偿收回土地的行为。虽然无偿收地的结果殊途同归，但行政处理决定和行政处罚决定的性质、程序及法律适用截然不同，不能混淆。实践中，为严格区分收回土地使用权（国有、集体）的行为性质，原国家土地管理局制定并印发《关于认定收回土地使用权行政决定法律性质的意见》，将实践中常见的收回土地使用权的行政行为，界定为行政处理决定和行政处罚决定。虽然该意见属于部门规范性文件，但其意义在于界定了行政行为的性质、程序和法律适用等问题；因此，在行政管理、行政执法及司法审查中，均可以参照这一行为界定标准，确认收回土地行为的性质、行政程序和法律依据。

三、行政复议的瑕疵治愈应有限制

现行的行政复议和行政诉讼制度，尤其是《最高人民法院关于适用〈中华人民共和国行政诉讼法〉的解释》第二十二条赋予了行政复议机关对原行政行为更大的瑕疵治愈权，更加强化行政一体原则，但复议机关对原行政机关原行政行为的瑕疵治愈仍应有一定限制，不能违反基本的法治原则。

根据《行政复议法》第二十八条第一款规定，复议机关的审查对象主要是原行政行为认定事实是否清楚、证据是否确凿、适用依据是否正确、程序是否合法、内容是否适当等。《行政复议法实施条例》第四十三条、第四十四条、第四十五条及第四十七条规定，复议机关经审查后，视原行政行为是否符合第二十八条第一款的规定，从而作出维持原行政行为、撤销或部分撤销原行政行为、责令重作、变更原行政行为等复议决定。根据前述法律法规的规定，行政复议是行政救济机制，复议机关对原行政行为实行全面审查，并视原行政行为的适法情形作出相应的复议决定；因此，对当事人权利义务产生实际影响和拘束力的主要是原行政行为，且原行政行为的性质、程序及法律适用也会对复议机关的审查内容产生一定拘束。即使复议机关改变原行政行为，也应当受原行政行为性质、程序及法律适用的限制，不能以复议程序代替原行政机关的行政管理程序或处罚程序，否则会超越职权，违反法定程序及程序正当原则。本案情形亦是如此，根据《土地管理法》第五十八条第一款、《城镇国有土地使用权出让和暂行条例》第四十七条第二款规定，因公共利益需要而无偿收回国有划拨用地的，应当由地方自然资源主管部门启动收回程序，报有批准权的人民政府批准，作出无偿收回决定，不能以行政复议程序代之。

四、被诉49号复议决定的合法性问题

一是，行政处理决定和行政处罚决定的性质、程序及法律适用不同，不能混淆。参照《关于认定收回土地使用权行政决定法律性质的意见》第五条“依照《城市房地产管理法》第二十五条的规定，超过出让合同约定的动工开发日期满二年未动工开发的，人民政府或者土地管理部门依法无偿收回出让的国有土地使用权，属于行政处罚决定”，以及第七条第二款“依照该条例[①]第四十七条第二款的规定，根据城市建设发展需要和城市规划的要求，市、县人民政府无偿收回国有划拨土地使用权的，也应属于行政处理决定”的规定，因国有建设用地闲置满二年而无偿收回的属于行政处罚，基于公共利益的需要而无偿收回国有划拨用地的则属于行政处理，两种无偿收回土地行为的性质、事实基础、作出主体、法律依据和法定程序等内容截然不同，不能混淆。本案中，原行政行为系海口市政府的24号收地决定，该决定是一项行政处罚决定，因此海南省政府的复议审查应当受行政处罚行为性质、程序及法律适用的限制。但是，海南省政府的49号复议决定为了维持无偿收地的结论，在对行政处罚的复议审查中，直接适用《城镇国有土地使用权出让和转让暂行条例》第四十七条第二款关于无偿收回国有划拨用地行政处理决定的规定，没有界定行政处罚决定和行政处理决定的区别，属于适用法律错误。

二是，行政复议程序不能代替收回国有用地使用权的处理程序。根据《土地管理法》第五十八条第一项、第二项，《城镇国有土地使用权出让和转让暂行条例》第四十七条第二款规定，确因公共利益的需要收回国有用地使

① 即《城镇国有土地使用权出让和转让暂行条例》。

用权的，应由地方自然资源主管部门启动收回国有用地使用权程序，经由有权行政机关依法定程序作出收回决定，不得以行政复议程序代之。因此，49号复议决定适用前述第四十七条第二款规定，作出保留无偿收地结果效力的决定，亦违反法定程序。

三是，变相剥夺了当事人的知情权、参与权及申辩权。作为行政相对人的公民、法人或者其他组织在行政处罚或者行政处理中均具有知情权、参与权及申辩权，但行政程序不同，当事人的知情内容、参与程度及陈述申辩事由亦不相同。在无偿收地的处罚程序中，当事人是围绕着土地是否闲置、闲置原因是否归责于政府或不可抗力、闲置土地查处程序是否合法、是否应当无偿收回等内容进行陈述申辩。而在无偿收地的处理程序中，当事人则围绕着收回决定是否符合公共利益、收回审批程序是否合法、是否应当给予补偿及补偿标准是否公平合理等内容进行陈述申辩。因此，海南省政府虽然组织了听证会，听取了海口农商行针对无偿收地行政处罚的陈述申辩，但是却迳行适用了无偿收地行政处理决定的法律依据作出49号复议决定，间接剥夺了海口农商行的知情权、参与权和申辩权，违反程序正当原则。

综上所述，49号复议决定适用《城镇国有土地使用权出让和转让暂行条例》第四十七条第二款规定，维持24号收地决定的无偿收地的结果，属于适用法律错误、违反法定程序及程序正当原则。如涉案土地确有《城镇国有土地使用权出让和转让暂行条例》第四十七条第二款规定情形或者《土地管理法》第五十八条第一项、第二项规定情形，相关行政机关也应依法定程序作出收回决定。

（作者单位：最高人民法院、广西壮族自治区高级人民法院）

行政诉讼中对基础民事争议涉及相关事实的审查

周 觅

【裁判要旨】

通常情况下，行政诉讼中如存在民事争议问题应当通过民事途径予以解决，不属于行政诉讼案件的审查范围。根据《行政诉讼法》第六十一条第一款的规定，在涉及行政许可、登记、征收、征用和行政机关对民事争议所作的裁决的行政诉讼中，如果当事人申请一并解决相关民事争议的，人民法院可以一并审理。但是，即使当事人未申请一并解决相关民事争议亦未另行提起民事诉讼，法院也可以在行政诉讼案件审理过程中，将被诉行政行为所依据的基础民事争议涉及的相关事实作为证据进行审查并作出裁断，以此为基础对被诉行政行为的合法性进行审查。

【案情】

再审申请人（一审原告、二审上诉人）：石家庄市某华经济协作公司（以下简称某华公司）。

被申请人（一审被告、二审上诉人）：河北省石家庄市新华区人民政府（以下简称新华区政府）。

被申请人：河北省石家庄市人民政府（以下简称石家庄市政府）。

一审第三人、二审上诉人：石家庄科某重工有限公司（以下简称科某公司）。

2016年3月12日，石家庄市新华区房屋征收管理办公室（以下简称新华区征收办）发布《和平路高架桥西延项目二期房屋征收范围公告》，显示和平西路595号土地上的加油站在该项目征收范围内。2016年11月9日，新华区征收办、石家庄市某城市建设投资有限责任公司就位于新华区和平西路595号土地上的房屋、附着物、加油站及加油站附属设施，与科某公司（乙方）签订《和平路高架桥西延项目补偿协议》（以下简称《补偿协议书》）。

后某华公司认为其才是案涉加油站的实际产权人，不服新华区政府征收加油站未给予其补偿的行为，向石家庄市政府提出行政复议申请，石家庄市政府认为“确定科某公司为征收补偿对象并无不妥”，维持新华区政府对和平西路595号房屋征收过程中未对某华公司进行补偿的行为。后某华公司提起本案行政诉讼，请求：1. 撤销被诉复议决定；2. 判决新华区政府就案涉加油站征收中未对某华公司进行补偿的行为违法，要求征收补偿方案对某华公司按照法定征收流程以现在市场评估价为基准进行征收补偿；3. 判决新华区政府另行赔偿某华公司因被违法征收导致的损失（以现在市场评估价为基准）。

【审判】

河北省石家庄市中级人民法院认为：一般情形下，在国有土地上房屋征收项目中，被征收人与补偿对象应为房屋所有权人。本案中，某华公司提交的证据材料相互印证，可以证明某华公司是加油站的产权人，其因建造而原始取得加油站的产权。第三人科某公司为案涉征收房屋范围内的土地使用权人，新华区政府将案涉地块上的加油站及附属设施、地上房屋、附着物的补偿款项一并支付给第三人，未对加油站的产权人某华公司给予补偿的行为违反法律规定，应予纠正。综上，一审法院判决确认新华区政府在石家庄市和平西路595号加油站征收中未对某华公司进行补偿的行为违法；责令新华区政府对某华公司建设的加油站及相关构筑物依法予以补偿；撤销石家庄市政府作出的80号复议决定；驳回某华公司的其他诉讼请求。

新华区政府、科某公司均不服一审判决，提起上诉。

河北省高级人民法院认为：本案的争议焦点为案涉加油站的所有权人究竟是某华公司还是科某公司。案涉加油站占用土地的使用权人是科某公司，对此各方均无异议。但是，对于案涉加油站所属的房屋、加油设备、地上附着物等财产的所有权，双方各执一词，且均提供大量证据材料证实自己的主张，显然，案涉加油站的所有权存在产权争议且尚未解决，案涉加油站的归属尚存在不确定性，而案涉加油站所有权的确定将是征收主体依法进行征收补偿的基础依据。因案涉加油站的所有权存在争议，故应先通过民事诉讼途径解决案涉加油站的产权争议，待案涉加油站的所有权明确后，方能处理本案涉及的行政争议。因某华公司并未申请一并解决相关民事争议，故其应当就案涉加油站的产权归属争议先另行通过民事诉讼途径予以解决。因此，在案涉加油站产权确定之前，某华公司提起行政诉讼要求确认新华区政府未履行补偿职责违法并赔偿其损失，缺乏事实根据与法律依据，不符合行政诉讼的起诉条件，应驳回其起诉。综上，二审法院裁定撤销一审行政判决，驳回某华公司的起诉。

某华公司不服，向最高人民法院申请再审。

最高人民法院认为：一、某华公司的起诉符合法定起诉条件。本案中，案涉加油站地上物及设施的权属确定是征收补偿的基础依据。本案一审在有关加油站地上物及设施的归属问题证据确凿、事实清楚的情形下，直接对案涉加油站的所有权进行认定并进而对案涉补偿行为的合法性作出裁判，并无不当，法院予以支持。二、新华区政府应就案涉加油站地上物及设施对某华公司履行补偿职责。本案中，案涉加油站地上物及设施的权属应当属于某华公司。第一，某华公司在一审时提交了四组共 49 个证据材料，经过庭审质证后，一审对其中 24 个证据的效力予以认定。新华区政府及科某公司提交的案涉地块的房屋征收决定、科某公司土地证、《补偿协议书》等证据与案涉加油站地上物及设施的权属认定缺乏关联性，不具有证明效力。某华公司提交且被认定的证据数量远远多于新华区政府及科某公司，且其证据之间能够相互印证，足以证实某华公司因建造而原始取得案涉加油站的产权，加油站地上物及设施归属于某华公司。第二，某华公司在一审中就原石家庄市减速机厂与某华公司签订的《房屋租赁合同》中“租赁工作间四间”问题的解释符合实际情况，科某公司亦未提交证据证明案涉土地上仍然存有四间工作间。第三，2016 年 3 月新华区征收办对征收范围内房屋基本情况进行入户调查登记时，案涉加油站仍然存在，新华区征收办于 2016 年 5 月就案涉加油站的征收向某华公司发出征收通知。其后新华区征收办又与科某公司就案涉加油站签订补偿协议，但新华区政府并未提交证据说明其调查登记的结果以及认定科某公司为案涉加油站产权人的证据。第四，科某公司陈述称，某华公司于1992年购买的加油设备在土地租赁关系结束后已拆除，案涉加油站拆除时地上设施全部为科某公司购买的新设备，但是科某公司并未提供任何证据证明其相关陈述。第五，各方当事人在二审阶段并未提交其他新证据，二审有关“对于案涉加油站所属的房屋、加油设备、地上附着物等财产的所有权，双方各执一词，且均提供了大量证据材料证实自己的主张”“对于案涉加油站的所有权存在产权争议且尚未解决，案涉加油站的归属上存在不确定性”的认定，不符合在案证据的实际情况，属于认定事实不清，应当予以纠正。综上，最高人民法院再审判决撤销二审判决，维持一审判决。

【评析】

本案作为一起存在基础民事争议的行政诉讼案件，值得探讨的问题在于：如果“民行交叉”案件中民事争议是基础，而当事人又拒绝申请一并解决相关民事争议，也明确表示不另行提起民事诉讼，此时行政审判是将基础民事争议涉及的相关事实作为证据进行审查并最终作出裁判，还是裁定驳回起诉，让当事人就民事争议另行提起民事诉讼？

一、行政诉讼中“民行交叉”问题的处理思路

讨论“民行交叉”问题，就不得不提及“高某善诉焦作市影视器材公司房产纠纷案”，该案出现的“一个纠纷，两种诉讼，三级法院，十年审理，十八份裁判”的司法窘境，引起了理论界和实务界对“民行交叉”问题处理的广泛关注。

多年来，笔者结合审判实践，基本明确了在行政审判中处理“民行交叉”案件的思路：

其一，民事争议一并解决。行政诉讼一并解决民事争议是指在行政诉讼中，当事人在一审庭审结束之前，就基础民事纠纷提起民事诉讼，人民法院受理后由审理行政案件的合议庭合并审理、裁判的制度。[1] 2000年《最高人民法院关于执行〈中华人民共和国行政诉讼法〉若干问题的解释》第六十一条规定：“被告对平等主体之间民事争议所作的裁决违法，民事争议当事人要

---

① 郭修江：《一并审理民行争议案件的审判规则——对修改后的〈行政诉讼法〉第六十一条的理解》，载《法律适用》2016年第1期。

求人民法院一并解决相关民事争议的，人民法院可以一并审理。”该解释首次明确了民、行案件一并审理制度。《最高人民法院关于当前形势下做好行政审判工作的若干意见》（法发〔2009〕38号）进一步发展了这一制度，规定：“……在受理行政机关对平等主体之间的民事争议所作的行政裁决、行政确权、行政处理、颁发权属证书等案件时，可以基于当事人申请一并解决相关民事争议……对于行政裁决和行政确认案件，可以在查清事实的基础上直接就行政主体对原民事性质的事项所作出的裁决或确认依法作出判决，以减少当事人的诉累。”修正后的《行政诉讼法》在吸收司法解释、司法政策文件规定和总结行政审判实践经验的基础上，规定：“在涉及行政许可、登记、征收、征用和行政机关对民事争议所作的裁决的行政诉讼中，当事人申请一并解决相关民事争议的，人民法院可以一并审理。”

其二，基础法律关系先行处理。《最高人民法院关于审理房屋登记案件若干问题的规定》（法释〔2010〕15号）第八条规定：“当事人以作为房屋登记行为基础的买卖、共有、赠与、抵押、婚姻、继承等民事法律关系无效或者应当撤销为由，对房屋登记行为提起行政诉讼的，人民法院应当告知当事人先行解决民事争议，民事争议处理期间不计算在行政诉讼起诉期限内；已经受理的，裁定中止诉讼。”有人认为，上述条文明确了“民行交叉”案件中“民事先行”的处理模式。其实这是对该条文的误解。“民行交叉”案件，主要存在三种情况，第一种是以民事法律关系为基础，第二种是以行政法律关系为基础，第三种是民事关系和行政法律关系并行。原告不服房屋登记行为，但其理由却仅仅是对作为房屋登记基础关系的转让合同、婚姻、共有、继承等民事行为提出异议，认为应当确认无效或者依法撤销，则此时虽然当事人起诉的是房屋登记行为，但该纠纷却是以民事纠纷为基础的，因此行政诉讼不宜受理该案件。相反，如果公安机关对违法伤害他人身体健康的行为人作出行政拘留和罚款的行政处罚，被害人向法院提起民事诉讼，要求行政相对人赔偿其人身损害的经济损失，行政相对人主张行政处罚不合法其不应当予以赔偿。此时，公安机关行政处罚行为合法与否则是判断民事侵权纠纷的前提，在该类“民行交叉”案件中，行政法律关系是基础，应当先行处理行政纠纷。修正后的《行政诉讼法》第六十一条第二款对基础法律关系先行处理原则予以了明确，其规定：“在行政诉讼中，人民法院认为行政案件的审理需以民事诉讼的裁判为依据的，可以裁定中止行政诉讼。”但是需要注意的是，该条文只是规定了“可以”“民事先行”，并未作出强制性要求。[①] 换句话说，即使行政案件涉及民事纠纷，但只要该民事纠纷并非审理“民行交叉”案件的基础，则不可以裁定中止行政诉讼，而应当对行政行为的合法性进行审查。

二、行政诉讼中对基础民事争议涉及相关事实审查的处理思路

正如前文所述，对于“民行交叉”案件，目前行政审判主要遵循如下处理路径：其一，当事人可以在提起行政诉讼时，主动申请一并解决相关民事争议；其二，人民法院认为民事争议系审理案涉“民行交叉”案件的基础，当事人不申请行政诉讼一并解决，而选择由民事诉讼来解决的，则可以裁定中止行政诉讼。但是，如果“民行交叉”案件中民事争议是基础，而当事人又拒绝申请一并解决相关民事争议，也明确表示不另行提起民事诉讼，此时行政审判是将基础民事争议涉及的相关事实作为证据进行审查并最终作出裁判，还是裁定驳回起诉，让当事人就民事争议另行提起民事诉讼？

对于前述问题，本案的一审、二审裁判正好代表了实践中两种最常见的处理思路：其一，人民法院应当将基础民事纠纷中与被诉行政行为合法性相关联的部分内容作为行政案件的主要事实进行审理认定。本案一审判决对当事人提供的证据进行审查，认为案涉加油站产权归属于某华公司，进而确认新华区政府就案涉加油站未对某华公司进行补偿的行为违法，责令新华区政府对某华公司进行补偿；其二，行政诉讼中如果存在基础民事争议，且当事人没有申请一并解决民事争议的，则裁定驳回当事人的起诉，告知当事人另行提起民事诉讼。本案二审则认为由于案涉加油站产权归属尚不确定，应当先行通过民事诉讼解决产权争议。

持第一种观点的理由在于：在以民事争议为基础的行政诉讼案件中，相关民事争议内容就是行政行为的主要事实根据。例如，在房屋登记行政案件中，原告诉被告将原本登记在其名下的房屋所有权转移登记至第三人名下的房屋转移登记行为违法，理由是第三人向房屋登记机关提供的原告与第三人之间的房屋买卖合同虚假，属于可撤销的或者无效的民事合同。此时，房屋买卖是否真实、有效这一民事争议的相关事实，就是被诉房屋转移登

① 全国人大常委会法制工作委员会行政法室编著：《中华人民共和国行政诉讼法解读》，中国法制出版社 2014 年版，第 172 页。

记行为所依据的主要事实。这一事实如果真实有效存在，被诉房屋转移登记行为就是有根据的；反之，被诉房屋转移登记行为就是没有根据或存在瑕疵的。如果人民法院认为与被诉行政行为合法性相关联的基础民事争议属于另一个法律关系，不属于行政案件的审查范围，将直接违反《行政诉讼法》规定的全面审查被诉行政行为合法性的基本原则；同时，人民法院未对行政案件中当事人各方争议焦点问题进行审理认定，仅对被诉行政行为主要事实以外其他内容进行审理并作出行政判决，不能以理服人，更不能实质性化解行政争议，将导致程序空转。[①] 同时，根据《行政诉讼法》第六十一条第二款的规定，在行政诉讼中，人民法院认为行政案件的审理需以民事诉讼的裁判为依据的，可以裁定中止行政诉讼，而非作出驳回起诉的裁定。

持第二种观点的理由在于：如果民事争议在“民行交叉”案件中起到基础性作用，则客观上民事争议是先于行政争议的法律关系存在的，当事人提起民事诉讼和行政诉讼都是为了解决民事纠纷。而行政诉讼无法解决民事争议，因此纠纷无法得到实质性化解。民事争议通过民事诉讼解决后，就没有必要再就行政行为提起行政诉讼。

最终本案的处理选择了第一种观点。（2020）最高法行再 207 号行政判决认为：“案涉加油站地上物及设施的权属确定是征收补偿的基础依据。一般情况下，案涉加油站地上物及设施的权属问题应当通过民事途径予以解决，不属于房屋征收补偿案件的审查范围。根据《行政诉讼法》第六十一条第一款的规定，在涉及行政许可、登记、征收、征用和行政机关对民事争议所作的裁决的行政诉讼中，当事人申请一并解决相关民事争议的，人民法院可以一并审理。但是，即使当事人未申请一并解决相关民事争议亦未另行提起民事诉讼，法院也可以在行政诉讼案件审理过程中，将被诉行政行为所依据的基础民事争议涉及的相关事实作为证据进行审查并作出裁断，以此为基础对被诉行政行为的合法性进行审查。这种审理方式符合 2015 年修改后的行政诉讼法第一条所确定的立法目的，有利于公正、及时审理行政案件，解决行政争议，既可以提高审判效率，又可以实质性化解争议，

---

① 郭修江：《一并审理民行争议案件的审判规则——对修改后的〈行政诉讼法〉第六十一条的理解》，载《法律适用》2016 年第 1 期。

减少当事人诉累，保障公民的合法权益。一审在有关加油站地上物及设施的归属问题证据确凿、事实清楚的情形下，直接对案涉加油站的所有权进行认定并进而对案涉补偿行为的合法性作出裁判，符合上述裁判思路，并无不当。”

三、本案处理还需注意的问题

第一，当事人提起行政诉讼只需提供初步证据证明存在行政行为或者不作为，而非证明行政行为或者不作为违法。根据《行政诉讼法》第二十五条第一款、第四十九条的规定，提起行政诉讼的应当是行政行为的相对人以及其他与行政行为有利害关系的公民、法人或者其他组织，有明确的被告，有具体的诉讼请求和事实根据，属于人民法院受案范围和受诉人民法院管辖。按照《最高人民法院关于适用〈中华人民共和国行政诉讼法〉的解释》第五十四条第一款的规定，原告在起诉时仅需提供初步证据证明其与被诉行政行为具有利害关系，至于起诉条件中所指的“事实根据”，是指原告需要向人民法院证明行政行为或者不作为存在，而非证明行政行为或者不作为违法。原告所主张的事实根据能否证明行政行为或者不作为违法，是原告的诉讼请求能否得到人民法院支持的充分条件，而非原告能否提起诉讼的必要条件。本案中，某华公司对新华区政府以科某公司作为被征收人与其签订的包括案涉加油站在内的征收补偿协议不服，提起行政诉讼，要求新华区政府对其进行征收补偿。某华公司向人民法院提交的证据能够证明其与案涉加油站地上物及设施的补偿具有利害关系，新华区政府未对某华公司作出补偿的行为可能侵犯其合法权益，故某华公司具有提起本案诉讼的原告资格。新华区政府就案涉加油站与科某公司签订征收补偿协议，未对某华公司进行补偿，事实清楚，各方当事人均无异议，某华公司的起诉具有事实根据，亦符合其他起诉条件，一审依法予以受理并作出判决，并无不当。二审认为在案涉加油站产权确定之前，某华公司要求确认新华区政府未履行补偿职责违法并对其履行征收补偿职责提起行政诉讼缺乏事实与法律根据，系将案涉加油站的产权归属这一在实体审理中需查明的事实认定为提起诉讼的前提条件，属于适用法律错误。

第二，人民法院应当履行教示义务。《最高人民法院关于适用〈中华人民共和国行政诉讼法〉的解释》第一百三十八条第三款规定：“人民法院在审理行政案件中发现民事争议为解决行政争议的基础，当事人没有请求人民法院一并审理相关民事争议的，人民法院应当告知当事人依法申请一并解决民事争议。当事人就民事争议另行提起民事诉讼并已立案的，人民法院应当中止行政诉讼的审理……”本案中，二审并未就某华公司可以一并请求审理民事争议进行告知和释明，迳行作出驳回起诉的裁定，未尽到教示义务，处理方式明显不当，不符合上述法律和司法解释规定的处理路径。

（作者单位：最高人民法院）

将企业列入经营异常名录行为的性质认定与审查标准

——上海某文化发展有限公司诉上海市静安区市场监督管理局等列入企业经营异常名录决定及行政复议决定案

章晓涵

【裁判要旨】

市场监管部门将企业列入经营异常名录的行为影响当事人权利义务，属于行政诉讼的受案范围。市场监管部门根据《企业经营异常名录管理暂行办法》规定，通过实地调查等方式查实企业未在登记的住所实际经营且无法取得联系的，有权将相关企业列入异常经营名录并予公示。当事人对该行为起诉要求撤销的，法院不予支持。

【案情】

原告：上海某文化发展有限公司（以下简称某文化公司）。

被告：上海市静安区市场监督管理局（以下简称静安市监局）、上海市市场监督管理局（以下简称上海市监局）。

2018 年 10 月 17 日，静安市监局执法人员到上海某文化公司登记的住所 201 室开展随机检查，经检查，未查见某文化公司在该住所经营，故当场制作了现场笔录和抽查记录表，其中两份材料见证人员签章一栏为“张某”，并加盖“上海某达投资管理有限公司”公章。同时，静安市监局将此次对某文化公司的随机抽查结果认定为“通过登记的住所（经营场所）无法联系”。之后经审核，静安市监局根据《企业经营异常名录管理暂行办法》第四条第四项、第九条于 2018 年 11 月 11 日将某文化公司列入经营异常名录，并在国家企业信用信息公示系统予以公示。某文化公司知晓该行政行为内容后，向上海市监局申请行政复议，该局经两次通知原告补正申请材料后，于2018年12月4日受理，并向静安市监局邮寄《行政复议答复通知书》及原告的复议申请材料，之后在收到静安市监局的答复材料后组织申请双方进行听证，并依法进行了审查，于2019年1月16日作出沪市监复议〔2018〕0005号《行政复议决定书》，维持了静安市监局作出的行政行为。

某文化公司不服静安市监局将其列入经营异常名录的行政行为及上海市监局的行政复议决定，向上海市闵行区人民法院提起行政诉讼，认为静安市监局未提供证据证明其存在联系原告并且联系不到的证据，静安市监局认定通过登记的住所或者经营场所无法联系原告与事实不符，其与上海市监局所作行政复议决定认定事实错误，适用法律错误，请求判令撤销静安市监局所作的将其列入经营异常名录的行政行为及上海市监局所作的行政复议决定。

【审判】

上海市闵行区人民法院经审理认为，被告静安市监局作为负责其登记的企业的经营异常名录管理行政机关，具有作出被诉行政行为的行政职权。本案中，被告静安市监局提供的抽查记录表、现场笔录、现场照片等证据材料可以证明，静安市监局经执法人员现场检查，确认某文化公司未在登记的住所实际经营且无法通过该住所联系，故经审核依据《企业经营异常名录管理暂行办法》第四条第四项、第九条规定，将某文化公司列入经营异常名录并予以公示，该行政行为认定事实清楚，适用法律正确，程序亦无不当。某文化公司认为静安市监局的相关材料中见证人员为假冒某达公司人员，所加盖某达公章亦系伪造，并提供了某达公司出具的证明材料，但某达公司与某文化公司存在利害关系，对此原告亦未提供其他证据予以佐证，相反，根据某达公司出具的园区声明可以确认，园区管理工作存在纠纷，见证人员“张某”曾实际参与园区管理工作，故某文化公司以此为由否定被告的现场检查行为及确认的客观事实于法无据。被告上海市监局作为复议机关，收到某文化公司的行政复议申请后，经通知其补正后予以受理，在收到静安市监局的答复材料后组织双方进行听证，并依法进行审查，在法定期限内作出被诉复议决定，事实清楚，程序合法。因此，上海市闵行区人民法院判决驳回原告某文化公司的诉讼请求。该判决现已发生法律效力。

【评析】

自“十四五”规划提出“健全社会信用体系”的愿景以来，信用惩戒已经逐渐成为行政机关开展市场监督管理活动中频繁运用的重要制度工具，极大地提升了监管活动的高效性和科学性。作为行政活动的重要组成部分，信用惩戒也应当被纳入法治化约束的轨道中，以保障治理技术创新的规范化运行。因此，司法如何回应信用体系建设的制度实践，已经成了一个不可回避的问题。本案作为 2019 年上海法院行政审判典型案例之一，为司法实践提供了一个重要样本：本案中行政机关所作出的将企业列入经营异常名录的行为属于典型的信用惩戒行为，本案也是国家工商行政管理总局发布的《企业经营异常名录管理暂行办法》（以下简称《暂行办法》）施行以来，上海地区首起被列入名录的企业不服该市场监管措施提起行政诉讼的案件，具有较强的标杆意义与分析价值。

一、将企业列入经营异常名录行为的可诉性分析

将企业列入经营异常名录的行为并非《行政诉讼法》关于受案范围的规定中明确列明的典型行政行为，司法实践对此问题的判断也呈现出了复杂的态度。本案中，法院在判决书中对于被诉行为的可诉性并无具体的论述，但明确将列入经营异常名录的行为认定为行政行为。此外，上海市高级人民法院在归纳本案的要点时明确指出被诉行为属于行政诉讼的受案范围：由于企业被列入经营异常名录后，在其他各项经营所必需的活动中将会受到限制，司法应当对此类行政活动履行必要的审查和监督职责。由此可见，上海作为社会信用体系建设的先行地，其法院同样紧随步伐，明确将信用惩戒行为纳入了司法审查范围内，展现出了能动的立场与姿态。

就现有规范而言，将企业列入经营异常名录的行为应具有可诉性和可复议性是制定法的要求。《暂行办法》第十七条明确规定：“对企业被列入、移出经营异常名录的决定，可以依法申请行政复议或者提起行政诉讼。”该条规定同样具有学理支撑。一旦企业被列入经营异常名录，就会引发规范体系内的连锁效应，触发既有法律规范中的法律效果。比如，根据《企业信息公示暂行条例》第十八条规定，被列入经营异常名录的企业将在政府采购、工程招投标、国有土地出让、授予荣誉称号等领域被限制或者禁入。因此，即使列入经营异常名录的行为本身并未直接给企业设定消极的法律后果，却以转引的方式达成了相同的效果，影响了当事人的权利义务关系，属于《行政诉讼法》第十二条规定的“行政机关侵犯其他人身权、财产权等合法权益”的兜底情形，因而具备可诉性。

基于相似的分析逻辑，虽然大量的信用惩戒措施并未被明确纳入行政诉讼的受案范围，法院仍应通过判断涉诉行为是否直接影响当事人的权利义务，以认定其可诉与否。在多数法院倾向于将信用惩戒行为排除出受案范围的当下，抛却“法条主义”的司法观念，转而强调行为可诉性判断的底层逻辑，对实现司法对新型行政活动的有效监督具有特别的意义。

二、将企业列入经营异常名录行为的性质认定

信用惩戒措施的定性问题在理论界聚讼已久。截至目前，理论界已经发展出行政处罚、行政确认、事实行为、政府信息公开等多种定性，类型化的努力层出不穷。在新型信用惩戒措施不断更迭，学术讨论陷于“乱花渐欲迷人眼”的境地之时，可借助个案探寻法治化约束信用惩戒的出路。本案中，将企业列入经营异常名录的行为性质可与典型行政行为逐一比对分析，从而尝试探求实务部门对该行为的体系定位：

（一）政府信息公开

一般而言，公示信用信息是信用惩戒措施的必经程序与典型特征，有观点以此为切入，将信用惩戒措施定位为行政机关主动公开政府信息的行为。具体到本案中，笔者认为这一认定不甚准确。

《暂行办法》第五条第一款规定：“工商行政管理部门将企业列入经营异常名录的，应当作出列入决定，将列入经营异常名录的信息记录在该企业的公示信息中，并通过企业信用信息公示系统统一公示。”可以发现，规范文本中暗含着“作出列入决定”与“通过系统公示”两个行为，且后行为并非前行为的组成部分或自然延伸，而是彼此独立的两个环节，将其笼统地认定为政府信息公开行为显然欠妥。可以认为，就算信息记录并未在系统上公示，同样可以引发其他规范规定的各种法律效果。换言之，被诉行为对当事人产生的权利义务影响并非通过信息公开发生，而是通过列入经营异常名录的决定本身发生。若将被诉行为定性为政府信息公开，则相对人能够获得的救济非常有限，几乎只存在于《政府信息公开条例》所规定的不准确记录的更正、主动公开侵犯个人隐私等合法权益的少数情况，相对人很难就列入经营异常名录决定本身所依据的事实和法律基础请求司法审查。

此外，政府实施信息公开的目的同信用惩戒措施的目的也存在较大差异。政府信息公开的目的为提高政府工作的透明度，发挥政府信息对经济社会活动的促进作用，体现了信息的公共利用价值。而《暂行办法》的立法目的则是"促进企业诚信自律，强化企业信用约束"，将信用惩戒作为一种政府监管的辅助手段，两者的目的存在明显的错位，不可一概而论。

（二）行政处罚

在学界对信用惩戒措施定性的主流学说中，行政处罚说是呼声较高的一种。在本案中，判断列入经营异常名录的行为是否属于行政处罚，应当立足于行政处罚的"制裁性"，并结合行政处罚的概念加以分析。修订后的《行政处罚法》增加了对行政处罚的定义："行政处罚是指行政机关依法对违反行政管理秩序的公民、法人或者其他组织，以减损权益或者增加义务的方式予以惩戒的行为。"而判断的关键则在于，将企业列入经营异常名录的行为是否因减损企业的合法权益而具备"制裁性"。事实上，将企业列入经营异常名录的行为并未直接设定任何法律上的权利义务关系，而只是为后续的行政行为提供了依据。例如，若企业因被列入经营异常名录而被禁入某政府采购项目，则直接减损其权益的行为是禁入该项目的决定，而并非列入名录行为本身。

此外，《暂行办法》第十五条规定："……届满 3 年仍未履行公示义务的，将其列入严重违法企业名单，并通过企业信用信息公示系统向社会公示。"两相比较，列入严重违法企业名单（通常所说的"黑名单"）与列入一般的经营异常名录两种行为的性质显然存在差异，前者因直接减损了企业的声誉，从而构成声誉制裁，而后者并不具有这一特征。综上分析，将本案被诉行为认定为行政处罚的结论实难成立。

（三）行政确认

与具有制裁性的行政处罚不同，行政确认是指行政主体对行政相对人的法律地位、法律关系进行甄别、认可的行为，并不直接设定相对人的权利义务。《暂行办法》第四条规定了企业被列入经营异常名录的具体情形，包括未及时公示年度报告或有关企业信息的、公示信息弄虚作假的、通过登记的住所或者经营场所无法联系的。而这些情形指向的都是“经营异常”这一事实状态的甄别与判断，并不包含行政机关的主观制裁意图。换言之，列入名录所发挥的主要功能是明晰相关的法律状态，为后续行政决定的作出提供事实基础，增进行政管理的科学性和高效性。另外，《暂行办法》第十三条规定企业在更正公示信息后可以向工商行政管理部门申请移出经营异常名录，这体现了部分行政确认的结论可能随着事实状态的变化而及时更新，而若采用行政处罚说则很难解释这一规定。

由于行政确认并非直接设定相对人的权利义务，故常被称为“准行政行为”，但在此认定之下，并不能否认行政确认行为的可诉性。当企业被列入经营异常名录而未受到后续处罚时，虽然其实际权益并没有受到直接的克减，但其已经事实上丧失了进入特定活动领域的机会与资格，因此，应当承认该行为作为行政确认的可诉性。

（四）行政事实行为

通说认为，行政事实行为对行政相对人的权利义务不产生影响。本案中，法院在判决书中明确指明涉案行为是行政行为，排除了成立行政事实行为的可能。事实上，关于信用惩戒措施属于行政事实行为这一认定，也早已不被主流理论认可。

三、将企业列入经营异常名录行为的司法审查强度

事实上，在行政行为概念体系尚显混乱，对信用惩戒措施的认识尚不统一的当下，司法如何回应现状已成为一个独立的方法论问题。由于对信用惩戒措施的不同定性最终将直接影响司法审查的标准，则对个案中司法审查路径的归纳能为尚不成熟的类案司法判断积累审判经验，乃至反哺对信用惩戒措施的体系化探索。就本案而言，对已有明文规定的企业经营异常名录管理行为进行分析，也能为后续的审判实践提供标杆。

就程序审查而言，被告静安市监局的行政行为依据为《暂行办法》第九条规定。在将企业列入经营异常名录的全过程中，行政机关应当依法进行调查取证，在一定的时限内作出决定，并公示信用记录。由于被诉行为建立在企业“失联”的事实基础上，因此当场告知、听取陈述申辩等一般程序要求无法得到满足，但行政机关仍应以书面形式将列入名录的决定送达企业，并保证其申请救济的权利。此外，行政机关应当保证及时满足公示信息要求的企业具有申请移出名录的资格，以确保信用惩戒制度督促企业合规运行目的的实现。现实中，在多数信用惩戒行为并无明确具体的程序规范时，司法机关应当把握好其审查强度，避免畸轻或畸重。

就实体审查而言，被告静安市监局的行政行为依据为《暂行办法》第二条、第三条和第四条第四项规定。实施信用惩戒的主体应当具有明确的职权依据和行为依据，本案中，静安市监局将某文化公司列入经营异常名录的根据为“通过登记的住所或者经营场所无法联系的”，而对“无法联系”的认定有较严苛的标准，“经向企业登记的住所或者经营场所两次邮寄无人签收的，视为通过登记的住所或者经营场所无法取得联系。两次邮寄间隔时间不得少于 15 日，不得超过 30 日”。本案中，法院以此为据对行政行为的事实认定作出了审查，而多数行政确认具有专业性、技术性强的特点，在以往的司法实践中，司法机关对行政确认的审查均报以谦抑的态度，即使认可行政确认的可诉性，也一般不对行为本身进行实质、深入的审查。信用惩戒是特点鲜明、适用广泛的一类行政行为，若以司法尊让为由拒斥对其的有效审查，很可能致使市场监督管理部门对相关领域的规制陷于法治约束的空白。因此，对实体认定标准缺位而导致裁量范围较大的情形，司法机关应当在尊重行政机关专业判断的同时，积累类案审判经验，提炼司法教义，开展适当限度的审查，其内容至少应包括信用信息是否存在明显错误、惩戒目的是否正当、是否存在不当联结等。

概言之，在市场监管活动开展治理工具创新的当下，司法审查应当发挥其应有的功能定位，直面制度建设和权利保障中涌现出的社会问题，兼以能动和审慎的姿态回应社会关切，助推社会信用体系建设平稳运转。

（作者单位：浙江大学光华法学院）

行政机关内部上下级批复行为可诉性的认定标准

——上海某制药有限公司诉上海市药品监督管理局撤销行政批复案

郑志行

【裁判要旨】

上级行政机关针对下级的工作请示作出的批复通常属于内部行政行为，虽在刑事案件中作为证据被当事人获知，但未对其产生行政法上外部法律效力的，依法不属于行政诉讼受案范围。

【案情】

上诉人（一审原告）：上海某制药有限公司（以下简称某制药公司）。

被上诉人（一审被告）：上海市药品监督管理局。

2017年2月，上海市金山区市场监督管理局（以下简称金山市场监管局）对某制药公司用于生产止痛消炎软膏的生草乌进行药品监督性抽样，分别送经上海市食品药品检验所和中国食品药品检定研究院检验认定，某制药公司生产止痛消炎软膏所使用的生草乌不符合《中华人民共和国药典》的规定。

2017年9月13日，金山市场监管局向原上海市食品药品监督管理局提出金市监药〔2017〕80号《关于使用不符合国家药品标准规定的生草乌投料生产止痛消炎软膏问题的请示》。2017年10月23日，原上海市食品药品监督管理局针对该请示作出沪食药监稽函〔2017〕333号《关于金山区市场监管局对使用不合格生草乌投料问题的批复》（以下简称被诉批复），主要内容为“根据《中华人民共和国药品管理法》第四十八条第三款第二项的规定，使用不符合国家药品标准规定的生草乌投料生产的止痛消炎软膏应判定为按假药论处的假药。你局应依据相关法律法规处置，并做好行政执法和刑事司法衔接工作”。被诉批复发文时公开范围为免于公开。2018 年 11 月 2 日，某制药公司收到上海市人民检察院第三分院起诉书时得知上海市食品药品监督管理局曾作出被诉批复及其相关内容。某制药公司称其在刑事案件中首次获知被诉批复，在本案一审案件审理中首次获得被诉批复复印件。另外，根据上海市机构改革方案，本市组建市药监局，原上海市食品药品监督管理局承担的药品安全监管职责由上海市药品监督管理局承担。

某制药公司认为，其取得《药品生产许可证》和《GMP 证书》具备合法的药品生产资质，生产的止痛消炎软膏亦取得《药品再注册批件》，且出厂检验和上海市金山食品药品检验所抽验均合格，不应当被判定为按假药论处的假药。另外，上海市药品监督管理局一直未告知某制药公司其作出了对某制药公司影响重大的批复，加之该批复在与某制药公司相涉的生产、销售假药刑事案件中作为案件定性的关键书证使用，已经产生外部法律效力，故上海市药品监督管理局严重侵犯了某制药公司的合法权益。某制药公司不服，提起行政诉讼，请求依法判令撤销上海市食品药品监督管理局（现为上海市药品监督管理局）作出的被诉批复。

【审判】

上海市浦东新区人民法院经审理认为，上海市人民检察院第三分院以该批复作为主要证据向上海市第三中级人民法院提起公诉，认为应以生产、销售假药罪追究原告刑事责任，故该批复已产生外部法律效力。但是，被诉批复在刑事案件程序中对原告的权利义务产生实际影响，而根据《最高人民法院关于适用〈中华人民共和国行政诉讼法〉的解释》（以下简称《行诉解释》）第一条第二款第一项的相关规定，有关机关依照《刑事诉讼法》明确授权实施的行为不属于人民法院行政诉讼的受案范围。遂裁定驳回某制药公司的起诉。

一审宣判后，某制药公司不服，提起上诉。

上海市第三中级人民法院经审理认为，本案争议焦点在于，被诉批复是否外化成为可诉的行政行为，是否属于行政诉讼受案范围。某制药公司认为，被诉批复外化成为刑事案件的关键证据，已产生外部法律效力，具有可诉性，属于行政诉讼受案范围。上海市食品药品监督管理局认为，被诉批复仅为内部行政行为，并不直接对某制药公司的权利义务产生实质影响。法院认为，内部行政行为外化后并不当然具有可诉性，只有当该行政行为与行政相对人产生行政法律关系、对行政相对人行政法上的权利义务产生实质影响时，该内部行政行为才具有可诉性，属于行政诉讼受案范围。本案中，首先，上海市食品药品监督管理局的下级机关金山市场监管局具有查处辖区内违反药品管理相关规定行为的法定职权，亦已对某制药公司进行立案调查。被诉批复仅是针对金山市场监管局在调查过程中就涉案草乌定性问题提出的内部请示所作的回复，其作出的对象是金山市场监管局而非某制药公司，批复内容并未直接对某制药公司作出处罚，也未对某制药公司设定一定的义务。金山市场监管局收到被诉批复后仍需结合其调查搜集的其他证据依职权作出最终处理。其次，被诉批复作为相关刑事案件中公诉机关提起公诉时的认定事实证据之一，可能对某制药公司应否承担相应刑事责任产生一定影响，但该影响并非对某制药公司课以行政法上的义务，更无法通过行政诉讼予以解决。最后，被诉批复制作时即注明不予公开，未向某制药公司送达，某制药公司系在相关刑事案件中作为证据获知。综上，被诉批复未以某制药公司为行政相对人、未与某制药公司形成行政法律关系、未对某制药公司的权利义务产生实际影响，构成《行诉解释》第一条第二款第五项规定的“行政机关作出的不产生外部法律效力的行为”，依法不属于行政诉讼的受案范围。

《行政诉讼法》第四十九条第四项规定，提起的行政诉讼应当属于人民法院受案范围。《行诉解释》第六十九条第一款第一项规定，不符合《行政诉讼法》第四十九条规定的，已经立案的，应当裁定驳回起诉。某制药公司提起的本案诉讼，不符合法定起诉条件，原审依据《行政诉讼法》第四十九条第四项、《行诉解释》第六十九条第一款第一项裁定驳回某制药公司某制药公司的起诉并无不当，可予维持。被诉批复系上海市食品药品监督管理局履行药品监督管理职责的行政行为，并非依照《刑事诉讼法》明确授权实施的行为，原审认为被诉批复属于《行诉解释》第一条第二款第一项规定的“公安、国家安全等机关依照刑事诉讼法明确授权实施的行为”有误，法院予以纠正。某制药公司的上诉请求，缺乏事实和法律依据，不予支持。依照《行政诉讼法》第八十六条、第八十九条第一款第一项的规定，裁定驳回上诉，维持原裁定。

【评析】

一、内部行政行为的性质及特点

某制药公司诉上海市药品监督管理局撤销行政批复案（以下简称某制药公司案）中，二审法院认为“被诉批复未以某制药公司为行政相对人、未与某制药公司形成行政法律关系、未对某制药公司的权利义务产生实际影响，构成《行诉解释》第一条第二款第五项规定的‘行政机关作出的不产生外部法律效力的行为’，从而依法认定其不属于行政诉讼的受案范围”。因此，本案的审理焦点为“行政机关作出的不产生外部法律效力的行为”的认定标准及其具体的构成要件。

“行政机关作出的不产生外部法律效力的行为”通常也被称为内部行政行为，根据行为的性质可以分为两类，一类是工作性质的，如上级对下级机关或者行政首长对其所属机构工作人员进行的工作上的批准、命令以及指示、批复等；另一类是人事性质的，如对工作人员的奖惩、调动、工资福利待遇调整等。[①] 某制药公司案涉及的被诉行为是行政批复，行政批复行为通常被认为属于工作性质的内部层级监督行为，符合《行诉解释》第一条第二款第五项“行政机关作出的不产生外部法律效力的行为”情形。该类行为属于行政机关在行政程序内部所作的行为，不对外生法律效力，“一般并不会直接处分相对人的权利义务，相对人可于其后续行政行为提起的诉讼中一并要求对内部行为的合法性进行审查，而不将之作为单独的诉讼客体”。[②] 因其“不对公民、法人或其他组织合法权益产生影响”，故《行诉解释》第一条第二款第五项将其明确为不可诉行为。[③]

但是，行政批复并非一概落入《行诉解释》第一条第二款第五项的情形，从而排除出行政诉讼的受案范围。行政批复可诉较为典型的案例，是收录于《中国行政审判指导案例》（第 1 卷）中的第 1 号案例——延安某建筑工程有限责任公司诉陕西省延安市安全生产监督管理局生产责任事故批复案（〔2009〕陕行终字第 28 号，以下简称某建筑公司案）。该案确立了如下标

---

① 参见胡美静：《内部行政行为的可诉性分析》，中国政法大学 2010 年硕士学位论文。

② 刘飞、谭达宗：《内部行为的外部化及其判断标准》，载《行政法学研究》2017 年第 2 期。

③ 最高人民法院行政审判庭：《最高人民法院行政诉讼法司法解释理解与适用》，人民法院出版社 2018 年版，第 51 页。

准："内部批复不向相对人送达，因此无法确定其对相对人最终产生的实际影响，从而不可诉，但内部行为一旦通过行政机关的职权行为外化后，如果对相对人的权利义务产生确切的实际影响，则应纳入行政诉讼受案范围。"[①] 因此，某建筑公司案将行政批复可诉的标准明确为两个要件：（1）行政机关的职权行为外化行为；（2）对相对人的权利义务产生确切的实际影响。

随后，行政批复在符合一定条件的情况下具备可诉性，通过最高人民法院发布的指导案例 22 号"魏某某、陈某某诉来安县人民政府收回土地使用权批复案"（〔2012〕皖行终字第 14 号，以下简称魏某某案）予以确认。最高人民法院发布的指导性案例具备应当参照的效力，因此关于行政批复类案件可诉性的判断应当参照魏某某案的裁判要旨。在该案裁判要旨中，人民法院指出地方政府对其所属行政管理部门的请示作出的批复，一般属于内部行政行为，不可提起诉讼；但是行政管理部门直接将该批复付诸实施并对行政相对人的权利义务产生了实际影响，行政相对人对该批复不服提起诉讼的，人民法院应当依法受理。[②] 因此，魏某某案将行政批复可诉的标准明确为两个要件：（1）行政管理部门直接将该批复付诸实施；（2）对相对人的权利义务产生实际影响。最高人民法院案例指导办公室对此所做的解读指出，第 22 号指导性案例确定的标准是，在行政批复发生"外化"，对外发生法律效力，对行政相对人的权利义务产生了实际影响时，便属于行政诉讼受案范围。也就是说，此处的"直接将该批复付诸实施"标准，与"外化"标准等同。其还指出"内部行政行为不可诉，理论上的重要依据之一即内部行政行为并未对外产生法律效力，对行政相对人的权利义务没有产生实际影响。但内部行政行为外部化以后，即内部行政行为被付诸实施，对行政相对人权利义务产生了实际影响"。[③] 从这一论述来看，内部行政行为外化，便可以对行政相对人权利义务产生实际影响，上述的两个标准便可以最终统合到《行诉解释》第一条第十项"对公民、法人或者其他组织权利义务不产生实际影响的行为"中去。行政批复没有外部化，不直接对外产生法律效果，不属于行政诉

① 最高人民法院行政审判庭编：《中国行政审判指导案例》（第一卷），中国法制出版社 2010 年版，第 5 页。

② 最高人民法院案例指导工作办公室：《指导案例 22 号〈魏某某、陈某某诉来安县人民政府收回土地使用权批复案〉的理解与参照》，载《中国法律评论》2014 年第 1 期。

③ 最高人民法院案例指导工作办公室：《指导案例 22 号〈魏某某、陈某某诉来安县人民政府收回土地使用权批复案〉的理解与参照》，载《中国法律评论》2014 年第 1 期。

讼的受案范围；行政批复即便外部化，不直接对外产生法律效果，也不属于行政诉讼的受案范围。进而，行政批复可诉性的认定标准，得以与《行政诉讼法》确立的“认为行政机关侵犯其他人身权、财产权等合法权益的”标准保持一致。从《行诉解释》第一条第十项的构成要件来看，一方面，行政批复的实际影响应当作用于公民、法人或者其他组织等外部主体，而非仅作用于其他行政机关；另一方面，行政批复的内容应当对权利义务存在实际影响。由此，行政批复可诉的要件具体包括两个主要内容：（1）“对外”产生法律效果；（2）“直接”产生法律效果。

二、“对外”产生法律效果

“对外”产生法律效果，也即行政行为产生的法律效果不局限于内部主体，而对公民、法人或者其他组织产生影响。“对外”产生法律效果是行政批复具备外部效力的必要条件，没有外化的行政批复，仅仅是行政系统内部封闭流程运作文件，属于行政机关之间就特定事项所作的沟通请示，并未作用于相对人，故属于《行诉解释》第一条第五款的“行政机关作出的不产生外部法律效力的行为”，从而不属于行政诉讼的受案范围。同时，相对人通常情况下也无从获知行政机关内部交换公文的具体内容，因此一般也无法就行政批复提起诉讼，只能就对其直接发生法律效果的行政行为提起诉讼。

因此，实现“对外”产生法律效果，是为了回应上述两种功能需求，故具体可能包括两种观点：第一种观点，行政行为的外化是行政机关的意思表示，具体包括行政机关使批复行为对外发生法律效果的意思表示，以及批复行为客观上对外发生了法律效果；第二种观点，行政行为的外化目的在于相对人获知该行政行为，从而使相对人足以证明存在行政行为，具备明确的诉讼请求和初步的事实根据，从而具备提起行政诉讼的可能。现有的理论通常采纳第一种观点，如“内部行为已符合行政行为的构成要素，再对其进行送达，又具备了行政行为的成立要件，内部行为完成了外部化的最终步骤”①；“行政主体的内部工作关系通过职权行为使其‘效力外部化’后，对相对人的权利义务产生实际影响”②；“前阶段行为同时也向相对人作出对外表示的，

① 刘飞、谭达宗：《内部行为的外部化及其判断标准》，载《行政法学研究》2017 年第 2 期。

② 李永超：《揭穿内部行政行为之面纱——基于司法实践中“外化”之表达的一种解释框架》，载《行政法学研究》2012 年第 4 期。

应当认定其属于独立且确定的机关意思，从而产生外部效力”。[①] 现有理论采纳第一种观点的主要理由有：第一，行政主体进行合法送达的需要，行政处分之通知应为官方之通知[②]；第二，尊重内部行为主体意思表示之主观真意，如果缺乏依职权外化，行为会因缺少“发生法律效果的目的”而沦为“事实行为”[③]；第三，“内部行政行为由此获得了行政机关的名义，涉及相对人实体利益的行政行为内容几乎甚至是被完全确定之后变成了机关意志，批示作为一种个人意志便有了法律上的正当性”。[④]

在目前的司法实践中，外化的方式可能表现为行政机关送达、一定范围内主动公开、依申请公开、诉讼程序中获取，以及以信访手段或不正当的方式获取等，还存在一些不同于理论通说的认定方式。

行政机关送达是最为典型的行政机关通过意思表示实现行政批示外部化的方式，也是认定外化最广泛认可的标准。例如，在内蒙古某房地产开发有限责任公司诉内蒙古自治区准格尔旗人民政府行政批复案[⑤]中，法院认为某房地产公司应当对行政机关已通过行政行为将该批复外化承担证明责任。由于该批复未向当事人送达，也未向社会公布，所以是不产生外部效力的行为，对公民、法人或其他组织的权利义务不产生实际影响，所以该批复不属于行政诉讼的受案范围。又如延安某建筑工程有限责任公司诉延安市安全生产监督管理局生产责任事故批复案[⑥]，法院也认为行政批复对相对人的权利义务产生实际影响需要具备依职权“向相对人送达”的形式要求。

司法实践对于以信访手段或不正当的方式获取的方式予以明确否认。在杜某某诉信阳市人民政府、信阳市国土资源局土地行政批复纠纷案[⑦]中，法院认为被诉批复的名称及内容系杜某某在信访、诉讼程序中得知，没有证据表明被诉批复曾向再审申请人进行过送达，从而产生合法外化的法律效

① 徐键：《论多阶段性行政行为中前阶段行为的可诉性——基于典型案例的研究》，载《行政法学研究》2017 年第 3 期。

② 李永超：《揭穿内部行政行为之面纱——基于司法实践中“外化”之表达的一种解释框架》，载《行政法学研究》2012 年第 4 期。

③ 李永超：《揭穿内部行政行为之面纱——基于司法实践中“外化”之表达的一种解释框架》，载《行政法学研究》2012 年第 4 期。

④ 王学辉：《行政批示的行为法意蕴》，载《行政法学研究》2018 年第 3 期。

⑤ 最高人民法院（2018）最高法行申 772 号，以下简称某房地产公司案。

⑥ 陕西省高级人民法院（2009）陕行终字第 28 号，以下简称某建筑公司案。

⑦ 最高人民法院（2017）最高法行申 3955 号，以下简称杜某某案。

果。在某建筑公司案中，也强调了相对人获知内部行为途径的正当性，防止相对人通过不正当手段，如私下打听、索取或者窃取一些内部文件，一旦发现其中对己不利，即行起诉。[①] 行政机关本无告知相对人的意思，也无告知相对人的行为，这些不正当的方式无法作为外化的行为基础。除此之外，如果允许当事人就基于这些手段获取的批复提起诉讼，会变相激励相对人通过各种不正当关系获取行政机关的内部文件，阻碍行政机关有效行使职权。

还有一些其他当事人获知信息的方式，与上述通说存在一些不同之处，更加倾向于第二种观点。首先，依申请信息公开。在魏某某案中，法院认为原土地使用权人也通过申请政府信息公开知道了该批复的内容，并对批复提起了行政复议，复议机关作出复议决定时也告知了诉权，该批复已实际执行并外化为对外发生法律效力的具体行政行为。也即相对人通过申请政府信息公开的方式获取批复符合外部化的形式要求。其次，行政机关一定范围内主动公开。在河南某商贸有限公司诉国家工商行政管理总局商标局行政批复纠纷案[②]中，法院认为鉴于该批复已通过一定的途径公开，客观上对行政相对人的权益产生了直接影响，认可不针对特定当事人的主动公开符合外部化的形式要求。最后，在诉讼程序中获取。在浙江省兰溪市某化妆品制造有限公司诉浙江省兰溪市人民政府行政批复案[③]中，法院认为“被诉批复虽然未向某化妆品公司送达，但已经在兰溪市法院（2015）金兰刑初字第 480 号刑事附带民事判决中以证据的形式外化，并非行政机关内部行为”。“调查报告用来证明事故责任，并作为对曹某庆定罪量刑的重要依据。故涉案调查报告及批复的效力不再限于行政机关内部，而已经通过刑事判决被外化，为行政相对人所知悉，产生外部法律效力。”[④] 也就是说，刑事诉讼中的证据可以作为批复外化的方式。总之，上述案件中尽管当事人通过刑事诉讼程序、依申请公开等手段知悉了被诉批复的内容，但是行政机关并不具有在作出行政行为时向相对人送达的表示意思，故信息公开、刑事诉讼程序等可以作为相对人知悉批复内容的方式，但不能作为行政机关依职权外化的行为，与第二种观

---

① 最高人民法院行政审判庭编：《中国行政审判指导案例》（第一卷），中国法制出版社 2010 年版，第 5 页。

② 最高人民法院（2013）行提字第 2 号，以下简称某商贸公司案。

③ 浙江省高级人民法院（2019）浙行终 59 号，以下简称某化妆品公司案。

④ 张榆：《对火灾事故调查报告的批复具有可诉性》，载《人民司法》2019 年第 23 期。

点相符合。

在某制药公司案中，法院认为在被诉批复作为相关刑事案件中公诉机关提起公诉时的认定事实证据之一，可能对某制药公司是否应承担相应刑事责任产生一定影响，但该影响并非对某制药公司课以行政法上的义务，更无法通过行政诉讼予以解决；另外，被诉批复制作时即注明不予公开，未向某制药公司送达，某制药公司系在相关刑事案件中作为证据获知，故认为被诉批复并未产生外部效力。即法院持需要有对外表示的意思的观点，与上文所述当前对内部行政行为外部化的一般认识相一致。“‘外化’是指行政行为理论通说中具体行政行为成立的形式要件——意思表示，其作为整个行政过程的一个环节是在送达意义上实现的程序行为。”① 因此，诉讼中作为证据获取的行政批复，仅能表明行政机关向人民法院提交证据证明自身的行为合法，并不能表明行政机关具有将行政批复告知相对人的意愿，因此不符合行政行为“送达”对于意思表示的要求，从而该案行政批复不具可诉性。

三、“直接”产生法律效果

某制药公司案二审裁判指出，批复内容并未直接对某制药公司作出处罚，也未对某制药公司设定一定的义务。金山市场监管局收到被诉批复后仍需结合其调查搜集的其他证据依职权作出最终处理。这条批复不具备可诉性的理由，应当与上述批复作为刑事诉讼证据从而不具备可诉性的理由进行区别，因为其属于“直接”产生法律效果要件。因此，有必要对行政批复是否“直接”产生法律效果进行单独论述。

法律效果的直接性，是指行政批复应当直接确定地发生法律效果，对相对人权利、义务产生实际影响。“多阶段行政行为中的内部行为，若尚未形成具体的指向，且未获得一个确定的决定，则仍然处于意思表示的酝酿与形成阶段，尚未成熟，不足以对行政相对人的权利义务产生直接影响。”② 因此，行政批复要具备可诉性，应当具备影响相对人权利、义务的明确、具体内容。以生产安全事故批复为例，《生产安全事故报告和调查处理条例》第三十二条第二款规定：“有关机关应当按照人民政府的批复，依照法律、行政法规规定的权限和程序，对事故发生单位和有关人员进行行政处罚，对负有事故责

---

① 李永超：《揭穿内部行政行为之面纱——基于司法实践中“外化”之表达的一种解释框架》，载《行政法学研究》2012 年第 4 期。

② 刘飞、谭达宗：《内部行为的外部化及其判断标准》，载《行政法学研究》2017 年第 2 期。

任的国家工作人员进行处分。”也就是说，事故批复难免涉及“对事故发生单位和有关人员进行行政处罚”的内容，影响单位和有关人员的权利义务。

值得注意的是，同事故报告批复相类似的还有道路交通事故责任认定书和海上交通事故责任认定书。《道路交通安全法》第七十三条规定：“公安机关交通管理部门应当根据交通事故现场勘验、检查、调查情况和有关的检验、鉴定结论，及时制作交通事故认定书，作为处理交通事故的证据。”《海上交通安全法》第八十五条第二款规定：“海事管理机构应当自收到海上交通事故调查报告之日起十五个工作日内作出事故责任认定书，作为处理海上交通事故的证据。”从法律规定上看，道路交通事故责任认定书和海上交通事故责任认定书都被法律明确规定为行政诉讼的证据，而非属于受案范围的行政行为，因此不具备可诉性。但是，其原因在于实践中出现的认定书数量过多等问题，并不是对当事人权利义务不产生实际影响。因此，具体来看，行政批复对当事人权利的影响可以分为两类：第一类，产生明确、具体约束；第二类，产生概括性影响。在安徽某建设监理咨询有限公司诉湖北省松滋市人民政府行政批复案[①]中，最高人民法院认为县级人民政府对一般事故调查报告的批复，虽从形式上看是上级行政机关对下级行政机关所作，但其认定了事故责任，且这种认定具有公定力和约束力，对公民、法人或其他组织的合法权益可能产生不利影响。“该批复对《调查报告》予以同意及要求市安监局落实对相关责任单位的处理意见和处罚决定，便确定了某咨询公司应当承担法律责任及法律责任的具体承担方式。市安监局其后对某咨询公司作出行政处罚受被诉批复的拘束，明确以该批复为据作出了处罚决定。”可见，被诉批复构成针对特定主体就特定事项作出的行政处理决定，已对某咨询公司的权利义务直接产生实际影响，该批复构成可诉的行政行为，属于人民法院行政诉讼的受案范围。值得注意的是，该案中，调查报告建议松滋市安监局对某咨询公司处以人民币 12 万元的罚款。“松滋市政府于 2014 年 10 月 30 日作出 62 号批复，同意事故调查组对有关责任单位和有关责任人员的责任分析和处理意见。”2014 年 12 月 5 日，松滋市安监局作出 4024-3 号处罚决定，决定给予某咨询公司罚款人民币 12 万元的行政处罚。因此，从行政处罚的数额可以推定，行政批复对最终行政处罚决定产生了明确的拘束作用，该案属于第

① 最高人民法院（2018）最高法行再 127 号，以下简称某咨询公司案。

一类产生明确、具体约束的情形，自然会对当事人合法权益产生实际影响。

在某制药公司案中，批复内容并未直接对某制药公司作出处罚，也未对某制药公司设定一定的义务。金山市场监管局收到被诉批复后仍需结合其调查搜集的其他证据依职权作出最终处理。因此，行政批复对相对人权利产生的是概括性影响而非明确、具体的约束。如果在行政批复之后又作出了具体行政行为，对相对人权利义务产生明确的拘束作用，那么起诉该具体行政行为更为妥当。

在识别行政批复对行政决定的拘束作用时，可以遵循以下认定逻辑。第一，行政机关的证明责任。行政机关应当举证证明其在收到被诉批复后仍应当结合其调查搜集的其他证据依职权作出最终处理，提供相应调查搜集行为的证据，从而说明该行政批复并非拘束性的，不属于行政诉讼受案范围。第二，拘束性的推定。如某咨询公司案，行政批复对调查报告予以同意，而调查报告中的处罚数额与最终行政处罚的数额完全相同，因此可以推定行政机关依据行政批复作出了处罚决定，即行政批复对相对人权益产生了明确的拘束作用。第三，法院的判断权。法院应当结合全案证据，统筹考量行政批复是否对最终行政行为存在拘束作用，从而判断是否构成“直接”产生法律效果要件，进而决定是否属于行政诉讼的受案范围。

（作者单位：清华大学法学院）

行政机关委托施工单位占用土地建设行为的审查

——上饶市某房地产开发有限责任公司诉上饶市人民政府、上饶市广信区人民政府占用土地案

葛　伟　洪发胜

【裁判要旨】

1. 行政机关未经征收或收回土地程序而占用他人土地的，土地权利人对于占地建设行为具有利害关系。

2. 在判断公共设施的占地建设行为是否属于行政诉讼受案范围时，既要审查建设行为是否基于行政管理目的向社会提供公共产品，也要审查是否具有职责上的依据。

3. 行政机关不能通过委托协议、发包合同等约定，规避法定职责和相应法律后果。施工单位在委托范围内实施的建设行为，应当按照行政诉讼的被告确定规则，由行政机关承担责任。

【案情】

上诉人（一审被告）：上饶市人民政府（以下简称上饶市政府）。

被上诉人（一审原告）：上饶市某房地产开发有限责任公司（以下简称上饶某房地产公司）。

2002年，上饶某房地产公司作为招商引资企业入驻原上饶县石狮乡进行项目投资，其与原上饶县土地管理局签订《国有土地使用权有偿出让合同》，缴纳征地款、土地出让金及税费后，取得涉案土地《国有土地使用证》。后因涉案地块实际已纳入上饶市规划区管理范围，上饶某房地产公司

至今未在证载土地上开工建设。其间经多次协调，未能解决涉案地块历史遗留问题。

2015年，上饶市政府成立紫阳北大道综合改造提升工程建设领导小组，下设项目部。其后，项目部先后取得了发改部门作出的《可行性研究报告的批复》、国土部门作出的项目用地预审意见、规划部门颁发的建设用地规划许可证和建设项目选址意见书，且由原上饶县人民政府作为申请用地单位办理了征地手续。之后，上饶市紫阳北大道综合改造提升项目建设协调领导小组项目部与建设单位签订《工程承包合同》，确定了工程承包范围。2015年11月，上饶市紫阳北大道综合改造提升工程开工建设，于2016年6月竣工。上饶某房地产公司享有国有土地使用权的部分土地被该项目占用，建成道路、绿化带及公交停靠区域。

上饶某房地产公司起诉称：2002年，上饶某房地产公司取得涉案土地的《国有土地使用证》。2002年年底，原上饶县人民政府以上级政府需要重新规划为由，通知上饶某房地产公司停止土地使用活动。2016年年初，上饶市政府、上饶市广信区人民政府（以下简称广信区政府）因实施紫阳北大道综合改造提升工程项目，强行将其部分土地占用并用于紫阳北大道道路扩建。该行为严重侵害其合法权益，故提起诉讼，请求确认上饶市政府、广信区政府占用涉案土地的行为违法。

上饶市政府辩称：上饶市政府并非紫阳北大道综合改造提升工程项目的业主单位，未实施占用涉案土地的行为。上饶某房地产公司取得《国有土地使用证》时，涉案地块仍旧为集体土地未办理征地手续。

广信区政府答辩称：紫阳北大道项目是上饶市城建重点项目，紫阳北大道项目部负责项目建设，广信区政府未实施占用涉案土地行为，生效裁定明确认定具体实施涉案土地占用行为的主体不是原上饶县人民政府。

【审判】

上饶市中级人民法院经审理认为，占用案涉土地的项目系上饶市政府设立的紫阳北大道综合改造提升项目建设协调领导小组项目部组织建设，该领导小组及下设项目部为上饶市政府设立的临时机构，故上饶市政府系适格被告。上饶市政府未经合法审批手续，直接占用案涉土地进行建设侵犯了上饶某房地产公司的国有土地使用权，该占用行为违法。据此判决确认上饶市政府占用上饶某房地产公司位于上饶市广信区石狮乡的土地的行政行为违法。同时作出（2019）赣11行初2号之1裁定，认为生效裁判已经认定广信区政府并非占用行为的实施主体，故广信区政府不是适格被告，裁定驳回上饶某房地产公司对广信区政府的起诉。

上饶市政府不服一审判决，向江西省高级人民法院提起上诉。

江西省高级人民法院二审认为，占用土地行为一般表现为事实行为，结合职权依据、公益目的等内容综合分析，上饶某房地产公司所诉请确认违法的占用土地行为应当认定属于行政诉讼的受案范围。涉案项目均以项目部的名义取得立项以及用地、规划许可，工程承包合同亦由项目部签订，根据“谁作为、谁被告”的原则以及“不具有独立承担法律责任能力的机构以自己的名义作出行政行为，应当以组建该机构的行政机关为被告”的规定，应当认定上饶市政府为被告。项目部建设道路的行为虽然基于民生、出于公益，也履行了建设手续，但在客观上影响了土地权利人的合法权益，一审法院确认该行为违法并无不当。据此判决驳回了上饶市政府的上诉，维持原判。

【评析】

我国城乡发展已经进入高质量发展的新时期，为市民提供高品质的公园、街道、广场等城市公共空间成为行政机关的基本职责。行政机关在提供道路设施、景观设施等公共产品时，必然要对土地资源进行调配与利用，从而引发建设者与土地权利人之间的利益冲突与纠纷。从司法实践来看，近年来因园林建设、公共道路建设等活动引发的诉讼日益增多，其中交织着行政机关、建设单位、土地权利人的多元法律关系。各地在界定占用土地建设行为的性质、纠纷解决方式的选择、适格被告的确定等方面存在不同认识，亟待统一。

一、审查行为之择：占用行为或前置行为？

根据《土地管理法实施条例》第二十三条及《建设用地审查报批管理办法》的规定，能源、交通等建设项目确需利用城市建设范围外的土地且涉及农用地的，由土地行政主管部门出具建设项目用地预审报告并经可行性研究报告审批；建设单位持相关批准文件提出建设用地申请，由市、县人民政府土地行政主管部门审查并履行农用地转用审批手续；农用地转用方案经审批批准后，由市、县人民政府组织实施并补偿安置到位。经过上述法定前置程序后，市、县人民政府向建设单位颁发建设用地批准书，使用国有土地属于划拨用地的，还需市、县人民政府土地行政主管部门核发国有土地划拨决定书。即依照法定程序，行政机关在占用土地建设公共设施前，应当履行征收或收回国有土地使用权等前置程序。土地权利人不服的，可以起诉直接影响其权益的行政征收或收回土地行为，而不能对后续的招拍挂、占用土地等行为提起诉讼。[①] 其原理在于，征收或收回土地行为已经改变了土地权属状态，原土地权利人与后续行为已无利害关系。

但行政机关未经征收或收回土地程序而占用他人土地的，土地权利人对于占地建设行为具有利害关系，应当允许土地权利人直接起诉占用土地建设行为。即便如本案中，行政机关主张上饶某房地产公司取得《国有土地使用证》时未办理征地手续，但只要在被诉行为实施、土地权利人起诉时，涉案权证仍然具有法定效力，那么人民法院就应当对占用土地建设行为的合法性进行审查。

二、纠纷解决之道：民事诉讼或行政诉讼？

占地建设行为由施工单位直接实施，行为形态上表现为私法行为，因此有观点认为占地建设行为不属于行政行为。从司法实践来看，部分涉及园林建设的案件中，司法机关将占地建设行为之诉作为民事案件受理并判决行政机关及施工单位承担赔偿责任。[②] 对此，我们认为，不宜一概以“施工单位实施”为由界定占地建设行为的性质，而应从以下三个方面审查占地建设行为是否属于行政行为。

---

① 参见耿宝建、殷勤：《集体土地征收与补偿过程中可诉行政行为的判定与审查——兼谈〈土地管理法〉修改建议》，载《法律适用》2019 年第 1 期。

② 如（2016）赣民终 357 号一案中，因建设东山公园使用了原告名下土地，二审法院认定本案为侵权之诉，判决赣州市南康区城市管理局、东山街道办、区公安局交通管理大队三被告共同赔付土地款项 244.84 万元，并支付评估费用。又如（2016）青民初 71 号某环保公司诉园林公司、玉树市政府、园林绿化管理局一案，原告与农牧局签订承包合同，原告对结林古园进行了开发。后原告接到园林局通知，要求三日内完成物资整理和搬迁工作。后其他公司基于《建设工程施工合同》入场施工。一审法院认为园林局在无任何补偿的情况下强行拆除相关设施，已构成民事侵权。

（一）从法律上看：建设行为是否具有职责上的依据？

行政行为的核心要素在于行政管理职责的行使，因此在判断占地建设行为是否属于行政行为时，首先应当寻找行政法上的职权及职责依据。[①] 以本案所涉及的公路建设行为为例，《公路法》第四条第一款规定：“各级人民政府应当采取有力措施，扶持、促进公路建设。公路建设应当纳入国民经济和社会发展计划。”第八条第二款规定：“县级以上地方人民政府交通主管部门主管本行政区域内的公路工作；但是，县级以上地方人民政府交通主管部门对国道、省道的管理、监督职责，由省、自治区、直辖市人民政府确定。”其后，《公路法》分别用专章规定了公路规划、建设、养护、管理以及收费等内容。其中，第三章“公路建设”第二十条规定：“县级以上人民政府交通主管部门应当依据职责维护公路建设秩序，加强对公路建设的监督管理。”[②] 从体例上看，虽然《公路法》逐步鼓励国内外经济组织对公路建设进行投资，但若行政机关主动承担建设职责，占地建设行为应当视为其履行行政法上的管理职责。

（二）从行为目的看：建设行为是否基于行政管理目的向社会提供公共产品？

建设公共道路是行政机关基于公共管理的目的，向社会提供公共产品，其公益目的是较为明显的。但建设公用设施并不代表必然属于行政行为，因此也就可能产生不同的纠纷解决途径。譬如，建设公共道路与建设国家机关办公大楼不同，后者主要是提供国家机关生产工作的资料，虽然也具有公共性，但行为本身并非直接行使公共职权，实际上与购买纸张、办公用品相类似，更宜由建设单位通过民事途径解决。同时，建设办公大楼履行的土地出让或划拨手续更为严格，若建设单位使用土地对原土地权利人的权益产生影响，可以通过对出让、划拨等行政行为的审查来弥补损失。又如，建设公共道路与园林建设行为亦有所不同，即道路建设行为既属于公用设施（公共性质），同时又具有法律明确规定的职责（行政职权），二者相结合，应视为行政事实行为。

---

① 参见何海波：《行政诉讼法（第二版）》，法律出版社 2016 年版，第 171 页。

② 原《公路管理条例》对此规定得更为明确，如第四条规定“县道由县（市）公路主管部门负责修建、养护和管理”。

（三）从救济途径看：建设行为是否超出行政机关委托范畴？

严格而言，未经征收或收回土地程序的占地建设行为之所以复杂，实际上是因其将“交付”和“建设”相混合，导致行为性质兼具民事和行政性。倘若拆分视之，实际侵害当事人权益的，是交付土地的行为。即行政机关以发包合同等形式，明确了道路建设的范围，并委托施工单位进行施工[①]，这一过程包含了其将规划范围内的土地交付施工单位使用（施工）的意志和行为。

基于这一分析，我们可以区分不同形态确定救济途径：经过征收或收回法定程序的，可以通过前置行为的司法审查保障行政相对人的权益；未经法定程序的，则应当允许当事人直接起诉占地建设行为。建设单位超出规划或委托范围实施的占地建设行为，应当视为民事行为；在委托范围内实施的，则应当由委托的行政机关对交付土地所造成的侵权进行赔偿，而不宜要求当事人直接起诉承建公司或项目部民事侵权。倘使完全民事化救济，还会带来这样的导向：行政机关依法定程序实施建设时属于行政诉讼；未依法定程序直接交付给施工单位建设，反而不纳入行政诉讼，这样明显不利于监督行政机关依法行政。

三、责任承担之争：适格被告如何确定？

在界定纠纷解决途径之后，需要进一步回答的是被告问题。被告争议实则也是民事和行政审判思路之间的拉扯：究竟应当由施工单位、业主单位承担责任，还是应当按照行政诉讼“以行政行为为中心”的理念确定被告？[②]

（一）观点之一：以施工单位为被告

有观点认为，在民事法律框架下，占地建设行为的直接侵权主体系施工单位，故应当以施工单位为被告。但正如上文所分析，行政机关不能通过委托协议、发包合同等约定，规避法定职责和相应法律后果。因此，除非承建的施工单位超出委托范围，否则不应由施工单位承担占用土地的责任。

（二）观点之二：以业主单位为被告

有观点认为，业主单位是占地建设行为的受益者，故应当由业主单位承担施工管理的职责。但这一观点与行政诉讼“谁行为，谁被告”的理论框架

---

① 此处的“委托”主要是指事项的委托。

② 郭修江：《以行政行为为中心的行政诉讼制度——人民法院审理行政案件的基本思路》，载《法律适用》2020 年第 17 期。

不相协调，除非在“行为实施主体”无法查清的情况下，才能够根据“受益主体”推定适格被告。[①] 其背后缘由在于，行政机关仅是经法律授权行使行政管理职责，其本身并无“私人化”利益；以“行为者”为被告更符合“权责一致”的理念，更利于推动行政机关认识错误、纠正错误。特别是在公共设施领域，业主单位仅是代表国家行使管理权，与负责建设的行政机关并不必然保持一致。在建设、管理职责相分离的情况下，行政机关应当对各自职责范围的事项、各自实施的行为承担法律责任。

（三）观点之三：根据行政诉讼的被告规则确定适格被告

我国现行《行政诉讼法》的被告规则始终是以“行为”和“职权”双视角展开的，在审查占地建设行为时，也应当坚持以行政行为与行政职权相统一的理念确定适格被告。以本案为例，生效裁判确定上饶市政府系本案适格被告，即结合以下两个方面所形成的判断。

1. 从行为主体来看。上饶市紫阳北大道综合改造提升项目建设协调领导小组项目部刻有公章，涉案项目均是以项目部的名义取得立项以及用地、规划许可。工程承包合同亦由项目部签订，该合同确定了工程承包范围，是建设公司实施占用土地行为的直接依据。结合《上饶市紫阳北大道综合改造提升工程实施方案》，可以认定项目部执行的是工程建设领导小组的意志，行使的是领导小组安排的职责。该方案虽规定上饶市城管局系成员单位，项目部亦设在上饶市城管局，人员基本由城管局工作人员构成，但在法律身份上，项目部并不能直接等同于上饶市城管局，项目部的行为不能直接推定为上饶市城管局实施。

2. 从职权以及被告确定规则来看。根据《公路法》的有关规定，一般由交通主管部门依职权维护公路建设秩序，一级人民政府对公路建设具有扶持、促进职责。但行为者是否具有职权，一般属于合法性审查的内容，而非审查被告是否适格的依据。本案被诉行为系事实行为，应当根据“谁作为，谁被告”的原则确定被告。本案中，紫阳北大道综合改造提升项目建设协调领导小组项目部系由上饶市政府设立，根据《最高人民法院关于适用〈中华人民共和国行政诉讼法〉的解释》第二十条关于“不具有独立承担法律责任能力

---

① 沈岿：《行政行为实施主体不明情形下的行政诉讼适格被告——评“程宝田诉历城区人民政府行政强制案再审裁定”》，载《交大法学》2019 年第 3 期。

的机构，以自己的名义作出行政行为，当事人不服提起诉讼的，应当以组建该机构的行政机关为被告”的规定，应当认定上饶市政府为本案被告。

四、余论

有别于行政征收、收回国有土地使用权等行政案件，占地建设行为作为事实行为，在审理范式、审查强度方面较不成熟，后续的赔偿争议也面临理论难题。人民法院在审查时应当充分发挥监督作用，通过司法建议等方式，引导行政机关在城乡建设活动中严格履行审批手续，在法律框架内解决土地争议。

（作者单位：江西省高级人民法院）

房屋征收补偿决定遗漏补偿项目时的司法审查

王锦鹏　谭　红

【裁判要旨】

在被诉房屋征收补偿决定遗漏补偿项目时，法院如何审理，可谓见仁见智。尤其是对于一审法院判决驳回原告诉讼请求的，二审法院如何裁判，需要进行个案的考量。

【案情】

再审申请人（一审原告、二审上诉人）：杨某强。

被申请人（一审被告、二审被上诉人）：山东省济南市济阳区人民政府（以下简称济阳区政府）。

被申请人（一审被告、二审被上诉人）：山东省济南市人民政府（以下简称济南市政府）。

被告济阳区政府于2018年4月28日发布济阳征告字〔2018〕1号房屋征收决定公告，原告杨某强的房屋在征收范围内。房屋征收部门以逐户征询的方式进行投票，并对被征收人征询意见书进行现场唱票，由公证机关人员现场监督，最终选定山东华某章土地房地产评估咨询有限公司（以下简称华某章评估公司）。华某章评估公司以房屋征收决定公告之日为评估时点对杨某强房屋的价值进行了评估，并出具了分户评估报告。后房屋征收部门依法进行了送达。

2019年1月27日，济阳区政府作出济阳政征补字〔2019〕3号房屋征收补偿决定（以下简称3号补偿决定），认定杨某强所有的房屋坐落于济南市济阳区纬二路54号，房屋类型为平房，房屋证载用途为住宅，房屋所有权证号为济阳房屋权证城私字第××号，证载建筑面积56.4平方米，其中正房42平方米，偏房14.4平方米；实测面积58.87平方米，其中正房43.92平方米，偏房14.95平方米。

3号补偿决定规定杨某强可选择货币补偿或产权调换：一、货币补偿。被征收房屋的实测面积为58.87平方米，其中正房43.92平方米，偏房14.95平方米。应补偿建筑面积为65.897平方米（应补偿套内建筑面积为51.4平方米，应补偿套内建筑面积对应的公摊建筑面积为14.497平方米），评估单价为8040元/平方米，应补偿价值为529811.88元。被征收房屋建筑面积超出证载建筑面积2.2平方米部分应支付完善产权费用572元（标准为房屋建筑面积超出证载面积部分260元/平方米，计572元）。经核算，被征收人选择货币补偿方式的，应给予被征收人货币补偿款人民币529239.88元（被征收房屋价值529811.88元减去完善产权费用572元，结算款为529239.88元）。二、产权调换。根据该被征收房屋对应选房档次，房屋征收部门为被征收人提供的产权调换房屋位于纬一路以南、富阳街东延以北、经四路以西、杨寨路（小经五路）以东围合区域内，评估单价8000元/平方米，房屋用途为住宅。原告可按下列方案选择产权调换房屋：1. 被征收人可选择建筑面积60平方米（套内建筑面积46.80平方米，公摊建筑面积13.20平方米）的产权调换房屋一套，产权调换房屋的总价值为480000元。经核算，房屋征收部门应向被征收人结清房屋产权调换差价款49811.88元，被征收人应支付完善产权费用572元，房屋征收部门应向被征收人支付房屋产权调换差价款及扣除完善产权费用合计49239.88元，待房屋交付时，据实结算。2. 被征收人可选择建筑面积80平方米（套内建筑面积为62.40平方米，公摊建筑面积为17.60平方米）的产权调换房屋一套，产权调换房屋的总价值为640000元。经结算，被征收人应向房屋征收部门支付房屋产权调换差价款及完善产权费用合计86516元，待房屋交付时，据实结算。被征收人产权调换房屋超出应补偿建筑面积65.897平方米部分的办理不动产登记费用由被征收人承担，具体费用待产权调换房屋交付后办理不动产登记时一并结算。

3号补偿决定还规定了搬迁费、临时安置费补偿。选择货币补偿的，由房屋征收部门支付搬迁费883.05元，一次性发放六个月临时安置费5298.30元。合计人民币6181.35元。选择产权调换的，过渡期限自该户搬迁之月开始到产权调换房屋交付之月止，被征收房屋搬迁腾空后先期支付二十四个月临时安置费21193.20元，该户剩余期限临时安置费待产权调换房屋交付时一并据实核算，多退少补；支付搬迁费883.05元，合计人民币22076.25元。此外，3号补偿决定还规定，被征收房屋室内装修价值为1123元，院内附属物价值为6382元，合计人民币7505元。本决定书送达之日起十五日内，被征收人应将被征收房屋及其附属设施腾空并交给房屋征收实施单位。被征收人应在房屋腾空之日起七日内到济南市济阳区老城片区改造指挥部办公室领取相关费用，逾期不领的由房屋征收部门预留。

2019年3月19日，杨某强向被告济南市政府邮寄行政复议申请书。2019年3月20日，被告签收了其复议申请。2019年3月21日，济南市政府作出济政复办补字〔2019〕28号补正行政复议申请通知，告知原告对行政复议申请作出补正。2019年3月26日，经原告补正后，济南市政府作出济政复办受字〔2019〕172号行政复议申请受理通知，受理了原告的行政复议申请。同日，济南市政府向济阳区政府作出济政复办答字〔2019〕172号提出行政复议答复通知，告知济阳区政府对原告的行政复议申请作出答复。2019年4月17日，济南市政府就原告的行政复议申请向原告进行调查。2019年5月21日，济南市政府作出济政复决字〔2019〕172号行政复议决定（以下简称172号复议决定），维持了3号补偿决定。原告不服上述3号补偿决定及172号复议决定提起诉讼，请求撤销3号补偿决定和172号复议决定。

【审判】

山东省济南市中级人民法院一审认为，本案的焦点系济阳区政府作出的3号补偿决定及济南市政府作出的172号复议决定是否合法及合理。

关于3号补偿决定主要证据是否充足问题。一是评估机构的资质、评估机构的选定、评估时点、评估方法是否符合法律规定的问题。《山东省国有土地上房屋征收与补偿条例》第四十条（现第三十九条）第一款规定："被征收人在公告协商期内协商不成的，房屋征收部门可以组织采取逐户征询、集中投票或者通过抽签、摇号等随机方式选定房地产价格评估机构。"本案房屋评估机构的选定由房屋征收部门以逐户征询的方式进行投票，并对被征收人征询意见书进行现场唱票，由公证机关人员现场监督，最终选定华某章评估公司为涉案片区的评估机构。上述评估机构产生的过程符合规定。本案评估报告确定的评估时点为房屋征收决定公告之日2018年4月28日，评估时点的确定符合法律规定。根据房屋分户评估报告和价格评估说明的记载，评估的价值是被征收房屋及其占用范围内的土地使用权在正常交易情况下，由熟悉情况的交易双方以公平交易方式在评估时点自愿进行交易的金额，符合社会交易规则，亦不违反相关规定。二是原告怠于行使复核评估、复核鉴定权利的问题。根据《国有土地上房屋征收与补偿条例》和《国有土地上房屋征收评估办法》的相关规定，房屋被征收人对房地产价格评估机构受委托作出的房屋价值评估结果有异议，应当向房地产价格评估机构书面申请复核评估；对复核评估结果有异议，应当向被征收房屋所在地房地产价格评估专家委员会申请鉴定。本案中，原告主张其于分户评估报告送达后，向涉案片区指挥部当面送达了申请复核的相关材料但被拒收。对此，原告并未提交相关证据证实其曾向涉案片区指挥部送达了申请复核的材料，亦未证实涉案片区指挥部曾拒收过其提交的相关材料，被告也于庭审过程中明确表示并未收到原告申请复核的相关材料。因此，对原告的该项主张，法院不予认可。综上，评估报告结论可以采纳，3号补偿决定依据评估报告结论认定被征收房屋价值，原告虽然对评估结果提出异议，但无确凿证据表明评估结果侵害其合法权益，法院对其异议不予支持。

关于3号补偿决定适用法律、法规是否正确，征收补偿是否公平的问题。一是3号补偿决定对被征收房屋价值的补偿符合法律规定。《国有土地上房屋征收与补偿条例》第十九条第一款规定："对被征收房屋价值的补偿，不得低于房屋征收决定公告之日被征收房屋类似房地产的市场价格。被征收房屋的价值，由具有相应资质的房地产价格评估机构按照房地产征收评估办法评估确定。"本案中，被告根据房屋征收评估机构评估确定的评估结果，按照涉案房屋的实测房屋面积，对被征收房屋价值作出补偿，符合法律规定。二是3号补偿决定保障了原告选择货币补偿和产权调换的权利。该补偿决定给原告提供了七日的选择期限，保障了其选择货币补偿和房屋产权调换的权利。三是3号补偿决定其他事项符合法律、法规和补偿方案规定。该补偿决定除包含对被征收房屋价值的补偿和产权调换房屋外，还与原告计算、结清了被征收房屋价值与用于产权调换房屋价值的差价，并按照补偿方案确定的标准，对搬迁费、临时安置费、过渡方式和过渡期限作了明确规定，具有《国有土地上房屋征收与补偿条例》第二十五条第一款规定的补偿协议事项，项目、标准和数额符合《国有土地上房屋征收与补偿条例》和补偿方案的规定。征收补偿决定同时对室内装修费和附属物补偿费的相关补偿费用作出了约定，未侵害原告的合法权益。

关于被诉行政复议决定是否合法的问题。本案中，原告于2019年3月19日邮寄行政复议申请，对3号补偿决定提起行政复议。经补正后，济南市政府于2019年3月26日正式受理了原告的行政复议申请。受理后，济南市政府经过向济阳区政府征询意见、对原告进行询问等方式，于2019年5月21日作出172号复议决定，维持了3号补偿决定，程序合法，内容亦无不当。

综上，3号补偿决定及172号复议决定主要证据充足，适用法律、法规正确，程序合法，法院对其合法性予以确认，据此判决驳回杨某强的诉讼请求。杨某强不服，提起上诉。

山东省高级人民法院二审认为，本案争议的焦点问题主要集中在以下方面：

一、被诉3号补偿决定的合法性问题。一是补偿决定的程序问题。本案中，杨某强的房屋位于涉案征收决定确定的征收范围之内，因其在签约期限内未与房屋征收部门达成补偿协议，济阳区政府按照补偿方案，以房地产价格评估机构对涉案房屋价值的评估为基础，作出3号补偿决定并进行了送达及公告，符合《国有土地上房屋征收与补偿条例》第二十六条的规定。涉案房地产评估机构由房屋征收部门征询被征收人意见经投票产生，评估机构的选定程序符合《山东省国有土地上房屋征收与补偿条例》的规定，杨某强提出评估机构选定程序违法的主张，没有事实根据，不能成立。二是涉案房屋补偿标准的问题。根据《国有土地上房屋征收与补偿条例》第十九条及《国有土地上房屋征收评估办法》第十条的规定，对被征收房屋价值的补偿，不得低于房屋征收决定公告之日被征收房屋类似房地产的市场价格，被征收房屋的价值，由具有相应资质的房地产价格评估机构按照房屋征收评估办法评估确定。故涉案房屋价值的评估时点选定为房屋征收决定公告之日，符合上述规定。征收部门的工作人员向杨某强送达《房地产估价分户报告》后，杨某强并未对评估结果依法申请复核、鉴定等，故该评估结果可以作为认定被征收房屋价值的依据。杨某强提出《房地产估价分户报告》未告知申请复核权导致其权利丧失，经审查，该《房地产估价分户报告》中虽未明确载明复核权利，但济阳区政府在与房屋征收决定一并公告征收补偿方案时，对评估结果异议的复核权利已经进行了告知，应视为济阳区政府对该项权利已经尽到了必要的告知义务，同时，当时有效的《济南市国有土地上房屋征收评估技术规范》也没有对评估报告需载明异议处理方式作出强制性规定，因此，评估机构在《房地产估价分户报告》中未载明复核权利虽不规范，但并不构成违法，亦不影响其法律效力，杨某强的该项上诉主张于法无据，不能成立。三是对于涉案房屋补偿公平性问题。补偿决定反映的补偿方式和补偿事项应当公正、客观、全面。本案中，济阳区政府就涉案被征收房屋为杨某强提供了货币补偿和产权调换两种补偿方式，尊重了杨某强的选择权，同时还对房屋调换结算差价、搬迁费、临时安置费以及房屋装修和附属物等补偿事项予以明确，符合《国有土地上房屋征收与补偿条例》第二十一条、第二十五条的规定。杨某强主张其东屋不应按地上附着物标准补偿，但未能提供合法建筑证明，杨某强的该项主张没有事实根据，不能成立。根据《国有土地上房屋征收与补偿条例》第二十六条规定，补偿决定应当公平。3 号补偿决定中，济阳区政府为杨某强提供了七日的选择期限以及提存相关费用，在依据评估确定的市场价格作出货币补偿的同时，还按照低于被征收房屋单价的标准，在被征收房屋类似地段为杨某强提供安置房屋，房屋建筑面积及套内面积均超过被征收房屋的实测面积，这些规定均体现了房屋征收补偿应遵循的对等公平原则，较好地保障了杨某强因其合法房屋被征收所应取得的补偿利益。杨某强关于房屋补偿不公平的上诉主张，不能成立。

二、杨某强主张的院落问题。根据《国有土地上房屋征收与补偿条例》及最高人民法院有关答复意见精神，在国有土地上房屋征收补偿中，应将被征收人合法享有国有土地使用权的院落、空地面积纳入补偿范围。本案中，杨某强主张的院落虽未经登记土地使用权，但该院落面积在房产证所附房地产平面图中明确记载有院落面积 118.3 平方米，况且根据在案证据显示，该院落系杨某强在 1988 年作为济阳县某公司职工与房屋一起分配购买，该公司在征收过程中出具的《证明》也显示，“2002 年 8 月杨某强以商品房的形式购买了涉案住房，缴纳了房款及契税并取得了房产及院落的使用权”，同时还说明 2016 年已将杨某强的办理土地使用证材料申报到相关部门，但一直未办理完成的情况。由此可以看出，杨某强对涉案院落的使用具有合法缘由，未办理土地使用权登记具有一定的客观原因，并非属于擅自占用土地供个人使用等明显不合法情形，故不宜简单地以该院落未办理土地使用证为由将其排除在补偿范围之外。从涉案《房地产估价分户报告》的内容来看，该评估结果仅包含被征收房屋、室内装修及附属物的价值，并未体现院落所占土地使用价值，而这部分土地使用价值中含有杨某强应当获得的征收补偿利益，应包含在补偿范围之内。换言之，杨某强所主张的院落与被征收房屋明显属于不可分割的整体并长期使用，房产证中也明确记载了该院落的面积大小，况且济阳区政府未提供杨某强非法使用该院落等不应给予补偿的证据，鉴于此，济阳区政府在征收涉案房屋时未考虑杨某强的该部分补偿收益，显失公平。根据《最高人民法院关于征收国有土地上房屋时是否应当对被征收人未经登记的空地和院落予以补偿的答复》（〔2012〕行他字第16号）的规定，无论该院落所占土地为划拨还是出让均应当一并予以补偿，只不过划拨土地与出让土地在计算补偿价值时的方式不同。故此，就征收遗漏的院落土地部分中杨某强应取得的合法补偿利益，济阳区政府应依法另行给予货币补偿，对于该项补偿的标准及数额的异议，杨某强仍可通过行政复议或者行政诉讼等法律途径寻求救济。

综上，济阳区政府单就征收杨某强的房屋所作出的3号补偿决定合法，济南市政府作出复议决定予以维持的结果并无不当，一审法院判决对3号补偿决定以及复议决定的合法性予以认定，亦无不当。杨某强提出济阳区政府遗漏院落补偿的上诉理由成立，应予支持。遂判决维持一审行政判决；责令济南市济阳区政府在本判决生效之日起六十日内就杨某强使用的涉案院落土地价值部分作出征收补偿决定。

杨某强仍不服，向最高人民法院申请再审。最高人民法院经审查后裁定驳回杨某强的再审申请。

【评析】

一、本案3号补偿决定之合法性

本案的核心问题是一审、二审法院对3号补偿决定合法性的评价。对此，原审法院从程序、标准、实体三个方面对3号补偿决定的合法性问题进行了分析。一是3号补偿决定的程序问题。本案中，杨某强的房屋位于涉案征收决定确定的征收范围之内，因其在签约期限内未与房屋征收部门达成补偿协议，济阳区政府按照补偿方案，以房地产价格评估机构对其房屋价值的评估为基础，作出 3 号补偿决定并进行了送达及公告，符合《国有土地上房屋征收与补偿条例》的规定。涉案房地产评估机构由房屋征收部门征询被征收人意见经投票产生，评估机构的选定程序符合《山东省国有土地上房屋征收与补偿条例》的规定。二是涉案房屋补偿标准的问题。根据《国有土地上房屋征收与补偿条例》第十九条及《国有土地上房屋征收评估办法》第十条的规定，被征收房屋价值的补偿，不得低于房屋征收决定公告之日被征收房屋类似房地产的市场价格，被征收房屋的价值，由具有相应资质的房地产价格评估机构按照房屋征收评估办法评估确定。本案中，涉案房屋价值的评估时点选定为房屋征收决定公告之日，符合上述规定。征收部门的工作人员向杨某强送达《房地产估价分户报告》后，其并未对评估结果依法申请复核、鉴定等，故该评估结果可以作为认定被征收房屋价值的依据。三是涉案房屋补偿的公平性问题。根据《国有土地上房屋征收与补偿条例》第二十六条的规定，补偿决定应当公平。本案中，济阳区政府就杨某强被征收房屋为其提供了货币补偿和产权调换两种补偿方式，保障了其选择权，同时还明确了房屋调换结算差价、搬迁费、临时安置费以及房屋装修和附属物等补偿事项，符合《国有土地上房屋征收与补偿条例》的规定。杨某强主张其东屋不应按地上附着物标准补偿，但未能提供合法建筑证明，其该项主张没有事实根据，不能成立。故济阳区政府单就征收杨某强的房屋所作出的 3 号补偿决定，符合法律规定。山东省济南市人民政府作出复议决定，予以维持 3 号补偿决定，无明显不当。

根据《国有土地上房屋征收与补偿条例》第二十六条第二款的规定，补偿决定应当公平，包括本条例第二十五条第一款规定的有关补偿协议的事项，即补偿方式、补偿金额和支付期限、用于产权调换房屋的地点和面积、搬迁费、临时安置费或者周转用房、停产停业损失、搬迁期限、过渡方式和过渡期限等事项。又根据《最高人民法院关于征收国有土地上房屋时是否应当对被征收人未经登记的空地和院落予以补偿的答复》（〔2012〕行他字第 16 号）的规定，国有土地上房屋征收补偿中，应将当事人合法享有国有土地使用权的院落、空地面积纳入评估范围，按照征收时的房地产市场价格，一并予以征收补偿。本案中，原告杨某强的诉讼请求为撤销 3 号补偿决定和 172 号复议决定，而 3 号补偿决定遗漏了杨某强作为被征收人的房屋院落的补偿事项，一审法院仍认定其合法，并判决驳回其诉讼请求。根据《行政诉讼法》第六十九条的规定："行政行为证据确凿，适用法律、法规正确，符合法定程序的，或者原告申请被告履行法定职责或者给付义务理由不成立的，人民法院判决驳回原告的诉讼请求。"可见，从该条文的规范性来分析，驳回诉讼请求判决适用的情况主要有两种：一是从审查被诉行政行为的合法性角度，即人民法院经过对行政案件的实体性审查，认为被诉行政行为在实体和程序上都合法，遂作出驳回诉讼请求的判决。该情形明确肯定了被诉行政行为的合法性。那种认为"驳回诉讼请求判决只对相对人的诉求进行审查，判断相对人不服行政行为的原因是否成立，是否具有充分的事实和法律依据，这实际上是从反面审查具体行政行为是否存在明显的或能识别的违法之处，其背后隐藏的逻辑是'法院只能量力而行，管它能管的事'"[①] 的观点并不准确。二是从原告的诉请角度，即原告申请被告履行法定职责或者给付义务理由不能成立，直接作出否定原告诉讼请求的一种判决形式。该情形并未明确确认被诉行政行为的合法性，而是更多地倾向于对原告诉求和权益的关注，并在行政机关需要对行政行为进行调整时留有了余地。新《行政诉讼法》取消了原有的维持判决，不仅在功能上替代了维持判决对于合法行政行为的支持，而且在实践中，判决驳回诉讼请求的情形比《行政诉讼法》第六十九条规定的范围要广，如可以包括原告提出的行政赔偿请求不成立，原告关于要求行政机关继续履行合同、确认合同无效等诉讼请求不能成立时，可以适用驳回诉讼请求的判决。[②] 本案二审法院显然发现了一审法院存在的问题，但并未指正，而是认为，"济阳区政府单就征收杨某强的房屋所作出的 3 号补偿决定，符合法律规定"。并据此判决维持一审判决。

二、本案处理方式之评价

对于杨某强提出的济阳区政府遗漏院落补偿的主张，一审法院未予审理，当属遗漏诉讼请求之情形，但仍然认为"3 号补偿决定符合法律规定"，确有不当。当事人提出的诉讼请求对法院的裁判行为具有拘束力。[③] 对于当事人

---

① 参见刘峰：《论行政诉讼判决形式的重构从司法权与行政权关系的角度分析》，载《行政法学研究》2007 年第 4 期。

② 参见侯丹华：《新〈行政诉讼法〉中几种特殊类型诉讼的判决方式》，载《法律适用》2016 年第 8 期。

③ 参见许可：《论当事人主义诉讼模式在我国法上的新进展》，载《当代法学》2016 年第 3 期。

已经提出的事项，法院不能不加理睬，拒绝裁判，否则属于遗漏诉讼请求。遗漏诉讼请求作出裁判属于原审法官出现了技术性错误，违背了处分原则。[①]因此，法院对原告的诉讼请求必须有所回应。这也是“不告不理”的含义之一。[②]“如果人民法院没有对当事人提出的某项诉讼请求进行法庭调查和法庭辩论，在判决、裁定中遗漏了当事人这一诉讼请求，则属于审判工作的重大失误，当事人有权对这一判决、裁定申请再审，人民法院经审查查证属实之后，也应当进行再审。”[③] 遗漏诉讼请求纳入再审事由的法理依据，在于公民在其权利受到侵害或与其他主体发生争议时享有请求国家司法机关依法进行公正裁判的权利。这种权利在诉讼程序中的体现就是所谓的“程序主体性原则”，即法院对案件的审理应当围绕当事人提出的诉讼请求进行。对于当事人在诉讼活动中提出的诉讼请求，法院应当对其审理和裁决。不论当事人的诉讼请求是否具有事实和法律上的依据，法院都应作出回应，而不能对当事人的诉讼请求置之不理。[④]

因此，于本案而言，一审法院应当依照《行政诉讼法》第七十条的规定，即“行政行为有下列情形之一的，人民法院判决撤销或者部分撤销，并可以判决被告重新作出行政行为：（一）主要证据不足的；（二）适用法律、法规错误的；（三）违反法定程序的；（四）超越职权的；（五）滥用职权的；（六）明显不当的”，判决撤销3号补偿决定和172号复议决定，并责令济阳区政府重新作出补偿决定。撤销判决是最符合行政诉讼制度中权力分工模式的一种判决形式，与秩序行政相适应，是与撤销之诉相对应的一种判决类型。在行政诉讼制度发展初期，该判决类型是判决体系中的核心判决。[⑤] 撤销判决一般适用于行政行为违法的情况。如果严格按照依诉择判原则，在撤销之诉中，只存在两种判决形式，要么支持原告的诉讼请求，要么否定原告的诉讼请求，即撤销判决与驳回诉讼请求判决。也即，在撤销之诉中，法院经过

---

① 最高人民法院民事诉讼法修改研究小组编著：《〈中华人民共和国民事诉讼法〉修改的理解与适用》，人民法院出版社2007年版，第84页。

② 参见应松年主编：《〈中华人民共和国行政诉讼法〉修改条文释义与点评》，人民法院出版社2015年版，第321页。

③ 全国人大常委会法制工作委员会民法室编：《中华人民共和国民事诉讼法条文说明、立法理由及相关规定》，北京大学出版社2007年版，第356页。

④ 参见《“遗漏诉讼请求”能否作为民事再审事由》，载《司法改革评论》第13辑。

⑤ 参见张旭勇：《行政判决的分析与重构》，中国政法大学宪法行政法学2005届博士论文。

审查如认为行政行为违法，就应当作出撤销判决；如认为原告诉请无理由，就应作出驳回诉讼请求判决。但事实上，行政审判实践远非这么简单：一方面，在撤销之诉中，基于公共利益、诉讼效率及行政行为无撤销内容等方面的考虑，行政行为违法并不必然导致其没有法律效力，法院不能简单地认为行政行为违法就必须作出撤销判决。另一方面，法院如果只是简单地作出撤销判决并责令行政机关重新作出行政行为，行政机关仍可能作出与原行政行为基本相同的行政行为①，导致程序空转，浪费行政和司法资源，不利于行政法律秩序的维护，甚至危害公共利益。②

鉴于一审判决的情况，按照一般的审理思路，本案二审法院应当依照《行政诉讼法》第八十九条第二项和第三项的规定，即“（二）原判决、裁定认定事实错误或者适用法律、法规错误的，依法改判、撤销或者变更；（三）原判决认定基本事实不清、证据不足的，发回原审人民法院重审，或者查清事实后改判”，撤销一审判决，发回重审或者依法改判。二审法院在一审判决明显不当的情况下，判决维持一审判决，在逻辑上似乎存在问题，但结果还是值得肯定的。

具体案件千差万别，判决形式也是在不断发展的。根据合法性审查的结果，修正前的《行政诉讼法》规定的判决形式有限：具体行政行为合法，判决维持；具体行政行为违法，则判决撤销；不作为行为违法，判决履行；具体行政行为显失公正，则判决变更。由于这四种判决形式在设计上均对应于常态化的合法性审查，无法应对特殊情况，如原告起诉被告不作为理由不成立、具体行政行为违法但不具有可撤销内容的等，按照前述判决形式就无法下判，因此后来增加了驳回诉讼请求判决、确认判决等判决类型。这些判决均是法院合法性审查的直接或间接结果，回应的均是行政行为这个诉讼标的。③

本案中，二审法院经过审理，一方面判决维持一审行政判决，另一方面

---

① 虽然《行政诉讼法》第七十一条明确规定：“人民法院判决被告重新作出行政行为的，被告不得以同一的事实和理由作出与原行政行为基本相同的行政行为。”但被告以同一的或者大体一致的事实和理由作出与原行政行为基本相同的行政行为的情况并不鲜见。

② 参见邓刚宏：《行政诉讼依诉请择判原则之局限性——依行政行为效力择判原则的可行性分析》，载《法学》2008 年第 9 期。

③ 参见薛刚凌、杨欣：《论我国行政诉讼构造：“主观诉讼”抑或“客观诉讼”?》，载《行政法学研究》2013 年第 4 期。

判决济阳区政府就杨某强使用的涉案院落土地价值部分作出征收补偿决定。[①]从某种角度上来说，这种判决形式既提高了诉讼效率，又保障了杨某强的程序和实体权益。杨某强若对济阳区政府另行作出的补偿决定不服[②]，仍可依法寻求救济。故根据本案的实际情况，本案没有启动再审程序之必要。

（作者单位：辽宁省锦州市中级人民法院、最高人民法院）

① 有观点认为，二审法院若在查清事实后对杨某强使用的涉案院落土地价值部分直接作出补偿判决，则更有利于实质性解决争议，防止程序空转。我们认为这种主张是有一定道理的。

② 经核实，济阳区政府于2020年12月18日对其被征收遗漏的院落土地价值部分另行作出了济阳政征补字〔2019〕3-1号房屋征收补偿决定书，并于2020年12月29日向杨某强送达，本人签收。

审查高校对学术不端的认定行为应当遵循“明显不当”标准

——李某诉华南理工大学撤销学位决定纠纷案

金　霞　张天晟

【裁判要旨】

高等学校在学术自治范围内制定的博士学位申请条件，作为认定学术不端和撤销博士学位的依据，人民法院应予支持。高等学校对学术不端行为作出的认定，是对学术活动作出的专业性判断，在不存在明显不当情形的情况下，人民法院应予尊重和认可。

【案情】

上诉人（一审原告）：李某。

被上诉人（一审被告）：华南理工大学。

李某为华南理工大学计算机科学与工程学院计算机应用技术专业的博士研究生，其撰写的中文博士学位论文经该校文本复制检测，总文字复制比为4%。李某申请博士学位时填报了学位资格审批表和研究成果表，申报其为第一作者的五篇英文学术论文，作为攻博期间获得的与学位论文相关的研究成果。2013年12月27日，李某获得华南理工大学工学博士学位。2016年4月，因他人举报李某发表的六篇学术论文涉嫌学术不端，华南理工大学经调查核实以及专家评审，于2016年7月19日作出华南工研〔2016〕20号《关于撤销计算机科学与工程学院李某博士学位的决定》，决定撤销李某的博士学位。李某不服，诉至法院。2017年12月，广州铁路运输中级法院作出二审判决，认定李某的学术不端行为与其博士学位论文关联程度有多大尚属事实不清，且违反程序正当原则，判决撤销华南理工大学作出的上述撤销博士学位决定。2018年11月，华南理工大学再次启动调查程序。2018年11月23日，华南理工大学组织校外专家组对李某的学位论文及其发表的相关学术论文进行评审，评审意见认为涉案四篇论文直接翻译或抄袭他人论文，具有学术不端现象。李某的博士学位论文将四篇学术不端论文列入"攻读博士学位期间取得的研究成果"，并明确指出该四篇论文分别相当于学位论文的第一章、第四章，属于博士学位论文撰写过程的学术不端行为。华南理工大学经学院学位评定分委员会、学位评定委员会召开会议审议表决，同意撤销李某的博士学位，并告知李某享有陈述申辩权利。42019年4月18日，华南理工大学作出华南工研〔2019〕13号《关于撤销李某博士学位的决定》，认为李某的博士学位论文及与该学位论文相关的公开发表的研究成果存在学术不端行为，情节严重、影响恶劣。根据《学位条例》《华南理工大学学位条例暂行实施细则》《华南理工大学研究生学术不端行为处理办法（试行）》有关规定，决定撤销李某的博士学位。

另外，华南理工大学制定的《华南理工大学学位条例暂行实施细则》第九条、第十七条规定，博士学位论文内容一般包括：1. 摘要；2. 绪论；3. 论文主体；4. 结论；5. 参考文献；6. 攻读学位期间发表的学术论文。《华南理工大学博士研究生申请学位发表学术论文的规定》第一条对于"理工科类"博士研究生申请学位论文答辩前，以本人为第一作者发表的与学位论文相关的学术论文须达到的要求作出了具体规定。李某不服，诉至一审法院，请求：一、撤销华南工研〔2019〕13号《关于撤销李某博士学位的决定》；二、本案诉讼费用由被告华南理工大学承担。

【审判】

广州铁路运输法院一审认为，李某在攻读博士学位期间撰写的与学位论文内容相关的四篇论文具有学术不端行为，且四篇论文中有三篇相当于学位论文的第四章，一篇论文相当于学位论文的第一章，经校外专家认定属于博士学位论文撰写过程的学术不端行为。根据《华南理工大学学位条例暂行实施细则》第十七条规定，李某的博士论文内容包含攻读学位期间发表的学术论文。华南理工大学学位评定委员会认定李某的博士学位论文及与该学位论文相关的公开发表的学术论文存在情节严重、影响恶劣的学术不端行为，具有事实依据。对于是否存在学术不端行为，应由学位授予单位进行专业认定，华南理工大学在其第一次作出的撤销李某博士学位的决定被撤销后，再次组织校外专家评审，其计算机科学与工程学院学位分委员会再次审议，校学位评定委员会再次审议，均认定李某的博士学位论文及与该学位论文相关的公开发表的学术论文存在情节严重、影响恶劣的学术不端行为。一审法院判决驳回李某的诉讼请求。

李某不服一审判决，向广州铁路运输中级法院提起上诉称：李某不存在应撤销学位的事实依据，华南理工大学撤销李某的博士学位实体错误。理由如下：一、李某的博士学位论文通过了查重检测，不存在抄袭行为。涉案学术论文与博士学位论文只是主题相关，与学位论文的主体正文内容没有关联，不构成博士学位论文的章节。二、2016 年和 2018 年两次校外专家意见既没有认定涉案学术论文是博士学位论文的组成部分，也没有认定博士学位论文抄袭，更没有认定情节严重，影响恶劣。三、国家和华南理工大学对于学术抄袭的认定均没有发布统一的标准，涉案学术论文的参考文献都有标注引用原文，不构成抄袭。四、《学位条例》第十七条规定的舞弊作伪行为，只限于博士课程和博士学位论文的舞弊行为，没有授权高校可以根据博士学位论文之外的论文涉嫌抄袭而撤销学位。学术论文不是获得学位的前提条件，不能把学术论文的抄袭行为作为撤销博士学位的依据。五、华南理工大学在没有新的举报证据的情况下，无权重新评审论文。华南理工大学以同一事实和理由作出相同的行政行为，严重违法。六、华南理工大学剥夺了李某的知情权、陈述申辩权，程序违法，请求法院判决撤销华南理工大学作出的华南工研〔2019〕13 号《关于撤销李某博士学位的决定》。

被上诉人华南理工大学二审坚持一审答辩意见，认为：一、《华南理工大学学位条例暂行实施细则》明确规定，攻读学位期间发表的论文属于学位论文的组成部分。李某申请博士学位论文答辩前发表的与研究课题相关的学位论文，是申请博士学位的前提条件，也是获得博士学位的重要前提。因此，李某在攻读博士学位期间所发表的学术论文是学位论文的组成部分，学术论文存在抄袭就构成学位论文的抄袭。二、李某在攻读博士学位期间公开发表的学术论文，经专家评审认定其论文核心内容翻译或抄袭他人成果，构成舞弊作伪行为。华南理工大学根据《学位条例》第十七条规定，撤销李某博士学位，具有事实和法律依据。三、华南理工大学在重新作出处理决定过程中，充分尊重李某的知情权和申辩权，履行了相应的程序，作出撤销李某博士学位的决定，程序合法。综上，请求法院依法驳回李某的诉讼请求。

广州铁路运输中级法院二审认为：一、关于华南理工大学认定李某提交的与博士学位论文有关的学术论文具有学术不端行为是否具有事实根据的问题。李某于 2013 年向华南理工大学申请博士学位时将五篇学术论文列为攻博期间与学位论文相关的研究成果，并确认该五篇学术论文相当于学位论文的第一、二、四章。2018 年 11 月，华南理工大学组织校外专家组对上述五篇学术论文进行评审，评审意见认为其中四篇学术论文的核心内容翻译或者抄袭自其他文献，属于博士学位论文撰写过程的学术不端行为。因此，华南理工大学经调查核实，并经学位评定分委员会、学位评定委员会审议表决，认定李某申请博士学位时提交的学术论文具有学术不端的行为，属于高校对学术活动作出的专业性判断，在不存在重大明显不当情形的情况下，司法机关应予尊重和认可。二、关于华南理工大学将李某的学术论文与博士学位论文相关联，并作为撤销李某博士学位的依据，是否违反上位法规定的问题。根据《学位条例暂行实施办法》第二十五条规定，华南理工大学作为国务院授权的高等学校，有权根据行政法规的授权规定制定本校的学位工作细则。华南理工大学制定的《华南理工大学学位条例暂行实施细则》第九条第二款、第十七条规定，博士学位论文内容包括攻读博士学位期间发表的学术论文。而且，《华南理工大学博士研究生申请学位发表学术论文的规定》也明确，理工科博士研究生申请学位论文答辩前，博士研究生以本人为第一作者发表的与学位论文相关的学术论文须具有一定数量，且应达到相应的学术水平。由此可知，华南理工大学为提高人才培养质量，促进学术创新和发展，将攻读博士学位期间发表的与学位论文内容有关的学术论文作为博士学位论文的组成部分，是根据自身条件以及教学需要对博士学位申请条件作出的细化规定，属于华南理工大学学术自治的范畴，并未违反法律、行政法规的原则性规定。因此，博士学位申请人在攻读博士学位期间发表的与学位论文内容有关的学术论文是申请博士学位的前提条件，也是学位论文的组成部分，不仅应达到一定的学术水平，同样也应遵守学术诚信原则，不能存在舞弊作伪的行为。《学位条例》第十七条规定，学位授予单位对已经授予的学位，如发现有舞弊作伪等严重违反本条例规定的情况，经学位评定委员会复议，可以撤销。本案中，李某申请博士学位提交的学术论文经华南理工大学认定存在学术不端的行为，且与其博士学位论文相关，属于博士学位论文撰写过程的学术不端行为，依据《学位条例》《华南理工大学学位条例暂行实施细则》的相关规定，撤销李某已取得的博士学位，于法有据，亦与《国务院学位委员会关于在学位授予工作中加强学术道德和学术规范建设的意见》第五条关于“在学位授予工作中，学位授予单位对以下的舞弊作伪行为，必须严肃处理……（二）在学位论文或在学期间发表学术论文中存在学术不端行为”规定的精神相符。虽然华南理工大学适用的上述法律规范没有引用具体的法律条款，但鉴于华南理工大学在诉讼期间作出说明并明确具体的法律条款，属于适用法律瑕疵，不影响被诉撤销学位决定的合法性。华南理工大学应在今后的工作中注意加以改进，规范执法文书的制作。三、关于华南理工大学撤销李某的博士学位的程序是否合法的问题。华南理工大学在作出被诉撤销学位决定期间，通过多种通讯方式告知李某可提交陈述申辩材料，作出书面处理决定后送达给李某并告知申诉救济途径，已经尽到法律文书送达义务，充分保障了李某的知情权、陈述申辩权和救济权，符合正当程序要求。综上所述，原审判决认定事实清楚，适用法律正确，程序合法，应予以维持。李某的上诉请求理据不足，应不予支持。依照《行政诉讼法》第八十九条第一款第一项的规定，判决驳回上诉，维持原判。

【评析】

近年来，随着高等教育改革的深入和民主治理进程的推进，高校诉讼案件不断涌现，并且呈上升趋势。欣慰于司法进步与学生权利意识增强的同时，对于司法审查的深度和广度，如何理性发挥司法审查的作用，化解高校与学生之间的矛盾，笔者结合本案例进行分析和探讨，以厘清高校案件的审查路径和裁判标准。

一、攻读博士学位期间发表的与学位论文相关的学术论文存在学术不端行为，能否成为撤销博士学位的依据

目前，我国高校为推进高水平大学建设，提高博士研究生培养质量，鼓励科研创新，普遍采取科研成果量化指标与博士学位申请资格挂钩的博士研

究生培养制度，规定发表一定数量和质量的学术论文作为评价博士学术水平的硬性指标，也是申请博士学位必不可少的条件。该制度是否科学合理，是否违反上位法规定，学术论文的学术不端行为是否构成对博士学位的影响，历来颇具争议，各方意见不尽一致。具体到本案，李某攻读博士学位期间撰写的学术论文作为与学位论文相关的科研成果，与学位论文一并用以申请博士学位，其中四篇学术论文经专家评审认定存在抄袭，构成学术不端行为，华南理工大学据此撤销其博士学位。华南理工大学能否依据学术论文存在的学术不端行为撤销李某的博士学位，是当事人争议的核心焦点问题，法院此前的裁判观点亦存在分歧。一种观点认为，根据《学位条例》第六条规定，高等学校的研究生通过博士学位课程考试和论文答辩是授予博士学位的法定条件，故是否符合博士学位授予条件应当考察申请者的博士学位论文，相关法律、法规并未规定申请博士学位需要发表学术论文，发表学术论文不是获得博士学位的前提条件，华南理工大学扩大博士学位论文内容范围以及学位撤销范围，无上位法依据。李某的学术论文与学位论文虽然主题具有相关性，但学术论文不是学位论文正文的组成部分，内容相互独立。即使学术论文存在不当行为，但其主题之间的相关性对博士学位论文不产生实质影响，在其学位论文没有被认定为抄袭的情况下，不能以其在攻读博士期间发表的学术论文存在舞弊作伪行为为由撤销其博士学位。另一种观点则认为，根据《学位条例》第六条规定，高等学校的研究生通过博士学位课程考试和论文答辩是获得博士学位的必要条件，但并非充分条件，同时该条款对博士申请者应达到的学术水平作出了概括规定。高等学校依据法律的原则性规定，有权根据学校的具体情况和培养目标制定本校的学位细化规定。华南理工大学要求博士研究生申请博士学位前须发表一定数量和质量的学术论文，博士学位论文内容应包括攻读博士学位期间发表的学术论文，并不违反上位法规定。李某在攻读博士学位期间发表的与学位论文内容有关的学术论文是申请博士学位的前提条件，也是学位论文的组成部分，不仅应达到一定的学术水平，同样也应遵守学术诚信原则，不能存在舞弊作伪的行为。由于李某的学术论文存在学术不端行为，华南理工大学据此撤销其博士学位并无不当。

合议庭采纳了第二种观点，笔者亦是赞同的。笔者认为，关于两种观点之争，应当从博士培养目标和要求出发进行考量。根据《高等教育法》以及《学位条例》的相关规定，高校通过对博士研究生的培养，目标是使其掌握学科理论知识，具备独立科研能力，取得创造性成果。因此，高校对于博士学位申请者理论知识素养和科研能力的考察，并不仅针对博士学位论文本身，培养“学位博士”，而是结合申请者在攻读博士学位期间的学术成果进行综合考量。各高校在法定的基本原则范围内，根据自身的教学水平和实际情况确定各自博士学位授予的学术水平衡量标准，是学术自治原则在高校办学过程中的具体体现，对博士学位授予条件的司法审查不应干涉高校的学术自治活动。华南理工大学的学位细则规定明确要求博士学位论文须是一篇系统、完整的学术论文，内容应包括攻读学位期间发表的学术论文。华南理工大学对于博士学位的学术要求是该校对于博士研究生培养目标的细化体现，符合上位法的原则性规定。因此，无论学术论文内容是否为博士学位论文的正文主体部分，均属于学位论文的组成部分，亦是申请博士学位的前提条件，二者具有不可分割的密切联系。第一种观点主张李某的学术论文仅与其博士学位论文具有主题相关性，但不属于学位论文组成部分，实际是将学术论文与学位论文割裂开来，否定高校对于博士研究生培养方案的学术自治权，是司法审查对高校学术自治领域的不当干预。虽然《学位条例》第十七条和《普通高等学校学生管理规定》第三十七条为撤销学位的实体条件提供了法律依据，涉及学术性事由的实体条件规定为作弊、剽窃、抄袭等学术不端行为，但其并未过多设置撤销学位的具体条件，各高校可自行在校级层面加以规定。华南理工大学将学术论文与博士学位论文相关联，作为博士学位学术水平考评依据和授予条件，在学术论文被认定存在学术不端行为的情况下，学位授予就失去了前提基础，自然应当予以撤销。李某在攻读博士学位期间发表的与研究课题相关的学术论文，与博士学位论文一样，都是其获得博士学位的条件，其中四篇学术论文经专家评审认定存在抄袭行为，属于博士研究生培养方案确定的学习过程中存在的学术不端情形，与学位的取得、学位所代表的学术评价之间存在密切联系，相应的学术水平不能被认定。华南理工大学据此撤销李某的博士学位，具有事实根据和法律依据，法院应予支持。

二、高校认定学术不端行为的司法审查标准

高校对论文的学术水平以及学术不端行为作出的专业性评价，是高等学校基于办学自主权，自主开展的教学管理活动，属于高校学术自治的范畴。当然，高校的学术自治权并非绝对，而是在法律框架内的自治权。由于高校对学术不端行为作出评审认定，并以此为基础对学术不端行为人作出的相应处理，涉及行为人重大权利，人民法院不能放弃司法审查的责任，仍然应当将其纳入司法监督范围。人民法院在审理此类案件时，不可避免地需对当事人是否构成学术不端行为作出认定和回应，这就涉及如何正确把握高校学术自治权和司法审查权的合理边界。法院是法律问题的专家，高校是学术问题的专家。学术不端行为的认定属于高校对学术问题作出的判断，也属于对事实的判断，法院基于对学术评价的尊重，应当秉持司法谦抑原则，采取强度较弱的审查标准。除非存在重大明显不当或不合理情形，人民法院对高校作出的学术评价应予尊重和认可，不宜轻易否定，不应以自己的事实判断代替高校的事实判断。人民法院在此类案件审查过程中，更多的是从法律角度去审查高校的教育行政管理行为的合法性，为莘莘学子合法权益的实现提供权利救济和司法保障，维护风清气正的学术环境。

（作者单位：广州铁路运输中级法院）

平台经济涉工伤事故中劳动关系的认定

张志新　殷　勤

【裁判要旨】

平台经济中从业者与用工平台劳动关系的认定，应充分考虑不同平台用工模式的差异，以实质从属性为主，结合平台工人的劳动成果归属、收入来源、工作时间等因素，对个案具体实际进行综合分析。对从业者特别是低技能、低收入者的保护，应当优先于对企业的保护。“外卖小哥”的工作内容与互联网平台经营范围一致，与互联网平台具有人身和经济从属性，双方存在劳动关系，所受事故伤害符合《工伤保险条例》第十四条规定的，应当认定为工伤。

【案情】

原告：江苏某网络科技有限公司。

被告：江苏省南通市人力资源和社会保障局。

第三人：蔡某某。

第三人经原告公司安排从事送餐业务。2018 年 10 月 8 日 11 时 30 分左右，蔡某某在工作过程中途经江苏省南通市崇川区体育会展中心停车场发生交通事故受伤。后至医院治疗，诊断为：左侧锁骨骨折，右侧第 2 肋骨骨折。蔡某某在此次交通事故中无责任。

2019 年 2 月 19 日，被告受理第三人的工伤认定申请后，向原告发出《工伤认定限期举证告知书》。3 月 1 日，原告向被告提交了证据，否认与第三人之间存在劳动关系，且提出已在湖北省荆门市为蔡某某办理了工伤保险，被告无管辖权。4 月 15 日，被告作出认定工伤决定，认为第三人在工作过程中受到的事故伤害符合《工伤保险条例》第十四条第一项规定，属于认定工伤范围，予以认定为工伤。同时告知当事人享有的行政复议、行政诉讼权利及行使期限。4 月 22 日，被告向原告及第三人送达上述认定工伤决定书。

【审判】

江苏省南通经济技术开发区人民法院一审认为，根据《人力资源和社会保障部关于执行〈工伤保险条例〉若干问题的意见（二）》第七条规定，用人单位注册地与生产经营地不在同一统筹地区的，原则上应在注册地为职工参加工伤保险；未在注册地参加工伤保险的职工，可由用人单位在生产经营地为其参加工伤保险。本案中，原告在南通市注册、经营，依法应当在南通地区为其职工缴纳工伤保险费。原告提供的荆门市社会保险参保证明未显示用人单位，不能证明原告公司为第三人在湖北荆门市参加工伤保险的事实，依法不属于有效参保。根据《工伤保险条例》第五条、第十七条、《工伤认定办法》第二条、第四条规定，县级以上地方各级人民政府社会保险行政部门负责本行政区域内的工伤保险工作，职工发生事故伤害后，应向统筹地区社会保险行政部门提出工伤认定申请。本案原告生产经营地属于被告行政区域内，被告依法具有对本起事故是否属于工伤的认定职权。

经济新业态下，需要对“互联网+传统行业”这种经济模式下的用工特点结合传统劳动关系的基本特征准确予以界定。劳动关系是双方当事人通过合意由劳动者一方提供劳动、用人单位一方给付报酬所形成的具有经济和人身从属性的权利义务关系。本案中，传统的用餐方式需要顾客至饮食店购买，而在互联网参与下，“外卖小哥”根据互联网派发的订餐信息提供送餐服务。平台仅是订餐、供餐信息的提供者，平台汇集供需双方的信息，由供需双方选择，而送餐劳务需要第三人协作才能完成。原告的经营范围包括“食品销售、餐饮管理服务、代送物品服务”，第三人从事的工作是原告经营业务的组成部分，即原告系餐饮供需双方劳务提供者的用人单位。第三人每月报酬由原告发放，其虽然也从平台收取一定的提成费用，但每月提成仅 100 多元，并非第三人每月付出劳动的对价，其只有按原告要求提供相应的劳动后才能从原告公司取得报酬，具有经济从属性。第三人固定在某片区外卖点工作，有专人开会、分工、考核，原告的工作人员提供二维码注册，工作时间、工作任务以及每月休息时间均由原告安排。如不按时上线，原告有权停工。因此，第三人须服从原告的指示命令、受原告管理和监督，原告通过考核等手段对第三人的工作加以约束。原告与第三人之间存在劳动关系，而原告在第三人给定的工作时间、工作任务以外从事其他劳务活动，不影响双方劳动关系的成立。被告认定原告与第三人之间存在劳动关系，第三人从事送餐业务发生交通事故属于工伤，符合法律规定。因此，判决驳回原告的诉讼请求。

一审宣判后，各方当事人均未提出上诉。

【评析】

网络用工冲击了劳动关系认定的从属性标准，淡化了劳动契约观念。但由于我国现行法采取的是二元结构，存在劳动关系就能享受到全套的劳动法保护、不存在劳动关系则被排除在劳动法的保障范围之外，另外还存在社会保险关系和劳动关系“绑定”的问题，不存在劳动关系甚至无法得到相应社会保险的保护。对平台企业与从业者劳动关系的界定，仍宜充分考虑到传统从属性标准具有的较强弹性和适应性。

一、传统劳动关系标准在平台经济中的适用困难

我国现行法并未对“劳动关系”或者“劳动者”下定义，实践中广泛适用的是原劳动与社会保障部于2005年发布的《关于确立劳动关系有关事项的通知》第一条的规定，该规定确立了“劳动者受用人单位的劳动管理”和“从事用人单位安排的有报酬的劳动”的从属性标准，但也由于“构成要件”模式较为僵化，“同时具备全部情形”意味着只有当全部构成要件都成立时才能认定劳动关系，难以适应实践中用工方式愈加多样化和灵活化、劳动关系复杂多变的表现形式。

区别于传统业态“劳动者—企业—消费者”的线性关系形成的劳动关系，平台经济的运作模式为“供给者—共享平台—消费者”的三角关系[①]，平台经济中，信息平台是不可替代的生产要素，平台取代用人主体成为服务活动的新核心，用工主体越来越少直接与从业者签订劳动合同，除直接服务于平台研发、运营和维护等的核心岗位外，一般通过劳务派遣、外包和众包的方式用工，通过对劳动定额、劳动报酬、支付模式进行大数据测算，对从

① 董保华：《零工经济：增存量劳动的法律变局》，载《探索与争鸣》2020年第7期。

业者的服务提供过程进行积分制、末位淘汰和以罚代管等控制方式提高绩效[①]，从业者似乎都没有“雇主”，就像一个个松散的原子，用工主体则披上了“隐身衣”。

另外，从业者的入职门槛设定很低，退出也简单，在平台上注册、通过审核即可开始工作，在接单方式上有抢单、派单两种模式，可全职、可兼职。从业者工作的自主性较强，服务质量更多受到顾客的评价和监督，劳动报酬的计算和收取方式多样化。在以提供体力劳动为主的物流、餐饮、交通运输等服务中，从业者的工作场所高度分散和流动，劳动中的人际关系也呈现出分散化和疏离化的特点。

基于上述特点，以及《关于确立劳动关系有关事项的通知》本身的欠缺，有观点认为平台企业与从业者之间更多是经济上的合作关系，而非劳动关系。[②] 常见的反驳理由包括：第一，从业者的工作时间不固定；第二，从业者对是否接单有自主决定权；第三，平台对从业者没有管理职能；第四，从业者自带生产工具；第五，平台只提供“信息撮合”服务，从业者自己是经营者，双方之间只是合作关系。本案原告否认与第三人存在劳动关系的主要理由即在于，第三人自行配置外卖配送工作所需要的工具，自主决定是否参加某日的配送，以及自我决定当日派送的数量，第三人的报酬由平台根据其接单量和每单费用标准支付，原告仅根据第三人接单数量和从平台获得的业务收入支付相应额度的补贴，其与第三人之间不存在固定的管理与被管理关系。

二、平台企业与从业者构成劳动关系的考量因素

传统劳动关系模式中，企业是经营者，从业者个体是劳动者，在平台经济活动中，能够符合“经营者”这一法律身份，至少需要具备下列三个要素：（1）最容易被辨识者；（2）最不可或缺者；（3）最大利润收获者。[③] 毫无疑问，平台企业是服务活动的组织者和经营者。需关注的是，消费者通过“平台”消费而产生的所有数据，由“平台”收集、储存、实际控制，通过多种方式实现再利用，这是一笔难以估值的数据红利。

平台企业作为经营活动的组织者和服务的提供者，匹配的是经营活动的

① 汪燕、张丽华：《关于我国共享经济新就业形态的研究》，载《中国劳动关系学院学报》2019 年第 2 期。

② 徐增鹏：《关于闪送平台劳动关系认定的思考》，载《中国法律评论》2018 年第 6 期。

③ 刘文静：《平台企业：零工经济中的法律关系与责任分担》，载《探索与争鸣》2020 年第 7 期。

全部要素，发挥的是资源整合的作用，信息服务只是所有这些活动的手段，平台企业的经营内容是消费者所接受的全部服务。以平台企业而非个人的名义提供服务的从业者，本质上都是平台企业的劳动者。虽然从属性理论主要以工业化时代的工厂劳动关系为模型，但是从属性标准具有较强的弹性和适应性，并非完全过时，仍可包容网络平台用工关系。[①] 与此同时，网络时代适用《劳动法》《劳动合同法》及相关法律制度，也需对从属性的具体考察因素和判断方法进行反思和更新。

一方面，传统用工强调用人单位对劳动者工作时间和地点的控制，但是在网络时代，用人单位的控制手段和方式都发生了变化，对工作时间和地点的严格控制失去了原有意义。尽管在表面上，从业者对提供劳务的时间、地点以及是否提供方面拥有自主权，但在大数据时代，平台企业很容易通过技术手段对从业者及服务时间进行间接的总量控制。从业者必须遵守平台的规章制度，违反规章制度则可能面临经济上的损失，甚至丧失继续提供服务的机会，平台还可以通过技术手段对从业者进行实时监控，这种一对一、全过程的监督更为严密有效，从业者对于服务价格没有议价权，对于服务价格的实施调控也是由平台作出的。[②] 从业者的工作时间不宜从“接单”开始计算，而应当以“在线”为计时标准，一直在线却没有合适的任务，会影响从业者的工作质量和相应收入，但不会影响其是否“在工作中”。

另一方面，从经济从属性的角度，也就是考察从业者的收入来源、其工作与平台业务之间的关系的角度，平台和劳务提供者之间也完全可能存在劳动关系。平台可以通过系统规划、软件设定来监控平台工人的劳动过程，从业者在平台上的任何操作都是在平台设定的程序范围之内的。虽然平台不限制从业者转换工作，但从业者在考虑是否转换工作时必须考虑到信誉评级系统对自身工作机会和收入的影响。从业者生活压力大、被替代性强，平台收入是他们的主要收入来源，从业者在信息获取和规则制定等各方面都处于弱势地位。

可见，互联网经济中的用工存在表面的松散管理和内在的严格控制、形式的独立自主和实质的劳动从属、名义上的平等权利和真实的失衡关系三方

---

① 谢增毅：《互联网平台用工劳动关系认定》，载《中外法学》2018 年第 6 期。

② 常凯、郑小静：《雇佣关系还是合作关系：互联网经济中用工关系性质辨析》，载《中国人民大学学报》2019 年第 2 期。

面特点。为了防止“平台经济中资本为了对从业者进行‘隐蔽剥削’，降低用工成本，实现利润最大化，使用承揽、居间等其他法律关系来掩盖真实的劳动关系，使用非标准劳动关系掩盖标准劳动关系”①，在平台企业与从业者的关系认定方面，《劳动法》和《劳动合同法》及其他相关法律的适用应当优先考虑，而认定双方不属于劳动关系须有足够充分的理由和证据。从业者在多个平台注册并接受工作，而涉及社会保险争议、需要承担法律责任的，应综合考虑从业者的工作时长、取得的报酬多少、发生争议时正在为哪个平台工作等因素，确定相关法律关系和法律责任。从业者与劳务派遣公司签订劳动合同关系的，依照《劳动合同法》关于劳务派遣的规定明确法律责任的分担。

本案存在原告公司和外卖平台两个平台企业，原告的经营范围是“食品销售、餐饮管理服务、代送物品服务”，通过外卖平台发布，供消费者选择。原告是餐饮经营者，外卖平台是订餐、供餐信息提供者、采集者，第三人提供送餐等劳务。第三人按原告要求提供劳务后，原告发放报酬，第三人从外卖平台收取的提成费用每月仅 100 余元，并非劳动对价。第三人固定在某片区外卖点工作，有专人开会、分工、考核，如不按时上线，原告有权停工。从上述关系来看，第三人与原告更具人身和经济从属性，双方存在劳动关系。

三、平台企业与从业者构成劳动关系的社会价值判断

平台经济发展对劳动关系的认定带来冲击，造成了部分劳动基准适用的难题，在政策上应考虑为各种形式下从事劳动交换的从业者提供基本的劳动保障。② 从业者通过出卖劳动获取报酬，同时负担时间成本、劳动成本、一小部分生产工具成本、社会保险成本，承担经营活动中与消费者及第三方发生纠纷时的首付责任风险；平台企业抽取营业利润、管理费和经营活动中获得的数据红利，承担程序开发和运营维护成本；有劳务派遣公司的，其通过向从业者抽取管理费而获利，承担管理成本。以上三者中，从业者获利最少、个人分摊成本最高；平台企业则刚好相反。从业者完全依靠出卖劳动力赚取酬金，是最典型的劳动者，而不是自雇者或者合作者。

运用新技术广泛动员社会资源、组织超大规模生产经营活动的平台企业，

---

① 袁文全、徐新鹏：《共享经济视阈下隐蔽雇佣关系的法律规制》，载《政法论坛》2018 年第 1 期。

② 王文珍、李文静：《平台经济发展对我国劳动关系的影响》，载《中国劳动》2017 年第 1 期。

是政府应当重点监管的对象。“平台”组织下的零工劳动具有高度分散化的特点，“平台”对整个经营活动的高度控制，成为对从业者议价能力的最严峻挑战，而低技能从业者在这方面更加弱势，其很难通过工会或者其他形式的劳工组织实现与“平台”的集体议价。[①] 按照劳动者所付出劳动成果的归属来确定谁是用人单位是合理的选择，让享受了劳动成果的单位来承担责任，也是公平的，因为其获得了劳动成果就是获得了利益。对从业者特别是低技能、低收入者的保护，应当优先于对企业的保护。如果视从业者为自雇者，则此类成本在从业者本人及其近亲属均无力承担的情况下，最终只有两种可能：全社会承担（以慈善或者其他社会救济的方式），或者当事人“自生自灭”，而无论哪一种情况，成本承担者都是全社会。

法律关系的认定和法律责任的分担，是从人们的权利/权力—义务平衡的角度进行考量的结果，本质上与使用什么技术和设备并没有关系。本案中，第三人提供的劳动属于“平台”组织下的零工劳动，其并无议价能力，依靠出卖劳动力赚取酬金，原告借助大数据对第三人实施更为有效的管理和控制，由第三人为之提供劳动成果。劳动法律法规以保护劳动者合法权益为立法宗旨，不能因为经济业态的变化而否认劳动关系的存在，而对第三人相关权益的保护，还关系到“外卖小哥”这一社会群体的基本社会公平问题。那种简单认为“用工业时代的法律约束信息时代的新经济就是扼杀新经济”的观点，在理论和常识上都找不到依据。

四、众包型平台用工方式中从业者相关权益保障

APP 众包骑手，是指任何自然人通过注册都可以成为公司骑手，用业余时间接单进行配送。[②] 这部分人群是真正“共享经济”意义上的网络平台劳务提供者，核心特征是能够自主决定是否参与平台用工、自主决定提供劳务的时间和地点，其中部分人群是在本职工作之外利用业余时间参与平台用工。

基于从属性，劳动法之所以针对劳动者构建系统性的保障机制，原因在于劳动者在用人单位的生产经营体系中丧失了自主性，即便是弹性、灵活的工作岗位，劳动者亦须遵守用人单位之规章制度。众包类劳务提供者在平台注册后，通过接单完成特定内容的劳务，属于以劳务为标的的承揽，但同时

---

① 刘文静：《平台企业：零工经济中的法律关系与责任分担》，载《探索与争鸣》2020 年第 7 期。

② 王天玉：《法律如何保护网络平台用工者的权益》，载《经济参考报》2019 年 5 月 22 日。

可自主决定是否工作以及工作的时间和地点，亦有权拒绝接单，其本质是承揽社会化，与德国法中的“类雇员”、意大利法中的“准从属性劳动”和日本的“契约劳动”等相似。[①] 平台虽然不对劳务提供者直接发布指令，但通过积分以及拉黑规则对劳务提供者施加影响。[②] 平台与劳务提供者之间虽不像劳动关系那样“融为一体”，但也形成了一定的结合关系，使得平台用工成为介于“独立劳动—从属劳动”之间的一种劳动形态。当众人连续地通过平台完成承揽订单，就使得承揽这项原本零散发生的民事活动升级为规模化、社会化的交易方式，法律因此应当对其设置专门的调整机制。

解决方案是在“独立劳动—从属劳动”之间构建中间型劳务提供者。2019 年 8 月 8 日发布的《国务院办公厅关于促进平台经济规范健康发展的指导意见》提出，抓紧研究完善平台企业用工和灵活就业等从业人员社保政策，开展职业伤害保障试点。当前试点地区的主要做法是将灵活就业人员纳入现行工伤保险制度，不再要求以劳动关系为前提。如《浙江省人力资源和社会保障厅关于优化新业态劳动用工服务的指导意见》规定“发挥用工主体作用的平台可以为新业态从业人员以全省上年度职工月平均工资为基数单险种参加工伤保险，平台承担用人单位依法应承担的工伤保险责任”。由于众包类平台用工中，劳务提供者与平台之间的结合程度未达到劳动关系的从属性，但又非民事关系的独立性，因此可参照劳动法律，给予此类劳务提供者一定程度的倾斜保护，包括带薪休假、加入企业养老系统，获得劳动安全保护和反歧视待遇等。[③] 即虽然从劳动法中抽取出一些制度，形成对众包类劳务提供者特有的调整制度，但其并不是纯粹意义上劳动法的调整对象。目前最主要的任务是总结和推广试点地区经验，将工伤保险与劳动关系脱钩，使众包类劳务提供者能够加入工伤保险，通过社会保险的方式分散承揽社会化所产生的劳动风险。

（作者单位：江苏省南通经济技术开发区人民法院）

---

① 粟瑜、王全兴：《我国灵活就业中自治性劳动的法律保护》，载《东南学术》2016 年第 3 期。

② 王天玉：《法律如何保护网络平台用工者的权益》，载《经济参考报》2019 年 5 月 22 日。

③ 王天玉：《新业态就业中的“单工伤保险”》，载《中国社会科学报》2021 年 3 月 31 日。

复议程序中未依法提交的证据采信问题

李德福

【裁判要旨】

举证责任制度是行政诉讼的一项重要制度，让不履行举证责任的当事人承担败诉责任的法律后果是行政诉讼证据制度的核心内容。无论是复议程序还是诉讼程序，按期提交证据均是行政机关的法律义务。超过举证期限提交证据即构成“证据失权”。行政复议程序作为当事人寻求救济的法定程序，具有准司法性质。行政机关无正当理由不依法向复议机关提交相应证据，则视为其作出的行政行为没有相应证据。被申请人在复议程序中未向复议机关提交相应证据，则其在行政诉讼阶段向人民法院提交的证据亦不能作为人民法院认定原行政行为合法的依据。否则，会造成行政复议程序虚设，置行政复议机关于可有可无的尴尬境地。

【案情】

上诉人（一审原告）：田某某。

被上诉人（一审被告）：兰州市公安局城关分局。

2017 年 11 月 15 日，田某某之父田某到兰州市公安局城关分局铁路东村派出所报警，称田某某与同学在操场打闹时，被朱某某踢了一脚，后经医院诊断为右侧睾丸坏死，要求调查处理。2019 年 9 月 27 日，兰州市公安局城关分局（以下简称城关分局）作出不予行政处罚决定，认为该案违法事实不能成立，对朱某某不予行政处罚。该决定书于当天送达朱某某，于 2019 年 10 月 10 日送达田某。田某不服，于 2019 年 11 月 4 日向兰州市公安局申请行政复议，该局于当天受理，于 11 月 5 日通知城关分局十日内提交书面答复和作出原行政行为的证据、依据，并通知朱某某作为第三人参加复议程序。城关分局于2019年11月18日提交了书面答复。2019年12月30日，兰州市公安局作出行政复议决定，认定城关分局对朱某某作出的不予行政处罚决定符合法律规定，但决定书未在规定期间内送达被侵害人，属于程序轻微违法，作出确认违法的复议决定，并于当日送达田某某的法定代理人田某。田某某对上述不予行政处罚决定和行政复议决定不服，提起行政诉讼。

【审判】

兰州铁路运输法院于2020年4月10日作出（2020）甘71行初28号行政判决：一、确认被告兰州市公安局城关分局作出的兰公（城）不罚决字〔2019〕第002号不予行政处罚决定违法；二、撤销被告兰州市公安局作出的兰公行复决字〔2019〕37号行政复议决定。田某某不服，提起上诉。兰州铁路运输中级法院作出（2020）甘71行终90号行政判决，维持一审判决第二项即撤销兰州市公安局行政复议决定；撤销一审判决第一项；撤销城关分局作出的不予行政处罚决定。

法院生效判决认为，根据《行政复议法》第二十八条第一款第四项的规定，被申请人未依法提出书面答复、提交当初作出具体行政行为的证据、依据和其他有关材料的，视为该具体行政行为没有证据、依据，复议机关应当决定撤销该具体行政行为。行政机关在复议程序中未依法提交的证据，不能作为证明行政行为合法的证据。一审判决撤销该复议决定，符合法律规定。城关分局在复议阶段未依法提交相应证据，在行政诉讼阶段，向人民法院提交的证据不能作为证明其行为合法的依据。因此，城关分局作出的不予处罚决定应视为没有相应证据，亦应当判决撤销。

【评析】

举证责任制度是行政诉讼的一项重要制度，让不履行举证责任的当事人承担败诉法律后果是行政诉讼证据制度的核心内容。无论是复议程序还是诉讼程序，按期提交证据均是行政机关的法律义务。超过举证期限提交证据即构成“证据失权”，该证据不能作为认定案件事实的证据。行政复议程序作为当事人寻求救济的法定程序，具有准司法性质。在行政复议程序中，作为被申请人的行政机关按照复议机关的要求提交作出行政行为的证据和法律依据，既是权利也是义务，行政机关无正当理由不依法向复议机关提交相应证据，则视为其作出的行为没有相应证据。被申请人在复议程序中未向复议机关提交相应证据，而在行政诉讼阶段向人民法院提交的证据，亦不能作为人民法院认定原行政行为合法的依据。否则，会造成行政复议程序虚设，置行政复议机关于尴尬境地。本案判决主要涉及以下几个焦点问题。

一、关于复议机关是否应当作为共同被告的问题

根据《行政诉讼法》第二十六条第二款的规定，经复议的案件，复议机关决定维持原行政行为的，作出原行政行为的行政机关和复议机关是共同被告；复议机关改变原行政行为的，复议机关是被告。对于复议机关直接作出维持原行政行为复议决定的情形，法律规定比较明确，但是对于复议机关作出复议决定确认原行政行为违法时，复议机关是应当作为共同被告参加诉讼还是由当事人针对复议决定单独提起诉讼，则需要根据确认违法决定的性质进行分析。根据《行政复议法》的规定，行政复议决定主要有不予受理决定、驳回复议申请决定、维持决定、限期履行决定、变更决定、撤销决定、确认违法决定几种类型。其中，不予受理决定和驳回复议申请决定仅对申请人的复议申请作出了程序性处理，未对原行政行为进行实质性审查；限期履行决定、变更决定和撤销决定均改变了原行政行为的内容和效力；维持决定和确认违法决定则保留了原行政行为的效力。根据《最高人民法院关于适用〈中华人民共和国行政诉讼法〉的解释》（以下简称《行诉解释》）第二十二条第三款的规定，复议机关确认原行政行为违法，属于改变原行政行为，但复议机关以违反法定程序为由确认原行政行为违法的除外。作出实体审查的行政复议决定中，维持决定和确认违法决定的共同之处在于实质性改变原行政行为的内容，不同之处在于维持决定对原行政行为进行了整体性的积极评价，而确认违法决定则在保留原行政行为效力的同时，作出了部分的消极评价。是否改变原行政行为的效力是判断复议机关是否实质改变原行政行为的主要标准。从复议决定是否改变原行政行为效力的角度来看，仅从程序上确认违法复议决定实际上是维持了原行政行为的效力，在性质上与维持决定属于同类型的复议决定。行政相对人因原行政行为所确立的行政法上的权利义务关系并未因复议机关的确认违法决定而改变。从行政争议的性质来看，相对人对原行政行为所持的异议与对复议决定所持的异议属于同一性质的异议。如果相对人仅对原行政行为提起诉讼，则会因其已经提起行政复议而受到行政复议决定的约束；如果相对人仅对复议决定提起行政诉讼，则其与原行政行为之间的实质争议无法得到解决。因此，复议决定仅从程序上确认原行政行为违法时，行政相对人不服原行政行为和行政复议决定，应当以作出原行政行为的机关和复议机关为共同被告提起诉讼。本案中，兰州市公安局认为城关分局超过期限送达被侵害人的程序轻微违法，并未责令城关分局重新作出行政行为，只是以送达程序违法为由确认违法，本质上还是对原行政行为的维持。因此，兰州市公安局和城关分局应当作为共同被告参加诉讼。

二、关于“证据失权”的处理及法律适用问题

“证据失权”是指负有提交证据责任的一方当事人如果未能按照规定的时间提交证据，在期限经过后不得再次提出，当事人因此而丧失证据提出权和证明权的一项制度。“证据失权”是举证时限的核心，其作用在于从制度上确保当事人举证权利平等，有利于保障行政复议和行政诉讼结果的稳定性与权威性。“证据失权”制度与举证时限制度、举证责任制度有着密不可分的关系。举证时限是“证据失权”的前提，如果没有明确的时限规定，“证据失权”就无法被量化确定。“证据失权”则是举证时限的法律后果之一，如果没有“证据失权”法律后果的支撑，课以当事人的举证责任就无法得到落实，所规定的期限意义也就无从谈起。《最高人民法院关于行政诉讼证据若干问题的规定》（以下简称《行诉证据规则》）第六十一条规定：“复议机关在复议程序中收集和补充的证据，或者作出原具体行政行为的行政机关在复议程序中未向复议机关提交的证据，不能作为人民法院认定原具体行政行为合法的依据。”该条内容包含两种情形：一种情形是复议机关在复议程序中收集和补充的证据不能作为认定原行政行为合法的证据使用；另一种情形是作出原行政行为的行政机关在复议程序中未向复议机关提交的证据不能作为人民法院认定原具体行政行为合法的证据使用。《行诉解释》第一百三十五条第三款规定：“复议机关作为共同被告的案件，复议机关在复议程序中依法收集和补充的证据，可以作为人民法院认定复议决定和原行政行为合法的依据。”根据《行诉解释》第一百六十三条的规定，最高人民法院以前发布的司法解释与该解释不一致的，不再适用。从该解释的规定来看，其仅对复议机关在复议程序中收集和补充证据的情况作出了规定，且该规定与《行诉证据规则》中的规定并不一致，因此，应当适用《行诉解释》的规定。但《行诉解释》并未就原行政机关未向复议机关提交证据的情形作出规定，故行政机关未向复议机关提交证据的情形应当仍然适用《行诉证据规则》的规定。根据《行政复议法》的规定，被申请人应当在接到申请书副本之日起十日内，向复议机关提交作出行政行为的证据、依据和其他有关材料。被申请人在接到申请书副本之日起十日后提交的证据，复议机关不得作为认定被申请复议的行政行为合法的依据。既然不能作为复议机关认定被申请复议的行政行为合法的依据，当然也不能作为人民法院认定该行为合法的依据。本案中，城关分局未在复议机关指定的期限内提交作出不予处罚决定的证据，应当视为其作出该决定没有证据，其在行政诉讼阶段向人民法院提交的证据亦不能作为认定案件事实的证据使用。

三、关于行政复议与行政诉讼的程序衔接问题

《行政诉讼法》第四十四条规定："对属于人民法院受案范围的行政案件，公民、法人或者其他组织可以先向行政机关申请复议，对复议决定不服的，再向人民法院提起诉讼；也可以直接向人民法院提起诉讼。法律、法规规定应当先向行政机关申请复议，对复议决定不服再向人民法院提起诉讼的，依照法律、法规的规定。"据此，公民、法人和其他组织对行政机关作出的行政行为不服，除法律规定复议程序前置的案件外，当事人既可以选择向复议机关提起行政复议，对行政复议决定不服，再向人民法院提起行政诉讼，也可以选择直接就原行政行为向人民法院提起行政诉讼。行政复议和行政诉讼作为行政相对人寻求权利救济的两种方式，二者既有相对独立性，又存在一定的连续性。一方面，行政复议属于行政诉讼的过滤程序。复议程序作为行政机关内部监督纠错机制，既有行政权属性，又有准司法属性。作为被申请机关的上级行政机关，在行政复议程序中，处于中立裁决的地位，被申请机关应当服从复议机关在复议程序中的有关程序安排。一般情况下，原行政行为确有错误经复议机关纠正后，很少有当事人提起行政诉讼。另一方面，行政诉讼也是复议程序的延续。行政相对人以原行政机关和复议机关为共同被告提起行政诉讼，是以复议机关已经对原行政机关作出的行政行为作出了处理。因此，人民法院应当尊重复议机关按照法律规定对各方当事人提出的程序性要求，否则将会把复议机关置于可有可无的境地。

本案中，人民法院如果采信城关分局在行政诉讼阶段提交的证据，则面临裁判的困境。首先，复议决定的效力难以确定。根据《行政复议法》的规定，被申请人未在复议机关规定的期限内提交证据的，复议机关应当决定撤销。对此种情况，复议机关并无其他选择。本案中，复议机关作出了确认违法的复议决定，显然属于适用法律错误，对该决定人民法院应当判决撤销。但根据城关分局提交的证据，可以证明其作出的不予处罚决定仅为程序轻微违法，最终的裁判结果也只能判决确认违法。因此，导致市公安局作出的复议决定到底是否正确无法确定。其次，造成裁判说理前后矛盾。一审判决认定兰州市公安局确认城关分局作出的不予处罚决定违法，属于适用法律错误，应当予以撤销，是对复议决定结果的否定。但同时又认为城关分局的不予处罚决定程序轻微违法，应当确认违法，又是对复议决定结果的肯定。同一份裁判文书中对复议决定结果作出既肯定又否定的评价，在撤销确认违法的复议决定后又判决确认违法，不符合基本逻辑。因此，本案二审判决撤销复议决定和原行政行为符合法律规定，处理结果更为恰当。

（作者单位：兰州铁路运输中级法院）

调查研究

国有土地上房屋征收与补偿疑难问题与司法应对

江苏省高级人民法院行政庭课题组

近年来，随着城镇化建设的不断推进，涉国有土地上房屋征收补偿（以下简称国土房屋征补）领域的行政案件量呈上升趋势。在《国有土地上房屋征收与补偿条例》（以下简称《征补条例》）实施十周年之际，受最高人民法院行政庭委托，江苏省高级人民法院开展国土房屋征补领域专项调研。接到调研任务后，江苏省高级人民法院行政庭立即组织骨干力量成立专项课题组，并针对此次调研的主要任务和目的，制订详细的工作计划，全面、深入了解全省 13 个中级法院和 120 余个区县级政府及征收部门在执法和司法中遇到的难题。在此基础之上，分析了这些问题产生的原因，并结合当下房屋征收工作的实际情况提出了较为可行的解决方案。

一、调研方法

此次调研的目的是为起草《征补条例》司法解释提供坚实的事实基础，提高司法解释的针对性，能够有效指导涉房屋征收类案件的审理。因此，掌握行政机关在征收过程中的真实情况以及法院在审理案件时亟待解决的现实困难至关重要。课题组经过认真讨论，采取问卷调查、走访座谈、案例分析等实证研究方法，收集了大量素材，并听取行政机关征收工作人员和经验丰富的行政审判法官的意见和建议。首先，收集、分析败诉案件。根据调研工作的需要，课题组在短时间内收集了辖区内共 13 个中级法院 2018 年至 2020 年三年内作出的国土房屋征补领域行政机关败诉案件共计514件。对各地区上报案件按被告级别、行为类型、裁判结果、败诉原因等进行分类梳理，统计出江苏法院三年来该领域败诉案件相关数据。其次，组织问卷调查。课题组设计了专项调查问卷，委托13个中级法院与辖区内120多个市、县级政府及相关房屋征收部门对接，共同填写，收集在执法和司法过程中遇到的疑难问题。各中院及征收部门针对房屋征收决定、房屋补偿决定、未经登记建筑认定处理、补偿安置协议以及房屋强制拆除案件审理中涉及的热点、难点问题提出了宝贵建议。最后，举行专题座谈会。课题组专程赴淮安、徐州等地开展联合座谈，会同当地中级法院和有管辖权的基层法院，与当地市、县级政府及房屋征收部门等，就国有土地上房屋征收与补偿工作中疑难问题进行深入沟通。行政机关和相关法院均对该工作给予了大力支持，并对司法解释的出台寄予厚望。

经梳理江苏省近三年涉征收类行政案件，结合调研过程中收集到行政机关的反馈意见，课题组认为，目前在房屋征收领域，如何平衡好征收效率和权益保障、公共利益和个人利益、行政执法和司法裁判这三组重要关系是此次调研的关键。国土房屋征补是地方政府实施的涉及多方切实利益的重大公共利益项目，对改善城市面貌、提升广大市民的居住环境、促进地方经济发展都发挥了巨大的作用。鉴于此，课题组在起草司法解释时确定了“提高征收效率、保障合法权益”的总体思路，并将该宗旨始终贯彻于整个司法解释草拟的全过程。

二、国土房屋征补领域败诉行政案件基本情况

在2018年至2020年审结的该领域一审行政案件中，2018年行政机关败诉案件为184件；2019年行政机关败诉案件为160件；2020年行政机关的败诉案件为170件。

从近三年一审败诉行政案件结案方式来看，居首位的是判决确认违法，为278件，占54.09%；其次是判决撤销，为129件，占25.10%；再次是判决行政机关予以赔偿，为50件，占9.73%；最后是判决责令履行、判决确认无效、判决变更，分别为43件、10件和4件，分别占8.37%、1.95%和0.78%。从前述数据看，法院多采用确认违法判决，较少选择变更判决。

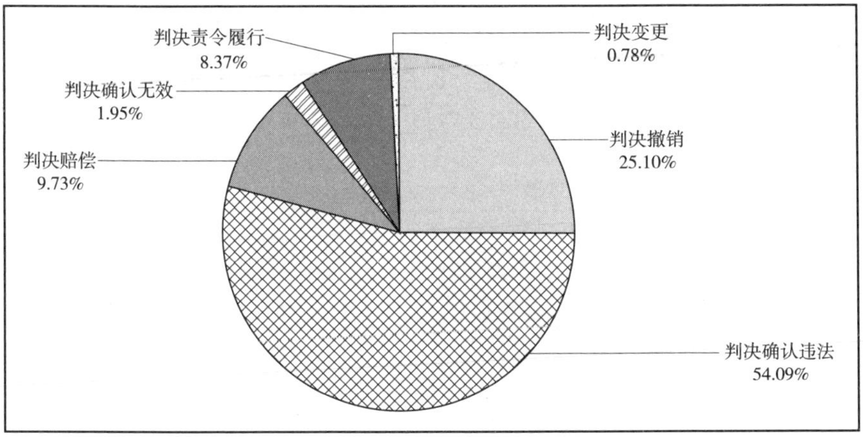

图 1　2018—2020 年国土房屋征补败诉案件结案方式分布

从败诉层级上看，三年来该领域一审败诉行政案件中，省级机关败诉 2 件，市级政府败诉 4 件，市级机关败诉 6 件，区县政府败诉 266 件，区县机关败诉 136 件，乡镇政府（含街道办事处）败诉 100 件。区县以下行政机关败诉合计 502 件，占 97.67%。从前述数据看，基层政府及政府部门仍是被征收人权益保障的薄弱环节，其执法能力有待提高。

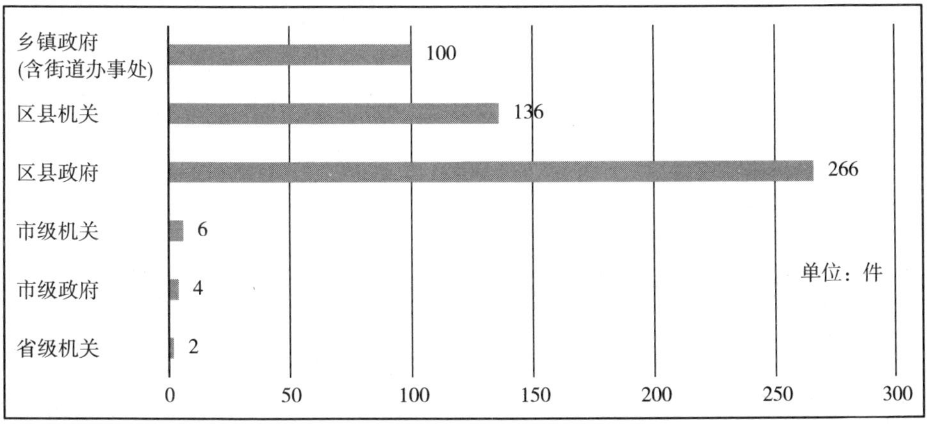

图 2　2018—2020 年国土房屋征补行政案件败诉层级情况

从败诉原因上看，三年来该领域一审败诉行政案件中，违反法定程序 211 件，占 41.05%；因事实不清证据不足败诉 105 件，占 20.43%；超越职权、滥用职权 77 件，占 14.98%；适用法律错误 70 件，占 13.62%；不履行法定职责51件，占9.92%。败诉原因集中在违反法定程序以及事实不清、证据不足上。从前述数据看，部分行政机关在注重行政行为结果的同时，应更加重视行政程序的合法性。另外，行政机关在认定事实、取证举证能力方面也有待加强。

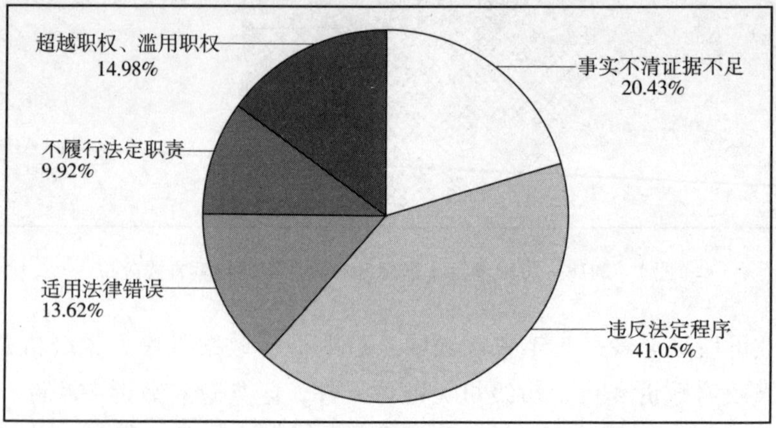

图3　2018—2020年国土房屋征补行政案件败诉原因分布

根据对近三年514份败诉文书的归纳，行政机关败诉具体原因主要集中在以下十个方面：（1）不符合公共利益；（2）遗漏对被征收房屋、土地面积和性质调查认定和处理；（3）未进行社会稳定风险评估；（4）补偿安置方案违法；（5）评估机构选定不合法；（6）补偿安置费用未足额到位或未专户存储；（7）征收决定未依法公告；（8）强拆程序违法；（9）违反先补偿后搬迁原则；（10）未保障补偿安置选择权。

三、国土房屋征补领域内存在的突出问题

国有土地上房屋征收补偿问题涉及被征收人的根本利益，该领域案件数量多影响大，既是社会关注的热点，也是人民法院司法审查的难点。由于法律规定的不明确，机械理解法条的现象时有发生，故此类案件的审理有不少值得研究的问题。结合《江苏省高级人民法院关于国有土地上房屋征收与补偿行政案件若干问题审理指南》（以下简称《审理指南》）及调研前期收集的数据，课题组对影响《征补条例》正确实施的问题进行了归纳。

（一）国土房屋征补行政案件受案范围问题

《行政诉讼法》及司法解释对行政诉讼受案范围进行了科学限定，但在国土房屋征补领域，仍需进一步明确受案范围。实践中，为推进征收补偿工作，行政机关所作出的内部沟通、方案报批等行为，不宜纳入受案范围，这基本形成了共识。同时，大量征收补偿矛盾以信访形式体现出来，行政机关针对信访作出的受理、转送、复查、复核等行为往往不对信访人的权利义务产生实质影响，不具有强制执行力，不属于受案范围，但行政机关以信访事项为由规避其法定职责的除外。值得注意的是，在征收补偿过程中，行政机关关于房屋面积的调查、认定和处理的形式不完全相同，有的仅记载房屋有证面积、无证面积和性质，有的在调查的基础上明确认定未经登记的房屋为违法建筑，并明确不予补偿。司法实践中，关于调查、认定和处理行为是否属于受案范围存在较大争议，《审理指南》严格以调查、认定和处理行为是否对被征收人权利义务产生实际影响为标准，区分该行为是否属于受案范围。另外，房屋补偿决定一旦作出，且被征收人已对房屋补偿决定提起诉讼，如果房屋补偿决定或者补偿安置协议中包括了房屋面积和性质的认定和处理，调查、认定和处理行为已无单独诉讼之必要。为推进各地法院统一受案范围，保障被征收人权益，以上相关问题需司法解释进一步明确。

（二）“快”征收“慢”补偿问题

《征补条例》对征收、补偿单独予以规定，给了地方政府迟延作出补偿决定的空间，造成了“快”征收而“慢”补偿的现象。具体表现为有的项目先征后补，有的新项目建设开始时才补偿，有的甚至多年不补偿。补偿决定的延后作出，有时会造成补偿时点严重滞后于征收时点，从而出现被征收人取得的货币补偿款无法购买同类房屋的情形，严重侵犯了被征收人的权益，容易引发社会矛盾。[①]《审理指南》明确规定，当政府迟延作出房屋补偿决定，被征收人补偿安置问题不能及时得到解决时，应当视情况调整评估时点。如果被征收人选择产权调换，迟延期间被征收的房屋涨价幅度明显大于产权调换的房屋的，应当调整评估时点，这样被征收人可以调换到更大面积的房屋；如果当事人选择货币补偿，迟延期间被征收的房屋价格有较大幅度上涨

① 参见耿宝建：《国有土地上房屋征收与补偿的十个具体问题——从三起公报案例谈起》，载《法律适用》2017年第9期。

的，应当调整评估时点，这样被征收人可以获得更多货币补偿款。为防止“快”征收“慢”补偿现象发生，应当通过立法或者司法裁判来明确征收与补偿的同时性，坚持有征收则必有补偿的原则。

（三）补偿费用足额到位、专户存储问题

《征补条例》规定，征收补偿费用应当足额到位、专户存储、专款专用，对于专户存储的审查，实践中很难做到存储到专用账户，往往是存储在征收部门的统一账户乃至是城投公司的金融账户内，部分地区也存在将补偿款存储在不同银行的情况。以此为由确认征收决定违法，不具有必要性，也不符合实际。另外，对于足额到位的审查，如果补偿款不足额，是否可以加上产权调换房的价值也值得探讨。

（四）补偿安置方式选择权的保障问题

一是被征收人选择权如何统一表述。综观《征补条例》，并未规定补偿决定应如何表述被征收人选择权。实践中，有的征收人直接确定补偿方式；有的征收人仅在征收补偿方案中笼统告知被征收人选择权，但具体选择内容和方式不明确；有的征收人限定被征收人在一定期限内可以行使选择权，逾期未行使的，由征收单位择一决定；有的征收人在作出补偿决定前的合理期限内，告知被征收人有选择权，并明确告知货币补偿的具体金额和产权调换房屋具体可识别的信息，在一定期限内不选择的，补偿决定只载明一种补偿方式；还有的征收人在补偿决定中同时载明两种补偿方式，并同时明确货币补偿金额以及产权调换房屋的具体位置、面积等特定信息，供被征收人选择。[①] 实践做法的混乱，导致法院在审查时难以统一标准，影响被征收人的权益保障。

二是企业的补偿安置方式选择权如何保障。被征收房屋是工业厂房的，补偿安置方式选择权的问题难以处理。一方面，专业性较强的企业，例如工矿企业，难以采用产权调换方式安置，但由房屋征收部门实行货币补偿又会侵犯其补偿安置方式选择权。另一方面，被征收人是产能落后企业、僵尸企业的，存在营业条件限制及地区产业政策导向无法或难以提供产权调换房源的情形，如只提供货币补偿或可用居住等其他用途的房屋供产权调换，补偿安置方式选择权又难以保障。

---

① 参见耿宝建：《国有土地上房屋征收与补偿的十个具体问题——从三起公报案例谈起》，载《法律适用》2017 年第 9 期。

（五）社会稳定风险评估审查问题

对征收部门作出的社会稳定风险评估审查的强度如何把握值得研究。例如，稳定风险评估主体是否可以委托其他组织；实践中，各地自行制定并公布了社会稳定风险评估办法，原告往往以社会稳定风险评估程序不符合各地自行制定的评估办法为由提出异议，对此该如何统一审查标准；部分行政机关在应诉时称社会稳定风险评估表涉密，不予公开，在行政机关主张社会稳定风险评估材料属于涉稳资料，有些内容不适宜公开的情况下，法院是否可以单方审查等。

（六）被征收人的配合义务问题

《征补条例》保障被征收人的知情权、参与权等权利，但实践中，有时会出现被征收人不配合征收补偿工作的开展导致项目进展滞后的情况。例如，部分地区存在被征收人拒绝入户评估的情况，导致在补偿决定中对于未经登记建筑的认定没有提及；部分被征收人怠于履行补偿安置方式选择权，最终影响整个征收项目的进度。被征收人不履行配合义务，存在诸多原因。一方面，被征收人对于征收补偿相关法律规定并不熟悉，缺乏依法行使权利的能力。另一方面，行政机关在推进征收补偿工作时过于强势，未能及时做好安抚工作，使被征收人产生抵触情绪。而被征收人的不配合，不仅导致征收补偿工作无法正常开展，也给法院的后续审理加大难度，最终会损害其自身的权益。

（七）行政机关举证能力不足

在国有土地上房屋征收与补偿行政案件审理中，行政机关时常出现证据提交不到位的情况。一方面，政府部门囿于征收工作的效率要求以及自身法律意识不强等因素，在整个征收过程中，不注重收集保存证据，或不按照《征补条例》的要求保存好证据。因此常出现法官在组织双方证据交换期间，原告提出被告证据存在问题后，被告提出该项证据存在，可进一步提供，但原告认为被告的举证期限已过，法院不应认定的情况。另一方面，实际负责征收的行政机关对于举证的相关规定不甚明确。例如，对于《征补条例》第八条、第九条规定的内容，政府部门一般提供本地区发改、规划等部门出具的复函、证明、说明等表明征收符合规划需要。但总体上说，实际征收部门由于并非从事规划许可工作的专业部门，对于何为符合国民经济和社会发展规划、土地利用总体规划、城乡规划不甚了解。认定征收决定是否符合“四规划一计划”时，不仅要依据发改、自然资源和规划行政主管部门的复函，还要审查规划纲要、规划图等，但实践中五年规划纲要表述比较笼统，难以确定案涉征收项目是否在规划纲要范畴内。

（八）优化裁判方式的问题

基于对征收效率的迫切要求，一些有瑕疵的补偿决定经审查后，面临判决撤销重作和判决变更的选择，但目前变更判决的适用情形较少，且如何适用存在疑问。一方面，法院如作出变更判决，则直接改变原行政行为，避免了发回行政机关重作行政行为可能出现的波折，减少了程序运作的成本，提高了征收补偿的效率，被征收人也可以尽快得到补偿。另一方面，变更判决虽是为了效率和诉讼经济，但使用不当是否会压缩行政机关的裁量空间，造成司法对行政的侵越同样要予以考量，例如，法院可以依据《征补条例》的规定对房屋征收决定进行合法性审查，但有许多涉及合理性的问题，法院是否可以审查，这需要明确法律依据。[①] 江苏近三年的国土房屋征补败诉案件中，只有 4 件适用了变更判决，可以看出江苏法院对于适用变更判决的谨慎态度。

四、国土房屋征补领域争议频发的成因分析

如前所述，众多因素导致目前国土房屋征补领域争议频发，一方面，《征补条例》存在立法技巧不完善等问题；另一方面，行政机关在征收过程中未能认真贯彻条例的规定，在执行层面上出现了偏差；此外，在司法审查过程中，人民法院也存在未能统一裁判尺度等问题。

（一）法律规定不明确，执法、司法依据不足

自 2011 年实施以来，《征补条例》是唯一一部规范国有土地上房屋征收的行政法规，在规范行政机关的征收行为、保障被征收人合法权益等方面发挥了重要的作用。然而，随着城市建设的不断扩展，经济社会的变迁，条例中有些规定已经难以适应当前的执法和司法需求，特别是一些条款在立法之

① 参见杨建顺：《司法裁判、裁执分离与征收补偿——〈国有土地上房屋征收与补偿条例〉的权力博弈论》，载《法律适用》2011 年第 6 期。

时就存在一定的模糊性。比如，《征补条例》第二十一条第一款规定，被征收人可以选择货币补偿，也可以选择房屋产权调换。但如何保障被征收人的选择权未作进一步明确，导致行政机关在补偿决定中既提供货币补偿，又提供产权调换的安置房，造成补偿决定内容不确定。又如，《征补条例》第二十四条第二款规定，市、县级人民政府作出房屋征收决定前，应当组织有关部门依法对征收范围内未经登记的建筑进行调查、认定和处理。对认定为合法建筑和未超过批准期限的临时建筑的，应当给予补偿；对认定为违法建筑和超过批准期限的临时建筑的，不予补偿。从该条规定看，征收人在作出征收决定之前应当对未经登记建筑进行调查、认定和处理。对于处理结果，因涉及被征收人的征收利益，故部分被征收人据此向人民法院提起行政诉讼，要求撤销行政机关作出的处理结果。从全国范围看，部分法院认为未经登记建筑的调查、认定和处理结果关涉被征收人的合法权益，因此立案后对案件进行了实体审理；部分法院则认为，该处理结果仅是征收过程中的一个程序性行为，对于未经登记建筑的处理应当在补偿决定的案件中进行审查，因此裁定驳回被征收人的起诉。之所以出现同案不同判的现象，主要是因为条例第二十四条第二款的规定不明确。经过十余年的探索，部分行政机关在执法过程中也有一些好的做法值得总结、借鉴，这为完善征收补偿类行政案件的司法审查标准提供了大量素材。

（二）偏重实体权益保障，忽视行政程序的重要性

追求效率是行政权行使的一个重要特点，在房屋征收领域，这个特点得到了充分体现。首先，征收投入了大量的资金，早日完成房屋征收，便可以减轻融资的压力；其次，新项目的建设需要土地，早日将土地挂牌出让方能保证新项目的落地；最后，一些原地安置的保障房更需要尽早开工建设，否则被征收人在外过渡期间不但产生巨大的经济成本，还可能引发群体性事件。除此之外，轨道交通、学校、医院等项目，对时间的要求更加苛刻，因此行政机关迫切要求提高征收效率是毋庸置疑的。在现实需求的驱动下，行政机关往往会越过法定程序，盲目推进，导致征收程序漏洞百出。即使只有少数被征收人不满，通过行政复议或行政诉讼的方式寻求救济，也会因征收程序违法造成行政行为被确认违法，甚至被撤销。

（三）裁判方式机械，未能提供最优解决方案

根据《行政诉讼法》及司法解释的规定，如果行政行为存在违法情形，

人民法院可以选择撤销判决、确认判决、履行判决、变更判决等裁判方式。在选择裁判方式时，既要符合法律规定，又要考虑哪一种裁判方式更有利于矛盾的快速、有效化解，从而选择最优的处理方案。比如，征收决定作出之后，征收人迟迟不向被征收人作出补偿决定的，被征收人起诉后人民法院有三种判决方式：一是确认不履行法定职责违法；二是确认违法的同时判令征收人作出补偿决定；三是判决征收人在确定的期限内作出新的补偿决定。应该说，这三种裁判方式均符合司法解释第九十一条的规定，但裁判的效果却并不相同。第一种判决经确认不履行法定职责违法，未判令征收人作出补偿决定，这对被征收人来说十分不利。被征收人因征收人拖延履行法定职责而提起行政诉讼，虽然胜诉但因法院没有确定履行期限，其实现权利的期限再次陷入不确定状态。第二种判决明确了作出补偿决定的法定职责，但依然未能给出确定履行期限，同样让被征收人快速得到补偿的愿望落空。第三种判决则在确认征收人不履行法定职责违法的同时，还确定了明确的履行期限，与前两种判决方式相比，显然更有利于被征收人获得补偿利益。又如，在审理补偿决定的案件时，如果补偿决定所确定的补偿数额有误，人民法院同样面临不同的裁判方式选择。一是依据《行政诉讼法》第七十条第一项的规定，撤销补偿决定，并判令征收人在一定期限内重新作出；二是依据《行政诉讼法》第七十七条第一款的规定，查明事实后，作出变更补偿决定的判决。显然，判决撤销补偿决定更加轻松、快捷，也不违反法律规定，变更判决则需要查明事实并确定补偿数额，花费更多的精力。但前者需行政机关重新作出一个补偿决定，如果被征收人不服的，还可能引发复议、诉讼，后者则减少了一个行政程序，只需要一个诉讼程序就可以弥补补偿决定的不足。可见，法院裁判方式的选择会对提高征收效率、及时保障被征收人合法权益产生直接的影响。但司法实践中，部分法院未能考虑如何优化裁判方式，为快速、高效处理国土房屋征补纠纷留下遗憾。

五、国土房屋征补领域内难题的司法破解之策

国土房屋征补是一个系统工程，需要多个部门通力合作才能顺利推进。因此，在破解涉征收补偿类难题时也要坚持系统思维，抓住提高征收效率和保障被征收人合法权益这个“牛鼻子”，在系统中找准法院的定位，找准解

决问题的切入点。

（一）廓清受案范围，助力征收工作依法、高效推进

从司法实践的角度出发，行政诉讼的受案范围主要解决两方面的问题：一是界定行政审判与民事审判和刑事审判所适用的范围，这是以行为的法律属性为标准所作出的制度安排；二是将行政行为进一步予以区分，把可诉的行政行为和不可诉的行政行为分开，把那些对当事人权利义务不产生影响的过程性行为、行政指导行为等排除在行政诉讼之外。在国有土地房屋征收过程中，通常所见的行政行为有征收决定、补偿决定、安置补偿协议，这些行为是否属于行政诉讼的受案范围不存在争议，也构成了涉征收类案件的主体部分。但实践中，国土房屋征补领域被诉行政行为远不止上述三个行为，比如，常见的就有国土资源部门出具的关于征收项目是否符合土地利用总体规划的函、对未经登记建筑的认定决定、安置补偿方案、征收决定公告等。除此之外，征收决定作出之后，征收人迟迟不作出补偿决定，被征收人起诉行政机关不履行法定职责；以及征收决定和征收公告合二为一，被征收人对征收公告起诉。在确定上述情形是否属于行政诉讼受案范围时，既要考虑它们的法律属性，又要考虑对被征收人诉权的依法保护，同时也应当注意征收的效率。

1. 属于行政诉讼受案范围的情形

（1）征收人迟延作出补偿决定，被征收人因此提起履责之诉。征收决定作出之后，如果与被征收人无法协商一致的，征收人应当及时作出补偿决定，尽快将被征收人的利益确定下来。这不仅有利于社会关系的稳定，也有利于整个征收项目的有序向前推进。但征收人出于种种原因，迟迟不作出补偿决定的现象屡见不鲜。按照《征补条例》第二十六条第一款的规定，作出补偿决定的程序系由征收部门启动，报请作出征收决定的市、县级政府，按照征收补偿方案作出。根据该规定，征收人什么时候作出补偿决定完全属于其裁量权范围，被征收人并不能主动提出作出补偿决定的请求，只能被动等待。这显然对被征收人的权利保护十分不利，因此有必要赋予被征收人诉权。在签约期限过后，双方仍然无法协商一致时，如征收人迟迟不作出补偿决定，被征收人向法院提起履责之诉的，应当属于行政诉讼受案范围。

（2）征收决定公告。通常情况下，征收决定作出之后，需要向被征收人

广而告之，因此《征补条例》要求征收人在征收范围内将征收决定公示。由于征收决定公告仅是将征收决定向外公示的行为，故被征收人如不服的，应当对征收决定提起诉讼，征收公告并没有新设权利义务，不属于行政诉讼的受案范围。但实践中有些行政机关并没有单独作出征收决定，而是作出一个征收决定公告，并在征收范围内公示，实际上是将征收决定和征收公告合二为一的行为。如此一来，征收决定公告代替了征收决定，便对被征收人的权益造成了实质上的影响，此时征收决定公告便不再是程序性的送达行为，故应当作为行政行为纳入行政诉讼的受案范围。

2. 不属于行政诉讼受案范围的情形

（1）三规划一计划。随着职能分工日渐细化、行政事务渐趋复杂，由多个行政机关参与，并由多个具有前后关系的分阶段行为组合而成的行政活动，已属现代行政的常态。在形式上，根据前阶段行为是否依法针对行政相对人作出的标准，该种行政活动可以划分为多阶段行政程序和多阶段行政行为两大类。多阶段行政程序系指由相互衔接的多个直接对外发生法律效果的行政行为构成的行政过程。其中，处于行政过程中的各阶段行为均各自向行政相对人作出，属于直接对外发生法律效果的行政行为。多阶段行政行为则是指需由其他行政机关参与表示意见、同意或者核准方能作成的行政行为。[①] 其中，其他行政机关的参与表示意见、同意或者核准，仅向后阶段行为机关作出，属于内部行为。根据《征补条例》第九条的规定，在作出征收决定时，项目应当符合国民经济和社会发展规划、土地利用总体规划、城乡规划和专项规划，保障性安居工程建设、旧城区改建，应当纳入市、县级国民经济和社会发展年度计划。司法实践中，部分被征收人认为，国土、规划部门出具的土地利用总体规划、城乡规划和专项规划不符合事实，系违法的行政行为，于是向法院提起行政诉讼，请求予以撤销。然而，行政机关提供的征收项目符合土地利用总体规划、城乡规划等材料系作出征收决定时的必备要件，仅向后阶段行为机关——市、县级人民政府作出，不对被征收人的权益造成直接影响，故属于内部行为，因而也就不属于行政诉讼的受案范围。如被征收人对涉及三规划一计划的行为提起行政诉讼的，法院应当裁定驳回起诉。

（2）未经登记建筑的认定。在国有土地上房屋征收过程中，未经登记建

① 参见翁岳生：《行政法》（上册），中国法制出版社 2009 年版，第 621 页。

筑大量存在，尤其是在涉及旧城改造的项目中，未经登记建筑的认定与处理、补偿更是无法回避的现实难题。未经登记建筑产生的原因非常复杂，既有登记制度不健全、不完善的原因，也有执法不严、不规范的原因；既有历史原因，也有现实原因。正是未经登记建筑产生原因复杂、相关建设资料缺失，导致行政机关在征收过程中难以确定对于这些建筑物是否应予补偿，该以何种标准补偿。然而，最终认定未经登记建筑合法与否的结果，直接影响着后续能否予以补偿，与被征收人的财产权益密切相关，关涉被征收人的重大核心利益。因此，该认定行为的重要性不言而喻。但是对未经登记建筑的认定是否属于行政诉讼的受案范围，有观点认为："对认定为合法建筑和未超过批准期限的临时建筑的，给予补偿；对认定为违法建筑和超过批准期限的临时建筑的，不予补偿。当事人对有关部门的认定和处理结果不服的，可以依法提起复议或行政诉讼。"[①] 然而司法实践中，不同法院却存在不同的理解，并作出了完全不同的裁判，有的从实体上对未经登记建筑的认定进行了合法性审查，有的则从程序上直接以不属于受案范围为由裁定驳回起诉。不过，从行为性质、被征收人权利保障、司法审查的可行性以及征收效率看，未经登记建筑认定均不宜也不必纳入行政诉讼的受案范围。首先，未经登记建筑认定是过程性行为。在作出征收决定之前，为了掌握拟征收范围内被征收房屋的基本情况，确定征收资金的大概规模，为签订安置补偿协议或作出补偿决定做准备，行政机关需要对有证和无证房屋进行摸底，并将相关情况在征收范围内公示。由此可见，未经登记建筑认定仅是行政机关作出征收决定前的一个程序性行为，不应当纳入行政诉讼的受案范围。其次，被征收人如不服未经登记建筑认定结果的，在对补偿决定提起的行政诉讼中可以主张。就安置补偿无法协商一致的情况下，行政机关就应当及时向被征收人作出补偿决定，对未经登记建筑是否给予补偿是补偿决定的重要内容之一，毫无疑问也是法院对补偿决定合法性进行审查的主要内容之一。因此，不对未经登记建筑认定单独进行审查不影响被征收人诉权的保障，更不影响其合法权益的实现。再次，法院对未经登记建筑认定进行司法审查缺乏现实可操作性。行政机关在征收过程中对未经登记建筑予以调查、认定、处理的依据是《征补条

---

① 国务院法制办公室农林城建资源环保法制司、住房城乡建设部法规司、房地产市场监管司编著：《国有土地上房屋征收与补偿条例释义》，中国法制出版社 2011 年版，第 74—75 页。

例》第二十四条，除此之外并无其他规定，这就为法院审理此类行为的合法性带来了困难。一是该行为的实施主体不明确，难以确定适格被告。根据《征补条例》第二十四条的规定，市、县级人民政府应当组织有关部门依法对被征收范围未经登记的建筑进行调查、认定和处理。但究竟该如何组织、由谁作出均没有详细的规定。实践中，认定的结果既有市、县级人民政府加盖公章，也有征收部门加盖公章，还有多个相关的行政机关如住建、房屋登记、规划、城管等共同加盖公章。这就为法院确定适格被告带来难题。二是作出该行为的程序不明确，造成行政程序审查难。法院在对行政行为合法性审查时，行政程序是否符合法律规定是重要的内容。但对未经登记建筑认定进行审查时，法院因缺乏依据，以至于无法对该行为的程序是否合法作出评判。如果无法确定适格的被告，且行政程序审查缺乏依据，那么这个行为就缺乏司法审查的可行性。最后，将未经登记建筑认定纳入司法审查范围，影响了征收效率。通说认为，行政处理决定一经作出便具有确定力和拘束力。但在多阶段行政行为的情形下，前一行为的合法性未经法院审查时，行政机关因担心该行为的合法性被法院否定，通常不会作出下一个行政行为。按照《征补条例》的规定，对未经登记建筑的调查、认定和处理应当在作出征收决定之前完成。因此，如果被征收人对未经登记建筑认定提起行政诉讼，法院一旦受理就会影响行政机关作出征收决定的期限，从而导致整个征收项目难以有效推进，大大降低房屋征收的效率。

综合以上几点，不论从未经登记建筑认定行为的法律属性层面看，还是从执法和司法的现实需要和可行性层面看，未经登记建筑认定均不宜纳入行政诉讼的受案范围。

（3）安置补偿方案。在房屋征收中，安置补偿方案直接决定了被征收人能够获得的补偿数额，因此被征收人对该行为的重视程度不言而喻。在王某诉海安市政府房屋征收一案中，法院就认为，“国有土地上房屋征收过程中，被征收人最为关心的莫过于其是否能够得到公平、合理的补偿。其中，补偿安置方案确定了补偿的标准，直接决定被征收人的切身利益”。[1] 但安置补偿方案十分重要并不意味着该行为就应当纳入行政诉讼的受案范围。同样在上述案件中，法院还认为，“《征补条例》设置了征收补偿方案公示、征求意见

---

① 详见江苏省高级人民法院（2017）苏行终1479号行政判决书。

以及修改等程序，尽可能为被征收人提供程序性权利保障”。可见，安置补偿方案作为行政机关作出征收决定的一个程序性行为，在立法之初就设定了救济渠道，故不应当纳入行政诉讼的受案范围。

（4）协议履行完毕并交房后的房屋拆除行为。在强调房屋征收系公法行为的同时，也应当注意到，被征收人在征收过程中依据自己的意愿通过协商一致的方式签订安置补偿协议，并将房屋交付拆除，系基于双方合意而实施的具有私法性质的协议行为。如行政机关根据协议的约定，履行了补偿安置的职责，然后依据协议的规定将被征收房屋拆除，该行为体现更多的是双方的真实意愿。不论是为尊重当事人的意思自治，还是为弘扬诚实信用的核心价值观，还是为提高征收效率、减少不必要的诉累、节省宝贵的司法资源，被征收人如对房屋拆除行为提起行政诉讼，人民法院均不宜再将其纳入行政诉讼的受案范围。不过，如果行政机关的拆除行为超出了协议约定的范围，则属于另一个法律关系，应当结合实际情况再行决定是否属于行政诉讼的受案范围。

（二）明晰原、被告主体资格，依法、准确保障征收补偿利害关系人的诉权

适格的原、被告是法院受理行政案件的必要条件，也是法院审理行政案件时必须审查的重要内容。从我国《行政诉讼法》立法宗旨看，其以保护公民、法人和其他组织合法权益为出发点，因此，只有个人合法权益受到侵害的，当事人才具有原告主体资格。在国有土地上房屋征收过程中，如何看待房屋承租人的原告主体资格是一个现实难题。客观上，承租人因房屋征收难以维系以往的民事承租关系，其权益无疑受到实实在在的影响。法律上，征收人征收的房屋是产权人的，在制度设计上没有明确承租人的利益该如何保护。另外，由于历史原因，我国目前还存在数量难以估计的各种公租房。这些公租房有的由行政机关管理，有的由企业管理，还有的由国有公司管理，其形成的原因复杂，承租关系流转过程更是样态各异。针对上述情况，在征收过程中如何保护承租人的诉权成为长期困扰法院的难题。就被告而言，因征收涉及多个行政机关，且在一些情况下（如房屋拆除），没有行政机关认可行政行为是其作出，被征收人也难以举证证明。这就造成了被征收人权益受损，但无法确定以哪个行政机关为被告提起行政诉讼的情形。因此，十分有必要明晰征收补偿利害关系人的原告主体资格以及特殊情形中的被告主体

资格，从而依法、准确保障被征收人合法权益。

1. 适格原告

（1）公房承租人。如前所述，为了增加社会福利，保障低收入群体的居住条件，我国为这部分人员提供了房屋，只要符合条件，他们作为承租人可以极低的价格长期租住共有房屋。由于长期居住，加上公房承租人本身经济承受能力有限，在房屋征收时，多数房屋产权人（行政机关或国有公司）会放弃征收补偿利益，或象征性收取部分征收利益，将大部分征收补偿让渡给公房承租人。在周某诉浦口区政府、南京市政府征收房屋及行政复议案中，法院认为，“公房承租是计划经济时代福利分房的一种形式，公房承租人享有长期缴纳低房租占有、使用房屋的权利，这种权利系社会福利权利，不同于平等主体之间的房屋租赁关系。征收公租房必将导致房屋租赁关系的解除，而且对承租人依法享受的低价租赁房屋的社会福利权利产生直接影响。周某作为公房承租人与房屋征收决定之间具有法律上的利害关系，具有提起本案诉讼的原告主体资格”。[①] 可见，公房承租人事实上已经演化为公租房的实际权利人，因而在诉权上也应当赋予其相应的诉讼地位，即可以对征收决定、补偿决定等均具有原告主体资格。

（2）营业用房承租人。与公租房承租人不同，住改非房屋的承租人或商业用房的承租人为了经营的需要，与房屋所有权人签订民事协议，约定租房的条款，实际占有、使用被征收房屋。这完全是基于民事协议而成立的民事法律关系，因此承租人与征收决定并没有法律上的利害关系。一旦房屋被征收，营业用房承租人不能就征收决定提起诉讼。但是，营业用房承租人根据实际需要，对房屋进行装饰装潢所添附的部分，以及因征收受到的经营损失等则是因房屋征收而发生，这部分损失通常在补偿决定中予以体现。因此，就营业用房承租人而言，其对补偿决定提起行政诉讼的，具有原告资格。

（3）房屋共有人。对房屋设定共有是法律所允许的。如果征收部门与部分共有人签订了安置补偿协议，房屋交付拆除的，没有签协议的房屋共有人是否具有对拆除行为提起诉讼的原告主体资格？一种观点认为，作为房屋的所有权人，在未能与征收部门协商一致的情况下，房屋便被拆除，其权益受到损害是客观存在的，故应当赋予这部分共有人诉权。另一种观点认为，并

---

① 详见江苏省高级人民法院（2018）苏行终 287 号行政判决书。

不是所有共有人均具有原告资格。根据《民法典》第三百零一条的规定，只要三分之二以上的按份共有人认可签订的协议，便是以多数的方式处分了房屋的安置补偿利益。在被征收人自愿交付拆除的情况下，不存在所谓强制拆除的问题，故那些未能签协议的共有人便失去了对拆除行为提出异议的权利基础，因此不具有原告主体资格。该观点还认为，如对补偿数额有异议的，未签协议的共有人应当对补偿协议提起诉讼；如对补偿份额有异议的，则应当以房屋登记权属凭证上载明的份额为基础，通过民事诉讼的方式主张自己的权利。从权利保护和诉讼效率的角度看，后一种观点更加合理，也具有相应的法律基础。

2. 适格被告。司法实践中，对于适格被告的确定一般情况下不存在问题，但房屋强制拆除时却可能出现没有一个行政机关认可系其所为的情形；还会有一些民事主体，比如房屋拆除公司，甚至居民委员会等自认是其拆除。这不但不符合民众的基本认知，严重损害行政机关的公众形象，也阻碍了被征收人有效寻求救济的途径，使得行政争议持续发酵，难以在短时间内得到有效解决，从而为社会稳定埋下隐患。因此，人民法院有必要从社会治理的角度出发，通过裁判的方式依法、合理确定被告，为被征收人维权提供必要的条件。对此，一种观点认为，在房屋征收过程中，即便居民委员会等其他主体自认房屋是其拆除，但没有证据加以证明的，考虑到房屋是在征收过程中被拆除的，且对被征收人进行安置补偿也是征收人的法定职责，故应当确定征收人为适格被告。另一种观点则认为，根据“谁行为，谁被告”的原则，实际拆除房屋的主体应当承担房屋拆除的不利后果，故属于适格的被告。课题组更倾向于前一种观点。

（三）准确把握起诉期限，督促利害关系人及时行使诉权

出于行政行为和社会关系安定性的需要以及行政行为效力的属性，法律为行政相对人和利害关系人确定了一定诉讼期限，如在该期限内未及时向法院提起行政诉讼，那么当事人就失去了通过司法途径质疑行政行为合法性的权利，这就是起诉期限体现出的督促当事人及时行使诉权的功能。在行政诉讼中，起诉期限权利保护的功能具有两面性：一方面，在起诉期限内赋予当事人行使诉权的权利；另一方面，起诉期限过后，赋予行政行为形式效力，即推定行政行为是合法有效的。国有土地上房屋征收过程中，在签约期满后

被征收人未能与征收部门协商一致，征收人迟迟不作出补偿决定的，被征收人应在多长期限内向法院提起履责之诉？一种观点认为，作出补偿决定虽然是征收人的法定职责，但法律法规并未就该问题作出明确的规定，所以，何时作出补偿决定属于征收人的裁量权，只要征收人在合理期限内作出补偿决定，法院就应当予以尊重。另一种观点认为，征收人延迟作出补偿决定既不利于被征收人权益的保障，也不利于征收项目的有序推进。另外，合理期限在实践中难以把握，一旦确立这样的原则，等于放弃了对行政机关的监督，因此不具有可操作性。结合《行政诉讼法》第四十七条的规定，应当确定签约期限届满之日起两个月为行政机关履责的期限，该期限届满后征收人仍然不作出补偿决定的，起诉的条件便已成熟，被征收人可以向法院提起行政诉讼。从及时保障被征收人的合法权益、高效推进房屋征收的角度出发，后一种观点不但更有针对性，也更具可操作性。

（四）澄清模糊地带，细化合法性审查的标准

不论是实务界还是理论界，对行政行为合法性审查的标准在宏观上基本形成了共识，即从职权依据、认定事实、行政程序、适用法律等几个方面对行政行为进行审查。但这并不能解决房屋征收过程中所遇到的一些特殊情形。

1. 评估时点的合法性审查。《征补条例》规定，房屋评估的时间是征收决定公告之日。实践中，因行政机关未能及时组织评估公司对房屋进行评估，或评估报告作出后未及时向被征收人送达，或送达后未及时作出补偿决定，又恰逢房地产价格波动较大，导致被征收人利益受损的情形时有出现。在王某诉江宁区政府房屋征收补偿案中，法院认为政府过分迟延作出房屋补偿决定，房地产价格上涨且给予货币补偿的，应当调整评估时点。[①] 法院对补偿决定进行合法性审查时面临的难题是，如果不调整评估时点，评估报告所确定的补偿数额已经难以做到公平补偿、价格相当。如果调整评估时点，目前的法律法规并无任何规定，所以应以何种标准确定新的评估时点于法无据。对此，一种观点认为，征收人迟迟不作出补偿决定，而将房屋征收决定公告之日作为评估时点又不能保障被征收人合法权益的，法院就应当调整评估时点，具体如何调整则应当依据案情，结合公平补偿的原则来确定。还有一种观点认为，评估报告只能反映评估时点那一刻被征收房屋和安置房屋的价值，

① 详见江苏省高级人民法院（2018）苏行终1667号行政判决书。

不排除在此之后房地产价格波动而导致两者价值的失衡，因此评估报告的有效期一般是一年。鉴于此，评估报告作出一年后，征收人仍然未作出补偿决定的，就应当以公平补偿为原则重新调整评估时点。对此，课题组认为，第一种观点更加符合征收工作的实际情况。

2. 补偿安置方式选择权的合法性审查。《征补条例》第二十一条第一款规定，被征收人可以选择货币补偿，也可以选择房屋产权调换。在房屋征收过程中，行政机关对如何保障被征收人补偿安置选择权存在不少误读，认为应当在补偿决定中将货币补偿和产权调换均予以列举，然后由被征收人自行选择。此举看似充分尊重了被征收人的选择，实际上则是曲解了该条的立法本意，且造成了补偿决定内容不明确的后果。根据该条规定，征收决定作出之后，在该决定所载明的签约期内，征收部门和被征收人可就安置补偿问题进行充分的协商，其中就包括被征收人希望以货币方式或是房屋安置方式得到补偿。因此，在协商阶段，征收人应当提供充裕的货币和房源以便被征收人根据自己的意愿进行选择。一旦协商不成，征收人就要作出补偿决定。补偿决定作为典型的行政行为，应当具有确定性，即该行为的内容必须明确、具体，且可以执行。理论上说，只要征收人在协商解决过程中保障了被征收人的安置补偿选择权，在作出补偿决定时，如被征收人不明确选择意向的，征收人以货币或产权调换作为补偿方式均属于行政机关的裁量范围。但此时，征收人只能确定一种补偿方式，以确保补偿决定的确定性，否则该行为的合法性便不复存在。

3. 特殊企业补偿安置方式选择权的合法性审查。当前，我国正处在从追求数量到注重质量的产业升级阶段，严格环境保护、淘汰落后产能是必然的选择。法院在案件审理过程中也要充分发挥职能作用，支持国家产业升级的大战略。在房屋征收时，除了常见的住宅，一些小化工、小作坊以及长期停产停业、濒临倒闭的企业也在征收范围之内。按照《征补条例》的规定，这些小企业也应当拥有补偿安置方式选择权，依法可以选择异地安置。但是，这些企业要么产能低下，要么所从事产业不符合当地的规划，要么污染比较严重，要么规模非常小，所以当地政府难以保障其工业用地的需要，只能以货币的方式予以补偿。若严格依法审查，征收人仅以货币对这些小企业进行补偿确实有违现行法律规定。但是法院在处理该问题时要考虑裁判的可执行性，因为一些地区根本无法提供工业用地；同时还要考虑当地的产业政策，在产业集聚区，产能落后的小企业很难达到进入产业园的标准。因此，在行政机关提供了足够的证据，能够证明被征收企业属于当地淘汰之列，且货币补偿已经足额到位的情况下，法院应当认可货币补偿的合法性。

（五）恰当选择裁判方式，兼顾实质性化解纠纷和督促行政机关依法行政

行政诉讼兼具保护当事人合法权益和监督行政机关依法行政的职能，这些职能的发挥都依赖于当事人通过行政诉讼能够有效化解行政争议，而不是在诉讼程序中空转却难以解决实质性问题。房屋征收因涉及被征收人的重要资产，即便征收本身系因公共利益需要而实施，但被征收人关心的毫无疑问是其自身合法权益能否通过诉讼得到保护。因此，法院在选择裁判方式时，应当平衡好实质性化解纠纷和督促行政机关依法行政之间的关系。

1. 确认违法判决的适用。《行政诉讼法》第七十四条第一款第一项规定，行政行为依法应当撤销，但撤销会给国家利益、社会公共利益造成重大损害的，人民法院判决确认违法，但不撤销行政行为。《征补条例》确立了基于公共利益才能实施房屋征收的基本原则，因此法院在选择裁判方式时应当考量房屋征收的公共利益属性。虽然征收决定存在违法情形，但撤销该决定会给国家造成重大损失的，可以确认征收决定违法，对行政机关予以惩戒的同时，保持该决定的效力，使得整个征收项目得以持续推进。与此同时，法院还可以判令征收人采取降低风险等级、补足补偿安置费用、调整产权调换房源等相应的补救措施。

2. 履行判决的适用。征收人迟迟不作出补偿决定构成行政不作为的，法院在判决征收人作出补偿决定的同时，还应当尽可能为征收人履行判决确定相对确定的期限，否则会进一步延迟被征收人获得补偿的期限，也延迟了征收项目的完成进度。应当明确的是，确定履行期限是法院的裁量权，法律规范明确规定了行政机关履责期限的，除因特殊情形外，法院一般应当按照法律规范的规定确定行政机关的履责期限；如法律规范未对履行期限作出明确规定的，人民法院应结合个案具体情况，考量相关因素后，根据《行政诉讼法》第四十七条的规定，确定行政机关的履责期限。由于《征补条例》并未明确规定征收人应当在多长期限内作出补偿决定，因此征收人确实存在不履行法定职责的，一般来说法院应当判令其在六十日内作出补偿决定。

3. 变更判决的适用。法院对行政行为作出变更判决的依据是《行政诉讼

法》第七十七条。法院通过变更判决弥补了原行政行为的不足，得益于此，避免了行政机关重新作出行政行为，从而减少了各方当事人的讼累，也提高了征收的效率，因此在条件允许的情况下，法院应当采用变更判决。根据上述法律规定，因补偿决定涉及款额的确定、认定，所以该决定所确定补偿数额存在错误的，法院面临撤销补偿决定和变更补偿决定的选择。在李某诉云龙区政府房屋征收补偿案中，法院认为涉案房屋面积认定错误，判决变更了补偿决定的内容。[①] 从裁判技术看，撤销补偿决定并判令行政机关重新作出既不存在法律障碍，也容易操作。但从实际效果看，变更判决更加节约司法资源，更能有效提高征收效率。鉴于此，只要符合法律规定，法院在对补偿决定进行合法性审查时，应当采用变更判决，而不是简单一撤了之。

（六）理顺复议、诉讼的衔接，充分发挥行政复议解决行政争议主渠道的功能

根据当前的国情，习近平总书记指出，中国不能成为“诉讼大国”。[②] 因此，应充分利用行政诉讼以外的解纷途径和机制，将行政争议消弭在法院之外。在诸多的替代性纠纷解决机制中，行政复议作为准司法性质的成熟制度，是接纳大多数行政争议的重要途径。随着《行政复议法》的修改，该制度必将发挥越来越重要的作用。因此，在处理涉征收类行政争议时，要引导行政机关通过行政复议，在行政程序中实质性处理安置补偿问题，即便经行政复议仍然未能化解纠纷的，也应当顺畅复议和诉讼衔接，扬两种解纷机制之长，实质性化解矛盾。首先，悟透立法目的，当部分被征收人对房屋征收决定申请行政复议，复议机关作出复议决定维持房屋征收决定，其他被征收人对同一房屋征收决定提起诉讼的，将复议机关列为共同被告。根据《行政诉讼法》的规定，复议机关变更原行政行为的，应作为被告参加诉讼；复议机关维持原行政行为的，应作为共同被告参加诉讼。换言之，复议机关不论是维持原行政行为，还是变更原行政行为，都是被告。法律如此修改就是要求复议机关切实负起上级机关对下级机关的法律监督职责，避免行政复议流于形式，这是将复议机关作为共同被告的初衷之一。另外，司法最终裁决原则要

---

① 详见江苏省高级人民法院（2018）苏行终1797号行政判决书。

② 参见《坚定不移走中国特色社会主义法治道路 为全面建设社会主义现代化国家提供有力法治保障》，载《求是》2021年2月28日。

求复议机关作出复议决定，不论是维持原行政行为还是改变原行政行为，均应受到法院的司法审查。但在现实生活中，由于被征收人数量庞大，加上行政机关与行政机关之间、行政机关与法院之间缺乏有效的案件沟通机制，导致一部分被征收人向上级行政机关申请行政复议，一部分被征收人则向法院提起行政诉讼，而该事实并不一定为另一部分被征收人、复议机关和法院所知晓。将复议机关纳入行政诉讼，有助于行政机关之间以及行政机关与法院之间相互了解征收决定的复议和诉讼请求，从而能够将两种救济途径顺利衔接，避免信息不流畅而导致行政复议和行政诉讼同时进行，甚至行政复议决定和司法裁判结果不一致的现象；其次，行政机关强制拆除房屋违法，被征收人申请行政复议，请求确认违法的同时请求给予赔偿的，即便复议机关作出的复议决定在赔偿内容上有差错的，法院也不宜直接撤销复议决定并判令重作，而应当直接作出变更。在实务中，大部分复议机关为避免麻烦，在被征收人对强制拆除房屋行为申请行政复议并提出赔偿的情况下，要么仅确认拆除行为违法，将赔偿请求挡在门外，要么在确认违法的同时责令被申请人作出赔偿决定。只有个别复议机关在经审查确认拆除行为违法的同时，对被拆除房屋的价值予以认定，并结合安置补偿方案确定赔偿数额，责令被申请人在一定期限内对申请人予以赔偿。① 这种勇于承担责任，从根本上解决问题的做法不仅节省了行政和司法资源，也加快了解决纠纷的进程，应当予以鼓励。因此，一旦复议决定在数额上存在差错，法院在审理时也不宜撤销并责令重作，而应在复议决定所确定的赔偿数额基础之上，变更赔偿内容，在法律允许的范围内尽早解决矛盾。

（七）赋予补偿安置协议执行力，提高房屋征收的效率

2014 年《行政诉讼法》修正后，补偿安置协议作为具有明显公法属性的行政协议被纳入行政诉讼的受案范围。对安置补偿协议如何作为行政案件进行审理的问题，各级法院均从不同方面进行了有益的实践。2020 年 1 月 1 日起施行的法释〔2019〕17 号《最高人民法院关于审理行政协议案件若干问题的规定》第二十四条第一款规定，公民、法人或者其他组织未按照行政协议约定履行义务，经催告后不履行，行政机关可以作出要求其履行协议的书面

---

① 在（2019）苏行终 246 号案中，崇川区政府作为复议机关作出复议决定，确认拆除行为违法，并对申请人的损失予以确定，作出复议决定，责令被申请人限期对申请人作出赔偿。

决定。公民、法人或者其他组织收到书面决定后在法定期限内未申请行政复议或者提起行政诉讼，且仍不履行，协议内容具有可执行性的，行政机关可以向人民法院申请强制执行。根据该条的规定，协议的执行需要经过催告、作出决定的行政程序，而且是一个可复议可诉讼的行政处理决定。从该制度设计看，如果被征收人签订协议后仍然不履行，征收人依照上述规定走完整个行政和司法程序，这将是一个耗时极为漫长的过程，对投入资金巨大、公益属性强、安置节点要求高、涉及切身利益广、极易产生重大社会矛盾的房屋征收来说，包括征收人、绝大多数被征收人等在内的主体将会为此付出难以承受的时间成本、金钱成本以及社会治理成本。从合法权益保障层面看，征收部门履行了协议，被征收人在约定的期限内拒不腾空房屋，且不申请行政复议也不提起行政诉讼的，不论是被征收人安置补偿的实体权益，还是其复议和诉讼的程序性权利均已经得到了充分保障。在此情况下，一方面是以公共利益为代表的新的项目被无限期推迟、高昂的融资征收成本不断攀升、社会矛盾不断积聚，另一方面是以个人利益为代表的实体和程序性权利得到充分保障却拒不依照签订的协议腾空搬离的极个别被征收人，人民法院作为政治机关、司法机关，必须慎重衡平看似相互冲突实质上却完全一致的公共利益和个人利益，并适度向支持公共利益倾斜。从诚信社会建设的角度看，严格遵守约定也是对行政机关和公民、法人等的基本要求，这也是社会主义核心价值观的内容之一。房屋征收过程，对行政机关来说，是向群众展示依法行政能力的大舞台，对被征收人来说，也是通过合法途径主张个人合法权益的过程，更是教育各方参与主体弘扬诚信精神的法治课堂。因此，过度保护签订协议后拒不搬迁的被征收人会对整个诚信社会建设产生不利影响。基于此，作为行政行为的行政协议，在其形式效力得以确认的情况下，应当如同补偿决定一样，赋予征收人向人民法院申请强制执行的效力。

余论

习近平总书记指出：法治建设既要抓末端、治已病，更要抓前端、治未病。我国国情决定了我们不能成为“诉讼大国”。[①] 通过此次调研，课题组深

① 参见《坚定不移走中国特色社会主义法治道路 为全面建设社会主义现代化国家提供有力法治保障》，载《求是》2021 年 2 月 28 日。

刻体会到社会矛盾多元化解的重要性，也体会到行政机关追求征收效率和司法机关追求程序公平之间需要调和的急迫性。此次调研，行政机关反映最为突出的两个具体问题均涉及行政效率。一是补偿安置协议强制执行存在难题；二是重大项目急需用地，但不能申请法院先予执行。对于第一个问题，本课题组给出了初步的意向性解决方案，其妥当性需要进一步在更大范围深入探讨。对于第二个问题，碍于目前法律规定等，尚未能提供解决之道。因此，人民法院如何在坚守法律底线的同时，更好地服务地方经济，为经济社会发展保驾护航，还需要在实践中不断探索、总结，这也是本课题组接下来努力的方向和目标。

辽宁省高级人民法院2020年行政案件司法审查报告

——以进一步优化我省营商环境为视角

辽宁省高级人民法院行政庭

2020年，辽宁省全省各级法院始终坚持以习近平新时代中国特色社会主义思想为指引，深入学习贯彻党的十九大和十九届二中、三中、四中、五中全会精神，紧紧围绕“努力让人民群众在每一个司法案件中感受到公平正义”的目标，积极应对行政审判工作面临的新机遇和新挑战，围绕全省工作大局，充分认识和发挥行政审判在营造和优化营商环境方面的独特优势和突出作用，不断优化审判质效，有效化解行政争议，积极助力法治政府建设，激发市场主体活力和社会创造力，为推动辽宁经济社会高质量转型发展提供了有力的司法保障。辽宁省高级人民法院对2020年全省法院行政案件司法审查基本情况、行政机关执法及应诉过程中存在的问题进行了梳理，并就推进法治政府建设、营造法治化营商环境提出了意见和建议。现报告如下：

一、2020年全省行政案件基本情况及特点

（一）受理案件态势出现轻微回落，结案率逐年升高

受疫情影响，辽宁法院2020年受理行政诉讼案件较2019年有所下降，共受理21335件，审结19575件。其中，一审12033件，审结10747件；二审7121件，审结6808件；申请再审1849件，审结1725件；再审268件，审结231件。五年来结案率逐年走高，从2016年的75.4%上升至2020年的91.75%，说明全省清理旧存积案的专项活动取得重大成效，2015年以来全省行政诉讼案件迅猛增长和行政审判案多人少突出矛盾造成大量积案的形势明显好转（见图1）。

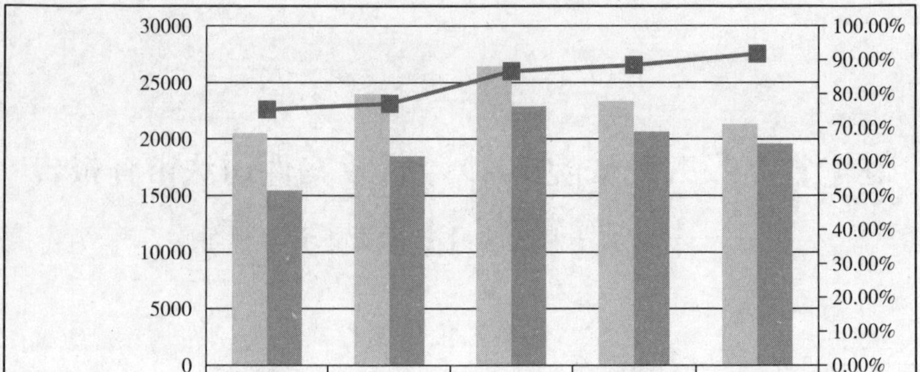

	2016	2017	2018	2019	2020
受理数（件）	20508	23966	26429	23357	21335
结案数（件）	15464	18478	22903	20658	19575
结案率	75.40%	77.10%	86.66%	88.44%	91.75%

图 1　2016—2020 年辽宁省行政诉讼案件审理情况

（二）各地区受理案件数量不平衡，人口比差异较大

从 2020 年全省各地区法院受理一审行政案件情况看，各地区受理案件数量不平衡，沈阳、大连受案数之和占全省受案数的 47%，其中沈阳约占全省的 32%。各地一审行政案件人口比也存在较大差异，2020 年，全省一审行政案件人口比为 2.77。其中，沈阳、本溪、葫芦岛地区人口比显著高于全省平均值。人口比是某地区每万人发生一审行政诉讼案件的数值。人口比一方面与经济发展水平、人民群众的法治意识相关，另一方面也与当地行政机关主动通过行政复议、行政裁决等非诉讼渠道化解行政争议的意愿相关。根据最高人民法院相关通报，辽宁省一审行政诉讼案件人口比一直居于全国前列，2015 年 1 月至 2020 年 6 月辽宁省共受理一审行政诉讼案件 62400 件，同期吉林省受理 19291 件，黑龙江省受理 25161 件，辽宁省人口数是吉林省的 1.62 倍、黑龙江省的 1.16 倍，但受理案件量是吉林省的 3.23 倍、黑龙江省的 2.48 倍，说明辽宁省行政机关依法履职的主动性还需提高，通过诉源治理化解行政争议的能力有待提升（见图 2）。

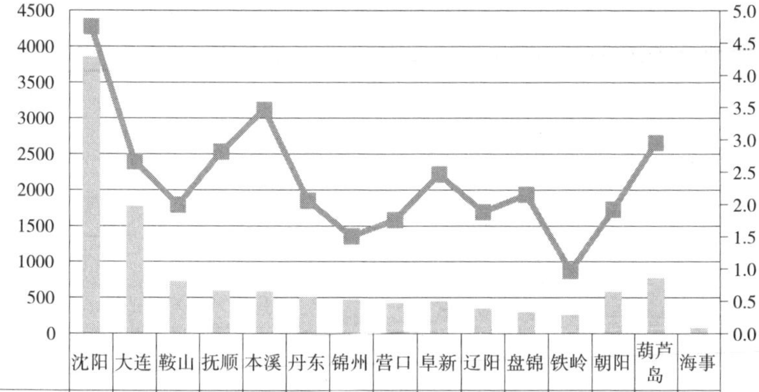

	沈阳	大连	鞍山	抚顺	本溪	丹东	锦州	营口	阜新	辽阳	盘锦	铁岭	朝阳	葫芦岛	海事
受案数（件）	3852	1781	726	599	589	502	470	426	446	350	299	262	584	773	77
人口比	4.7	2.7	2.0	2.8	3.5	2.1	1.5	1.8	2.5	1.9	2.2	1.0	1.9	3.0	

图 2　各地区一审行政诉讼案件受案情况①

（三）行政机关败诉案件平均败诉率有所增加

2020 年，全省各地区行政机关平均败诉率比 2019 年有所增加。其中，沈阳、抚顺、锦州、朝阳等地的一审行政机关败诉率高于全省平均值。行政机关败诉率的不降反升，一方面反映出行政机关在依法行政、规范执法方面仍需实质性改进，另一方面也反映出随着依法治国方略的深入推进、司法改革重大举措的全面落实，行政司法环境日益改善，司法审查标准进一步严格，司法审查强度进一步加大，通过行政诉讼实质性化解行政争议水平能力进一步加强。

通过对行政机关一审败诉案件主要类型进行统计分析，可以看出一审行政诉讼案件中，败诉率较高的案件类型是征收、工商以及房屋登记，败诉率较低的案件类型是公安、民政以及劳动保障。

通过对行政机关一审败诉案件行政行为类型进行统计分析，行政强制类案件败诉率和行政补偿类案件败诉率较高，这两类行政行为恰恰集中出现于败诉率最高的征收案件类型中。这反映出近年来伴随着城镇化进程的推进，大范围的旧城及棚户区改造和公路铁路等基础设施建设兴起，导致征拆领域矛盾相对集中。在具体案件中行政机关败诉主要集中在两种情形：一种情形是为加快工程进度，行政机关大量的强制拆除行为未严格按照《行政强制

① 人口比计算方法为一审受案数/人口数（万人），各地区人口数系根据辽宁省第六次全国人口普查主要数据公报确定。

法》的规定履行程序，从而被确认违法；另一种情形则是在未能与被征收人达成征收补偿协议的情况下，行政机关拖延履责，迟迟不作出征收补偿决定，被征收人诉至法院，法院判决行政机关作出征收补偿决定。

（四）行政机关负责人出庭应诉率显著提升，但仍有待提高

2020 年，辽宁省行政机关负责人出庭应诉率显著提升，比 2019 年提升了 15.8%，但仍处于全国较低水平，同时低于黑龙江省和吉林省。各地区行政机关负责人出庭应诉的情况也存在差异，超过全省平均值的地区为沈阳、大连、抚顺、阜新，其中，沈阳、阜新地区出庭应诉率超过 40%。

（五）司法建议反馈率较低

根据中央全面依法治国委员会办公室印发的《市县法治政府建设示范指标体系》，涉诉法治政府建设指标数据共有五项，分别是行政机关败诉率、信息公开案件败诉率、行政机关出庭应诉率、司法建议反馈率以及生效裁判自动履行率，其中司法建议反馈率应实现 100%。2020 年全省法院共发出司法建议 70 份，收到书面回复 23 份，司法建议反馈率 33%，距实现《市县法治政府建设示范指标体系》的要求还有相当差距。其中，抚顺、铁岭司法建议书面反馈率为 100%，个别地区司法建议反馈率为 0%（见图 3）。

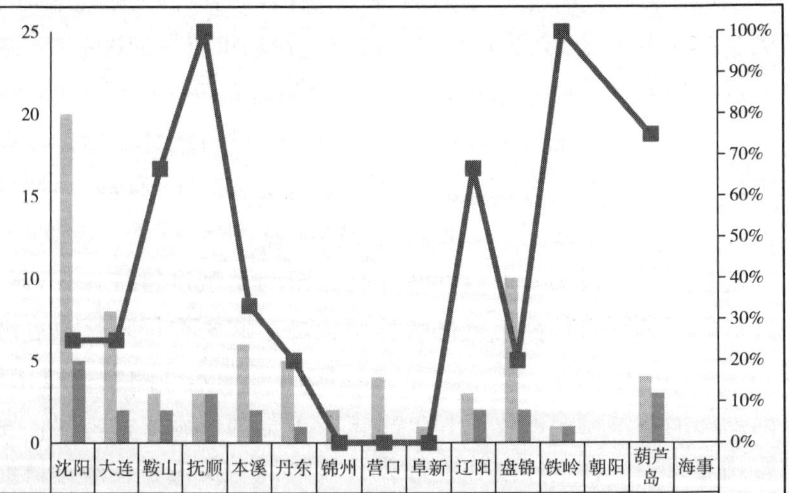

	沈阳	大连	鞍山	抚顺	本溪	丹东	锦州	营口	阜新	辽阳	盘锦	铁岭	朝阳	葫芦岛	海事
建议数（份）	20	8	3	3	6	5	2	4	1	3	10	1	0	4	0
反馈数（份）	5	2	2	3	2	1	0	0	0	2	2	1		3	
反馈率	25%	25%	67%	100%	33%	20%	0%	0%	0%	67%	20%	100%		75%	

图 3　各地区司法建议书面反馈情况

（六）一审行政案件撤诉率有所下降

2020 年，一审行政案件平均撤诉率为 15.6%，比 2019 年下降 2.6%。其中，撤诉率超过 20%的地区为本溪、丹东、阜新、盘锦，此四个地区的一审案件行政机关败诉率均显著低于全省平均值。可见行政机关积极配合法院居中协调，行政相对人撤诉结案，一方面可以实现案结事了，减少内生案件，节省司法资源；另一方面也避免了行政机关败诉结果，从而实现法律效果与社会效果相统一（见图 4）。

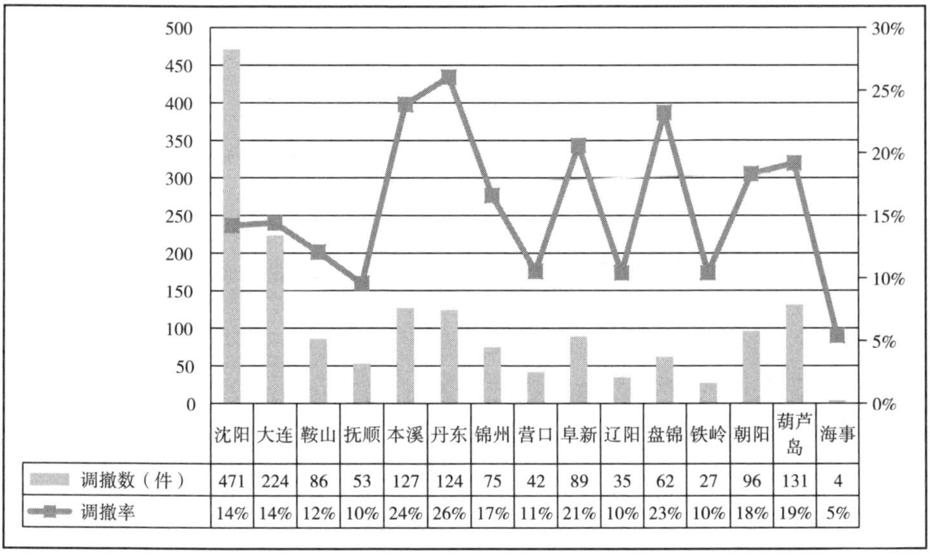

	沈阳	大连	鞍山	抚顺	本溪	丹东	锦州	营口	阜新	辽阳	盘锦	铁岭	朝阳	葫芦岛	海事
调撤数（件）	471	224	86	53	127	124	75	42	89	35	62	27	96	131	4
调撤率	14%	14%	12%	10%	24%	26%	17%	11%	21%	10%	23%	10%	18%	19%	5%

图 4　2020 年各地区一审行政案件调撤情况

（七）生效裁判自动履行情况仍须改善

行政机关应当主动履行人民法院发生法律效力的判决、裁定、调解书，无须当事人通过向法院申请强制执行的方式取得生效裁判所确定的权益。生效裁判自动履行情况也是中央全面依法治国委员会办公室印发《市县法治政府建设示范指标体系》中五项涉诉法治政府建设指标数据之一，从 2020 年各地区申请法院强制执行生效裁判情况看，行政机关履行生效裁判的自觉性和主动性仍需加强（见图 5）。

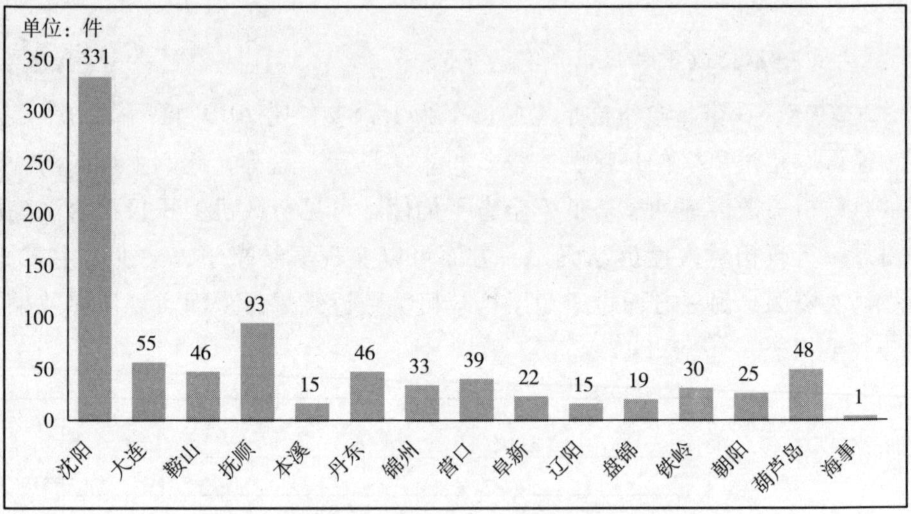

图 5　各地区申请法院强制执行行政生效裁判情况

二、行政审判对促进依法行政、优化营商环境所起的作用

2020 年，全省法院深入贯彻落实习近平总书记关于“法治是最好的营商环境”[①] 以及在深入推进东北振兴座谈会上关于优化营商环境的重要指示，全面落实辽宁省打造“办事方便、法治良好、成本竞争力强、生态宜居”的营商环境建设要求，依法履行行政审判职责，强化对重点领域行政执法行为的司法审查力度，发挥人民法院的权益保护作用，努力营造稳定公平透明、可预期的法治化营商环境。

（一）依法审理各类案件，助推优化营商环境

一是依法审理行政登记、行政许可案件，切实助推政府深化“放管服”改革。2020 年，全省法院共依法审结各类一审行政登记案件 922 件、各类一审行政许可案件 83 件。依法审理各类市场主体特别是中小微企业登记案件，维护市场主体登记秩序；依法审理各类食品药品、自然资源、职业资格、特种行业等行政许可案件，维护公平有序的市场竞争环境。二是依法审理行政处罚、行政强制案件，始终坚持对产权的平等保护。2020 年，全省法院共审

① 参见《习近平：完善法治建设规划提高立法工作质量效率 为推进改革发展稳定工作营造良好法治环境》，载《人民日报》2019 年 2 月 26 日。

结各类一审行政处罚案件1627件，审结各类一审行政强制案件1059件。坚持对不同主体法律适用平等、诉讼地位平等，依法纠正侵害小微企业、民营企业、外资企业产权的行政行为；依法审理食品、药品、卫生、物价、税务、海关等各类市场监管领域的行政处罚、行政强制案件，促进行政机关依法行政、规范执法，实现行政处罚、行政强制等执法行为程序正当、过程公开、结果公正。三是依法审理行政协议、行政补偿、履行职责案件，助推诚信政府、责任政府建设。2020年，全省共审结各类一审行政协议案件401件、各类一审行政补偿案件1065件、各类一审履行职责案件1262件。依法审理涉及土地、房屋等征收拆迁、行政补偿类案件，依法维护国家和地方重大项目工程及时顺利开工建设；依法审理行政协议及行政允诺类案件，督促行政机关依法、依约、诚信履行行政协议、行政允诺，助推诚信政府、责任政府建设。

（二）参与社会治理创新，积极推动完善府院联动机制

一是完善行政争议诉源治理机制。坚持把非诉讼纠纷解决机制挺在前面，健全诉讼前端纠纷多元化解机制，强化诉讼服务中心实体解纷功能。大连地区的瓦房店市、庄河市、旅顺口区等地先后设立了综合性行政争议调解中心；辽河中院2020年集中管辖后，已建成了以辽河中院为主导，锦州、营口、盘锦三地设立视频对接点的行政争议协调化解中心。二是坚持行政审判白皮书定期通报机制。2009年以来，全省各级法院通过对行政审判运行态势、行政争议特点规律的分析研判，有针对性地提炼行政执法存在的共性问题，定期形成行政审判白皮书通报反馈给各级人民政府，从源头提升行政机关依法行政水平。三是积极与行政机关配合，建立非诉案件裁执分离机制。在大连市政府支持下，大连中院下发《关于依法推进行政执行案件"裁执分离"的实施意见》，在全市范围内全面推行由法院审查、政府组织实施的"裁执分离"工作模式。四是完善行政案件旁听庭审机制。丹东中院先后与市委法治建设办、市直机关工委、市司法局联合组织全市具有行政执法主体资格的24个重点执法单位领导干部和市直机关党员干部在丹东中院旁听行政案件庭审，提升领导干部学法用法能力，促进行政执法行为进一步规范。五是加强重大案件协调配合机制。对一些重大敏感、涉及面广，可能引起连锁反应的群体性案件，与相关部门及时沟通，相互配合，力争通过协调化解争议。如秦某起

诉本溪市交警支队行政处罚系列案，该案涉及人数众多，社会关注度高，涉及对城市道路交通标志和标线设置等行政执法专业领域的认识理解，本溪两级法院经与省公安厅、本溪市公安局共同研究解决问题的最佳途径和办法，最终妥善审结案件。六是积极推动全方位、宽领域、高层次、常态化府院联动平台建设。2020年12月，沈阳市政府、沈阳中院、沈阳铁路中院联合下发了《沈阳市府院联动工作规定》，进一步畅通府院沟通渠道，推进相关行政争议联动化解工作。

（三）积极推动应急联动机制，妥善审理涉疫情行政案件

新冠肺炎疫情暴发以来，省法院积极担当作为，发挥审判职能作用，大力支持行政机关依法开展疫情防控期间的执法活动，为打赢疫情防控阻击战提供有力司法保障。2020年2月19日，省法院与省公安厅就疫情防控相关法律条款适用问题召开视频会议，并形成《关于依法打击新冠肺炎疫情防控期间拒不执行政府防控决定、命令行为的会议纪要》，下发各中级法院及各市、沈抚新区、沈铁、辽河、机场公安局，同时要求各地区法院及时上报涉疫情行政诉讼案件及在审理过程中遇到的相关问题，认真做好疫情防控期间案件审理工作，指导下级法院充分认识此次疫情对经济社会产生的重大影响，充分发挥司法调节社会关系的作用，充分尊重行政机关在疫情防控状态下较大的裁量权，实现法律效果与社会效果的统一。

三、关于促进辽宁省法治政府建设、优化营商环境的几点建议

习近平总书记指出："全面依法治国是一个系统工程，要整体谋划，更加注重系统性、整体性、协同性。法治政府建设是重点任务和主体工程，要率先突破。"[①] 近年来，随着全面依法治国系统工程深入推进，在省委、省政府的高度重视和正确领导下，辽宁省各级行政机关法治意识普遍增强，依法行政能力不断提高，更加重视府院联动工作，在加强社会治理、深化法治政府建设、优化营商环境等方面均取得长足进步。2021年是"十四五"规划的开局之年，也是辽宁省打造"办事方便、法治良好、成本竞争力强、生态宜居"的市场化、法治化、国际化营商环境的关键一年，政府是营造营商环境

---

① 参见习近平：《坚定不移走中国特色社会主义法治道路 为全面建设社会主义现代化国家提供有力法治保障》，载《人民日报》2020年11月18日。

的重要主体，法院结合司法审查中发现的问题，提出如下建议：

（一）理顺行政权责结构，夯实行政执法责任

中共中央《法治中国建设规划（2020—2025 年）》中指出："各级政府必须坚持依法行政、恪守法定职责必须为、法无授权不可为，把政府活动全面纳入法治轨道。"建设职责明确的法治政府，夯实行政执法责任。一是坚持职权法定。避免出现行政机关通过行政指令分派任务，将法律赋予的职责转移到下级行政机关甚至非行政机关实施，导致权责不统一的情形；避免少数行政机关工作人员法治意识不强，片面追求行政效率，出现越权执法情形。二是明确权责清单。推进机构、职能、权限、程序、责任法定化，明确各级政府部门的职权、责任及工作流程。做到主体明确、职权清晰、权责统一，杜绝推诿塞责、不作为或者消极作为的现象发生。三是及时明晰机构改革、行政区划变更后的行政主体资格。如《不动产登记暂行条例》实施后，各类开发区的行政区划变更，职能主体资格应及时明确，执法责任应及时予以规范。

（二）加强产权平等保护，激发市场主体活力

一是加强对各种所有制经济的平等保护。严格规范国有资产、国有土地登记及转让程序，以制度化保障促进国有产权保护；依法平等保护民营企业、小微企业、外资企业产权，坚持权利平等、机会平等、规则平等，消除各种隐性壁垒；完善农村集体土地征收补偿制度，保护农民权益，防止违法侵占集体土地和侵犯农民土地承包经营权。二是及时修改废止与优化营商环境需求不一致的规章、规范性文件。消除地方保护、市场壁垒、限制竞争等行为，促进各类市场主体公平有序竞争。三是进一步规范行政许可和审批行为。避免在法律规定之外增设对企业经营的限制，放管结合、优化服务改革，推进监管方式法治化。四是慎用影响企业正常生产经营活动的强制手段。依法慎用查封企业厂房、设备和资金等强制措施，慎用责令停产停业、吊销执照等行政处罚方式，最大限度降低对企业正常生产经营活动的不利影响。

（三）加强诚信政府建设，引导信用体系建设

一是依法签订、履行行政协议。加强政府和社会资本合作、招投标、招商引资、征收补偿等重点领域政务诚信建设，严格依法签订、履行行政协议，不因政府换届、相关责任人调整或者当地政府政策调整不履行协议，不兑现

书面承诺的合法优惠条件。二是严格遵循《民法典》和行政法上的诚实信用和信赖保护原则。对已经生效的授益性行政决定，非因法定事由、法定程序不得撤销、变更；政策发生变更时，要注意平衡市场主体的信赖利益，为市场主体提供公平稳定透明、可预期的市场环境。三是探索构建政务诚信监督体系。建立健全政务失信记录制度，将因违法违规失信违约被司法判决、纪律处分、问责处理的信息纳入政务失信记录，根据失信行为造成损失情况和社会影响程度限期整改。

（四）规范行政执法行为，提升依法行政水平

一是行政执法活动要增强证据意识。作出行政强制行为时，行政机关应当依法清点、公证和妥善保管相关财物，避免因强制行为导致相关财物灭失时，无法证明财物损失而承担败诉责任；行政诉讼应诉时，行政机关应当严格按照举证期限举证，积极提交全部证据，避免由于未能依照行政诉讼法相关规定按期举证、搜集证据不全等原因而承担败诉责任。二是行政执法活动要增强程序意识。行政征收活动中应当避免“先拆后批”“先强制拆除后做补偿决定”；行政处罚应当告知当事人陈述和申辩的权利，作出重大处罚决定应当履行听证程序、集体讨论程序；行政强制行为应当履行催告程序、应当依法送达强制执行决定等，避免因程序意识不足而导致败诉。三是提升基层行政执法人员依法行政能力水平。加大对基层行政工作人员的法律知识培训，建立专业化、法律化的行政执法队伍；根据新修正的《土地管理法》，及时制定细化辽宁省集体土地征收与补偿工作规程，为基层行政执法提供程序更为明确、可操作性更强的工作指引。

（五）加强行政争议诉源治理，提升社会治理效能

贯彻落实习近平总书记“坚持把非诉讼纠纷解决机制挺在前面”的重要指示，坚持和发展新时代“枫桥经验”。[①] 一是建立行政争议协调化解中心。统筹各方面力量和资源，建立行政调解、行政裁决、行政复议、行政诉讼等相互配合、有机衔接、分层递进的行政争议多元化解机制，形成诉源治理合力，争取把行政争议化解在基层、化解在当地、化解在诉前。二是增强行政复议职能作用。推进复议体制改革，整合复议资源，配齐配强复议队伍，加

① 参见《最高人民法院出台意见进一步推进人民法院行政争议多元化解工作》，载最高人民法院网 2022 年 1 月 19 日。

强复议机关人员培训，统一行政复议审查尺度，使行政复议成为行政争议化解的主渠道，推动从源头上减少诉讼增量。三是增强重点领域履职意识。征拆类案件既是辽宁省行政案件高发领域，也是行政机关败诉案件集中领域。部分行政机关回避矛盾，怠于作出补偿决定，倾向于让被征收人通过提起行政诉讼解决争议，致使大量本应通过行政机关履职解决的行政争议进入诉讼领域。这导致一方面被征收人长期未获补偿，产生一系列不稳定因素和社会矛盾；另一方面房屋土地价格近年来连年攀升，行政机关未能依法及时作出补偿决定，反而最终补偿或者赔偿数额巨大。

（六）完善多元工作平台，推动府院联动工作

一是建立定期行政争议化解联席会议制度。对涉及营商环境、信用体系、社会治理、疫情防控等领域的重大行政争议案件，通过通报会、座谈会、研判会等形式进行会商，明确法律适用标准，研究解决法律难题，发挥合力化解行政争议。二是加强行政机关负责人出庭应诉。深入落实《最高人民法院关于行政机关负责人出庭应诉若干问题的规定》、辽宁省依法治省办《关于加强行政机关负责人行政诉讼出庭应诉工作的实施意见》，加强推动行政机关负责人出庭应诉，开展专项监督和结果通报，实现应诉工作常态化、制度化。三是推进庭审旁听观摩机制。认真落实司法部、全国普法办、最高人民法院《关于推动国家工作人员旁听庭审活动常态化制度化的意见》，把旁听庭审与应诉工作有机结合，对典型行政案件组织辖区行政机关工作人员旁听庭审。四是推进非诉执行案件裁执分离机制。妥善处理城市综合整治、市容市貌整顿、环保督查、乱占耕地等执法领域的非诉执行案件，维护行政执法权威，保障行政执法效果，进一步实现执行资源有效配置。

村务公开监督行政案件司法审查的主要问题及对策建议

周孟伟　张　伟

根据《村民委员会组织法》的规定，我国村民委员会实行村务公开制度，同时乡镇政府、县级政府以及县级政府的有关主管部门都负有监督村务公开的法定职责。村务公开作为强化基层民主监督、深化村民自治实践的重要手段，直接影响乡村治理体系和治理能力现代化水平，也是实现乡村振兴战略的重要一环。近年来，随着乡村的振兴和发展，村民参与农村民主决策、民主管理和民主监督的意愿增强等，村民对于所在集体经济组织村务公开的要求越来越高，同时因认为其所在村民委员会不及时公布应当公布的事项或者公布的事项不真实而要求乡镇政府、县级政府及其有关主管部门履行村务公开监督职责的申请不断增多，由此引发了一系列的行政争议和行政案件，行政机关的涉诉和败诉风险持续加大，司法审查也面临诸多问题。有必要对该类案件进行系统梳理分析。

一、实践观察：村务公开监督行政案件的审理现状

课题组在北京法院内网“智能检索”中以“村务公开”为关键词，以“2019 年 1 月 1 日—2020 年 12 月 31 日”为时间段，甄别剔除不属于监督村务公开等情形的文书，检索到村务公开监督一审行政案件 121 件。通过统计分析，发现 2019—2020 年北京法院村务公开监督行政案件存在以下特点。

（一）案件集中特点突出，逐步信访化趋势明显

村务公开监督行政案件作为新类型案件，近年来不断增多（2019 年北京法院审结该类案件 58 件，2020 年审结 63 件），且集中的特点较为鲜明。

第一，涉诉机关集中。2019—2020 年，北京法院审结的以区政府为被告

的村务公开监督一审行政案件 103 件，占比达 85. 1%，特别是其中以北京市丰台区人民政府为被告的一审行政案件有 76 件，占全部村务公开监督一审行政案件的六成以上，涉诉机关集中在区级政府，仅有少数案件涉及乡镇政府，没有以区政府有关主管部门为被告的该类案件（见图 1）。

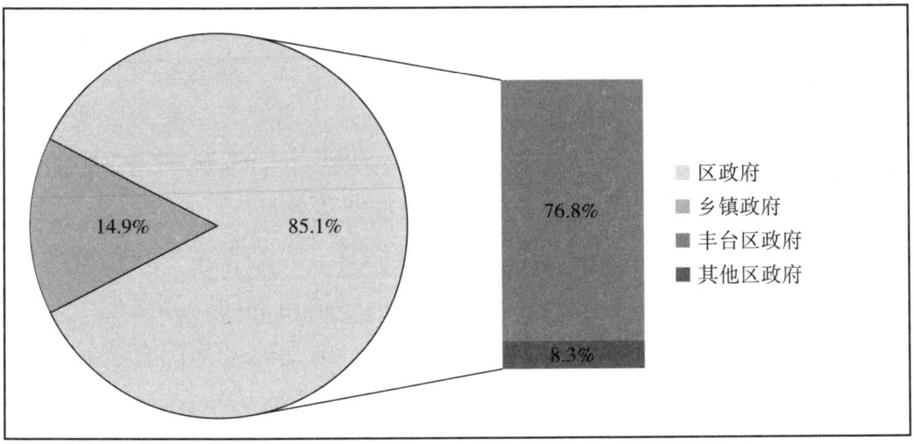

图 1　2019—2020 年北京法院村务公开监督一审行政案件中各机关涉诉案件数量占比

第二，涉诉地域集中。该类案件涉及北京市 11 个区，其中 8 个为远郊区，但是案件却主要集中在丰台、朝阳、海淀等相对中心的城区，共占全部案件的 81. 8%。丰台区以涉诉 79 件居于首位，占比达 65. 3%，远远高于其他区。朝阳区以涉诉 14 件居于第二位。

第三，矛盾纠纷集中。2019—2020 年，原告孙某提起该类行政诉讼案件 24 件，占比达 16. 7%，另有原告顾某、方某、秦某等均提起较多件该类诉讼。案件共涉及三十余个村民委员会，其中佃起村以 32 件居于首位，占比在四分之一以上，槐房村以 15 件居于第二，占比达 12. 4%，基础矛盾纠纷较为集中。

第四，公开内容集中。提起村务公开申请的村民要求公开的村务多涉及房屋土地征收、补偿安置、人事选举、集体组织财务等关系全体村民民生问题，矛盾较为突出，群体性申请情形较为普遍。

从整体集中的趋势看，部分村民因与所在村民委员会的矛盾纠纷，以所在村民委员会未及时公布或者公布的村务事项不真实为由，选择向较高级别的行政机关（区政府）多次提起村务公开监督申请，并由此提起大量的相关行政诉讼，凸显出该类案件逐步信访化的趋势，行政机关和司法机关面临较大的工作难度和压力，成为个别地区较为突出的社会治理难题。

（二）均为实质履责之诉，监督形式复杂多样

由于村务公开监督职责属于乡、民族乡、镇人民政府或者县级人民政府及其有关主管部门根据村民的申请应当履行的法定职责，因此，从本质上看，村务公开监督行政案件均为履责之诉，包括消极不作为类的履责之诉和积极作为类的履责之诉，区别于撤销之诉，不论是否作出答复，原告的实质诉讼目的均在于要求行政机关履行监督村务公开的职责，诉讼标的则是原告请求行政机关履行法定村务公开监督职责的请求能否成立。

行政机关监督村务公开的表现形式复杂多样，多数情况下，区政府接到村民的村务公开监督申请后，直接转办或者通过信访部门转办属地乡镇政府或者有关主管部门（农业农村局、民政局等），由受转办部门直接答复或者代区政府拟稿；另有区政府组织相关部门，如司法局、民政局、属地乡镇政府等组成联合督查组或者调查组进行调查核实；还有个别情况下区政府通过向村民委员会发函、通知书、责令书等方式直接向村委会要求调查核实、责令公布等。

（三）多作出实体判决，行政机关败诉率高

以北京法院2019—2020年该类案件的审理结果为例，进入实体审理的有106件，实体审理率达87.6%，远高于行政案件的整体实体审理率。因原告提出的村务公开申请不属于村务公开范围或者提起诉讼没有事实根据而裁定驳回的案件仅有11件，占比不足10%。行政机关因为没有及时、全面、准确履行村务公开监督职责而被判决撤销重作、履行法定职责或者确认违法的案件达46件，行政机关整体败诉率为38.0%，实体败诉率高达43.4%（见图2）。

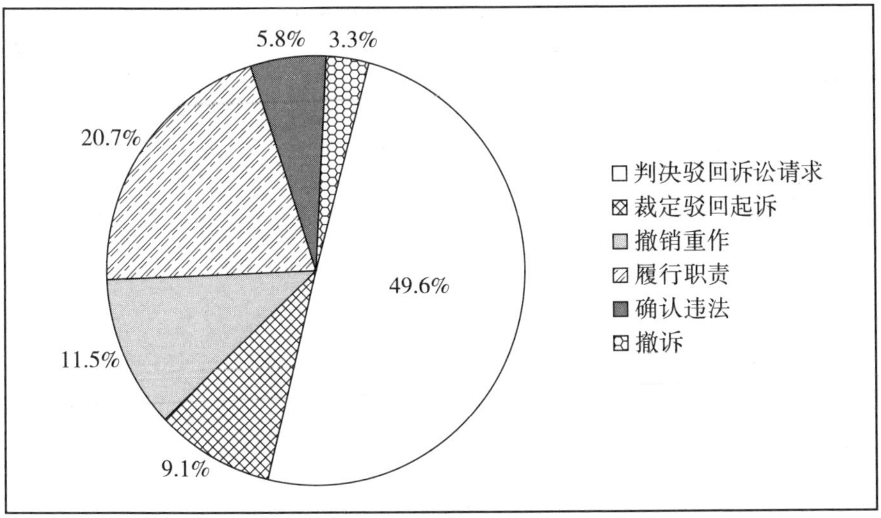

图 2 2019—2020 年北京法院村务公开监督一审行政案件裁判方式占比

之所以出现这种情况，是因为《村民委员会组织法》对行政机关村务公开监督职责履行的规定较为原则，导致该类案件中，行政机关对于《村民委员会组织法》等法律法规的规定理解不透彻，对监督义务的履行程度把握不准确，败诉案件的数量和比例相对较高，成为行政机关依法行政的薄弱地带。例如，区政府接到村民的村务公开监督申请后，将信件转交乡镇政府处理，乡镇政府要求村委会作出说明，而区政府直接以村委会的说明答复村民，这种方式实质上并未真正履行监督义务。不过，在全部的败诉判决中，均未出现直接判令被告责令村民委员会公开相关村务信息的履责判决。

二、问题挖掘：村务公开监督行政案件审理中发现的问题

（一）村务公开监督的依据不足，效果不理想

1. 行政机关监督村务公开的依据不足

目前村务公开的现行法律依据为《村民委员会组织法》，该法第三十一条赋予了乡镇政府、县级政府及其有关主管部门调查核实村务公开是否及时、是否真实的职责。但是其在村务公开监督方面的规定明显较为原则和抽象，导致在“村务事项”“调查核实”“责令公布”等方面存在诸多模糊地带，同时法律规范并未对行政机关调查核实工作的主体、内容、手段、程序、期限、

效果等一系列问题进行具体规定。这直接导致在当前的实际工作中，行政机关无法可依，滞后的法律规定与日益增长的群众诉求造成了行政机关依法履职的困难。行政机关处理该类事项只能不断在司法实践中“试错”，通过不断总结经验教训摸索前行。比如《村民委员会组织法》第三十一条实际上赋予了三个不同层级的行政主体监督村务公开的义务。这就导致行政机关在处理村务公开监督申请时，处理方式多样，处理主体不明确，存在诸多实务问题。

2. 行政机关监督村务公开的效果不理想

《村民委员会组织法》明确规定，村民委员会属于基层群众性自治组织，乡镇政府不得干预依法属于村民自治范围内的事项。从法律层面上看，与上下级行政机关的领导关系不同，村民委员会在其自治范围内可不接受行政机关的领导和管理。特别是《行政强制法》施行后，行政机关的强制权被约束，虽然《村民委员会组织法》赋予了行政机关“调查核实”“责令公布”的权力，但《村民委员会组织法》等法律规范并未赋予行政机关强制村民委员会村务公开的权力或者规定明确的程序。在行政机关对村民委员会基本没有强制力的前提下，对于行政机关开展的调查核实工作，仍存在不配合的情形，导致监督效果并不理想。目前，行政机关只能通过书面往来函、现场调查、召开协调会的方式调查核实村务公开情况，并妥善保管好调查核实相关书面材料、视听图像资料（调查函、回函、调查笔录）等，作为行政机关勤勉履行调查核实义务的证据。但是对于已经穷尽调查核实手段，且责令村民委员会公开村民申请的村务信息，但是村民委员会明示拒绝或者拖延公布村务信息的，实践中通常做法是协调解决或者多次作出责令公布决定，但这均非有效解决争议的手段。相对人在未获得所申请村务信息的情况下，会再次申请行政机关履行监督职责，行政机关只能再次作出责令公布村务决定，如此循环往复，不符合实质解决行政争议的要求。

（二）司法审查标准不统一，审理效果有待提升

1. 司法审查标准不统一

司法审查标准问题源于我国行政诉讼构造。从全国行政审判实务情况可知，村务公开监督相关规定的模糊性导致人民法院在相关案件的司法审查中审理规则不明确，裁判标准不统一，对是否属于应当公开的村务事项、行政

机关履行监督义务的审查力度、政府监督权力与村民自治权利边界等问题存在较大争议。例如，就是否已履行“监督”职责，全国范围的裁判文书出现了司法审查标准不统一的现象。在同样认定原告申请的信息属于应当公布的村务事项的情形下，针对行政机关以函、通知单、决定书等形式作出的责令公布行为，法院对上述责令行为是否符合履行法定职责要求有不同的认定：有的认为行政机关已经履行了法律规定形式或者程序上的职责；有的认为判断行政机关是否存在不作为不能以其形式上是否实施了某个行为为标准，而应当以其实质上是否对法定职责作出响应为依据。另外，不同法院对履责结果（行政机关作出责令公布行为后村委会是否依法公开相关村务信息）的审查标准不同，有的认为履责结果属于司法审查标准的范围，即使积极履行了“监督”职责，但是如果村委会仍然没有依法公开相关村务信息，依然属于未履行法定职责；有的未将履责结果纳入审查范围，只对行政行为合法性进行审查，认为行政机关“已经出具了督办通知单，被上诉人已履行法定职责”。

2. 履行判决明确度低

在司法实务中，村务公开监督类行政案件中，行政机关败诉比率相对较高，但是循环诉讼的现象较为明显。法院认定行政机关未履行法定职责后，在作出履行判决时，绝大部分判决是“撤销答复”“责令处理”的履行判决。在此次课题样本中没有行政判决书作出“判令被告责令村委会公开相关村务信息”的履行判决，主要的判决理由是法院认为案件事实仍“需行政机关进行调查、裁量”。判决内容明确程度低等问题使得履行判决仅起到撤销判决的作用，没有进一步明确行政机关的义务，原告的权利义务回到“原点”，行政机关重新作出行政行为的空间过大，容易导致循环诉讼和诉权保障不足等问题。履行判决明确程度低，后续执行亦成为难题。虽然根据禁止不利变更原则，行政机关不能作出更加不利于相对人的行政行为，但是如果相对人对行政机关再次作出的履行行为依然不服，又要进入行政复议或行政诉讼程序，形成循环诉讼。村务公开事项往往涉及全体村民，容易引发群体诉讼。

之所以出现这种现象，首先，是由于行政机关通过信访答复、职责转移、形式履责等方式怠于履行“调查、核实”职责，案件事实未达到“裁判时机成熟”的程度，故法院以“尚需被告调查裁量”为由作出答复判决；其次，实体性履行判决要求较高，需要明确行政机关具体的履责义务，从“省时省力”又不会出错的衡量出发，司法审查一定程度上存在依赖行政调查的问题。

（三）行政机关履职规范性不足，面临客观履职困境

目前村务公开监督案件体量不大，但是部分接到监督申请较多的行政机关已经面临诸多困难。一方面，行政机关在客观上面临着法律规定的模糊地带多、规范依据不足、监督手段匮乏、责令公开效力弱等履职困境，在村民委员会不配合的情况下监督效果不理想。例如，近两年的涉诉案件中，一部分案件中行政机关已经向村民委员会作出责令公开村务信息的决定，因为村民委员会执行不到位而涉诉。另一方面，村民动辄要求村民委员会公开几项乃至几十项村务事项，进而向行政机关提出村务公开监督申请，引发行政机关大量的调查核实工作、应诉工作，大量的时间因此被占用，严重影响政府履行其他更为重要的职责。

虽然行政机关在村务公开监督中客观上面临着监督依据不足、监督手段缺失等困境，对于模糊地带，司法审查的标准也并不统一。但是不可否认的是，从近年北京法院审理村务公开监督案件的情况看，行政机关败诉率总体上高于全部行政案件的平均值，在现有规定下，行政机关在村务公开监督过程中仍然存在未及时、全面、准确履行职责的情况。行政机关败诉的重要原因之一在于认定事实不清、主要证据不足，包括行政机关未依法尽到调查核实职责，行政机关在调查过程中未收集并固定证据，行政机关涉诉后未在法定期限内全面提交证据。

（四）乡村治理体系和治理能力亟待强化

近年来，北京相对中心城区（城乡结合地区）率先凸显村务公开监督问题，这反映出随着乡村的振兴和发展，村民参与农村民主决策、民主管理和民主监督的意愿增强，但是现实村务公开现状无法满足村民需求，“供需”矛盾逐渐尖锐，这是基层治理民主化、法治化发展的过渡阶段产生的问题，也是今后北京远郊区乃至全国农村地区将会面临的问题。农村基层自治组织在村务公开和民主管理中还存在重形式、轻实效，制度不健全、决策不民主等问题，无法应对农村改革发展稳定的新形势、新情况和新任务，乡村治理体系和治理能力亟待强化。例如，个别村民多次大量提出监督申请并提起诉讼的情况普遍，凸显出个别集体经济组织内部干群矛盾较大，影响农村社会稳定的问题。

由于该类案件中行政机关的败诉情况多发，败诉率远高于其他行政案件，越来越多的村民开始在形式上借助村务公开监督机制和相应的行政诉讼反映诸如征收补偿不公正、村集体组织内部财务腐败、村民委员会人事选举舞弊等深层次的问题，同时借机向政府施加压力，获取其他案件的证据线索。比如，虽根据《村民委员会组织法》的规定，乡镇政府、县级政府及其有关主管部门都负有依村民申请进行村务公开监督的法定职责，但村民普遍选择向更高级别的县级政府提出履责申请并进而提起行政诉讼。村务公开监督制度呈现出工具化、信访化的趋势，仅靠完善村务公开这一表层机制无法彻底解决基层社会治理面临的深层次问题，有待于全面推动乡村治理体系和治理能力现代化。

三、规范梳理：村务公开监督的相关地方性规定对比

课题组在北大法宝法律数据库以“村务公开”为关键词进行检索，除了中央规范性文件，还检索到关于村务公开的地方性法规9个，地方政府规章7个，地方规范性文件38个。从这些规定可以看出，各地关于村务公开的规定不仅效力级别不同，规定的内容也存在较大差异。

（一）关于村务事项的规定

《村民委员会组织法》第三十条规定：“村民委员会实行村务公开制度。村民委员会应当及时公布下列事项，接受村民的监督：（一）本法第二十三条、第二十四条[①]规定的由村民会议、村民代表会议讨论决定的事项及其实施情况；（二）国家计划生育政策的落实方案；（三）政府拨付和接受社会捐赠的救灾救助、补贴补助等资金、物资的管理使用情况；（四）村民委员会

① 《村民委员会组织法》第二十三条规定：“村民会议审议村民委员会的年度工作报告，评议村民委员会成员的工作；有权撤销或者变更村民委员会不适当的决定；有权撤销或者变更村民代表会议不适当的决定，村民会议可以授权村民代表会议审议村民委员会的年度工作报告，评议村民委员会成员的工作，撤销或者变更村民委员会不适当的决定。”第二十四条规定：“涉及村民利益的下列事项，经村民会议讨论决定方可办理：（一）本村享受误工补贴的人员及补贴标准；（二）从村集体经济所得收益的使用；（三）本村公益事业的兴办和筹资筹劳方案及建设承包方案；（四）土地承包经营方案；（五）村集体经济项目的立项、承包方案；（六）宅基地的使用方案；（七）征地补偿费的使用、分配方案；（八）以借贷、租赁或者其他方式处分村集体财产；（九）村民会议认为应当由村民会议讨论决定的涉及村民利益的其他事项，村民会议可以授权村民代表会议讨论决定前款规定的事项，法律对讨论决定村集体经济组织财产和成员权益的事项另有规定的，依照其规定。”

协助人民政府开展工作的情况；（五）涉及本村村民利益，村民普遍关心的其他事项。前款规定事项中，一般事项至少每季度公布一次；集体财务往来较多的，财务收支情况应当每月公布一次；涉及村民利益的重大事项应当随时公布。村民委员会应当保证所公布事项的真实性，并接受村民的查询。”

各地均采取列举的方式对村务事项进行规定，但是规定的具体方式和内容存在较大差别，主要存在以下几种：

第一，较为常见的方式是直接对《村民委员会组织法》第三十条进行补充且具体细化规定。例如《广东省村务公开条例》第七条规定了八类村务公开事项，且对其中部分类别进行更为细化的规定。《河北省村务公开条例》规定了十二类村务公开事项，《汕头经济特区村务公开条例》规定了十九种需要公开的村务事项。

第二，以公布时间为标准对村务事项进行分别规定。例如《大同市村务公开条例》在第七条至第十条中分别规定了“至少一年公布一次”“至少半年公布一次”“至少每季度公布一次”“应当及时公布”的村务信息，对《村民委员会组织法》第三十条第二款进行一定的变更和细化。

第三，以信息的类别为标准对村务事项进行分别规定。例如《昆明市村务公开条例》在第七条至第十条区分“政务事项”“财务事项”“事务事项”“其他村务事项”对村务事项进行了分别规定。《北京市村务公开和民主管理工作规程（试行）》区分“政务公开”“财物公开”“事务公开”明确了村务公开的目录。

第四，部分地方单独设置兜底条款，例如《昆明市村务公开条例》第十条规定，经十分之一以上有选举权的村民或者五分之一以上村民代表联名要求公开的其他村务事项，应当公开。《汕头经济特区村务公开条例》第十条规定，经十分之一以上有选举权的村民或者五分之一以上村民代表联名要求公开的其他村务事项，除涉及国家秘密、商业秘密和个人隐私外，应当公开。《宁夏回族自治区村务公开办法》第八条规定，除本办法第五、六、七条规定的事项外，村民十人以上要求公开的其他事项，村民委员会应当及时公开。

第五，另有部分地区通过政府编制村务公开事项目录或者技术规范，指导辖区内的村务公开。例如《西藏自治区村务公开办法》第七条规定，县级人民政府民政部门根据自治区人民政府民政部门编制的村务公开事项指导目录，编制本行政区域内村务公开事项具体目录。无锡市质量技术监督局发布无锡市指导性技术文件《村务公开规范》对各类村务信息按照“公开内容”“相关记录”“公开范围”“公开时间”予以明确，同时附录公开相关表格，对村务公开范围进行具体的规范和指引。

（二）关于监督主体的规定

根据《村民委员会组织法》第三十一条规定，乡镇政府、县级政府及其有关主管部门具有依村民申请履行村务公开监督的法定职责，实际上赋予三个不同层级的行政主体监督村务公开的义务。虽表述稍有差异，但是多数地方性规定基本与《村民委员会组织法》的规定一致。例如《广东省村务公开条例》第十三条第三款规定对村务监督委员会或者村民对村民委员会的答复和纠正结果不满意的，可以书面形式向乡、民族乡、镇人民政府、县级或者不设区的地级市人民政府及其有关主管部门投诉并申请调查处理。不过，课题组在梳理中发现，部分关于村务公开的地方性规定，实际上在一定程度上改变了《村民委员会组织法》中的村务公开监督主体。主要存在以下三种情况：

第一，未规定县级政府监督村务公开的职责。例如对于村民委员会不及时公布应当公布的事项或者公布的事项不真实等，《海南省村务公开办法》《湖北省村务公开实施办法》《宁夏回族自治区村务公开办法》均规定村民可以向县级以上人民政府民政部门或者乡（镇）人民政府举报，明确了县级政府负责村务公开监督的有关主管部门为民政部门，同时未规定县级政府监督村务公开的职责。

第二，仅规定乡镇政府具有村务公开监督职责。例如《西藏自治区村务公开办法》规定，县级以上人民政府统一领导本行政区域内的村务公开工作。乡镇政府负责村务公开的日常检查指导工作，包括接受村民对村务公开有关事项的申诉、调查和协调村民委员会处理村民对有关村务公开的争议。县级以上人民政府民政部门负责村务公开的组织协调和指导工作。同时规定村务监督委员会和村民对村民委员会针对村务公开方案中的内容、程序、时间或者形式异议作出的答复不满意的，可以向乡镇政府反映情况，由乡镇政府进行调查处理并作出书面答复。这一规定实质上缩小了监督义务主体范围，仅规定了乡镇政府的村务公开监督职责。

第三，规定不同监督主体的监督权限。例如《陕西省村务公开民主管理办法》规定，乡（镇）人民政府负责村务公开民主管理的日常检查指导工作，包括接受村民对村务公开有关事项的申诉，调查和协调处理村民委员会和村民有关村务公开的争议。县级以上人民政府民政部门，负责村务公开工作的组织协调和监督；县级以上人民政府财政、农业部门，负责村务公开工作中财务公开的指导、监督。

（三）关于监督程序的规定

关于监督程序，《村民委员会组织法》并没有明确的规定，部分地方性规定对此作了一定的细化。比较典型的有：

第一，对不同层级的行政主体履行村务公开监督义务设定先后顺序。例如《大同市村务公开条例》第十八条规定，村民对村民委员会成员违反本条例的行为不予改正的，有权向乡（镇）人民政府反映。乡（镇）人民政府应当自接到村民反映问题之日起十五日内负责调查处理。村民对乡（镇）人民政府在规定的时间内就其反映的问题未作处理，或者对村民委员会的改正结果不满意的，可以向市、县（区）人民政府反映；市、县（区）人民政府应当责成乡（镇）人民政府限期办理，必要时可以直接组织调查处理。

第二，明确规定村务公开监督申请应当先转交乡镇政府处理。例如《甘肃省村务公开条例》第十六条规定，村民对村民委员会及其成员违反本条例的行为，有权向乡（镇）人民政府和县级有关部门反映。县级有关部门应当将反映的问题及时转交乡（镇）人民政府调查处理。乡（镇）人民政府应当自接到县级有关部门转交或者村民直接反映的问题之日起十五个工作日内负责调查核实，对情况属实的，应当督促村民委员会予以改正。村民委员会应当将改正结果及时反馈给乡（镇）人民政府和村民。村民对乡（镇）人民政府在规定的时间里就其反映的问题，未作处理或者对村民委员会的改正结果不满意的，可以向县级人民政府反映，县级人民政府应当责成乡（镇）人民政府限期办理；必要时，可以直接组织调查处理。①

① 另有《德州市人民政府办公室关于进一步加强规范村务公开和民主管理工作的意见》规定，村民对村委会及其成员违反本意见的行为，有权向所在乡镇政府（街道办事处）和县（市、区）有关部门反映；县（市、区）有关部门应当将村民反映的问题及时转交乡镇政府（街道办事处）调查处理。乡镇政府（街道办事处）应当自接到县（市、区）有关部门转交或者村民直接反映的问题之日起五日内调查核实，对情况属实的，应当督促村委会在五日内改正。村委会将改正结果及时反馈给乡镇政府（街道办事处）和村民。乡镇政府（街道办事处）在规定的时间内就村民反映的问题未做处理或者村民对村委会的改正结果不满意的，可以向县（市、区）政府或有关部门反映，县（市、区）政府或有关部门应当责成乡镇政府（街道办事处）限期办理；必要时，可以直接组织调查处理。

上述两种情况虽有一定差别，但是从本质上看是基本一致的，都是确定属地的乡镇政府作为村务公开监督申请的首要和核心调查处理主体。

（四）关于履责期限的规定

关于村务公开监督职责的履责期限问题，《村民委员会组织法》并没有明确规定，各地方性规定对于履责期限的规定差别较大。主要包括以下几种典型情况：

第一，收到申请之日起六十日内。例如《广东省村务公开条例》第十三条第三款规定，村务监督委员会或者村民对村民委员会的答复和纠正结果不满意的，可以书面形式向乡、民族乡、镇人民政府、县级或者不设区的地级市人民政府及其有关主管部门投诉并申请调查处理，有关部门应当自收到申请之日起六十日内调查处理并给予书面答复。

第二，收到申请之日起三十日内。例如《汕头经济特区村务公开条例》第二十条第三款规定，村民、村务监督委员会对村民委员会的答复或者纠正结果不满意的，可以向镇人民政府、街道办事处或者区（县）人民政府相关主管部门投诉并申请调查处理，有关机关或者部门应当自收到申请之日起三十日内调查处理完毕并给予书面答复。

第三，收到申请之日起二十日内。例如《四川省村务公开条例》第十七条规定，村民或者村务公开监督小组对村民委员会的答复有异议的，由村民会议或者村民代表会议讨论决定；也可以向乡（镇）人民政府或者县级人民政府及其有关部门提出异议。乡（镇）人民政府或者县级人民政府及其有关部门应当在收到申请之日起二十日内调查处理并予以答复。

第四，收到申请之日起十五日内。例如《陕西省村务公开民主管理办法》第十五条第三款规定，村民监督委员会和村民对村民委员会的答复或者纠正结果不满意的，可以向乡（镇）人民政府反映情况，乡（镇）人民政府应当自接到情况反映之日起十五日内调查处理并给予书面答复。《西藏自治区村务公开办法》第十五条第三款规定，村务监督委员会和村民对村民委员会的答复或者纠正结果不满意的，可以向乡（镇）人民政府反映情况，乡（镇）人民政府应当自接到情况反映之日起十五日内调查处理并给予书面答复。

第五，收到申请之日起十日内。例如《宁夏回族自治区村务公开办法》

第十六条第三款规定，村务公开监督小组或者村民对村民委员会的答复或者纠正结果不满意的，可以向乡（镇）人民政府或者县（市、区）民政部门提出，乡（镇）人民政府或者县（市、区）民政部门应当在十日内调查处理并给予书面答复；确有问题的，应当监督村民委员会及时纠正。

第六，收到申请之日起十五个工作日内。例如《新疆维吾尔自治区村务公开办法》第十九条规定，乡级人民政府或县级人民政府有关部门应当自接到申请之日起十五个工作日内负责调查核实并书面答复，对情况属实的责令限期纠正，仍不纠正的，由县级纪检监察机关和乡级人民政府依照有关规定给予相关责任人相应处分；经查证确有违法行为的，有关人员应当依法承担责任。

（五）关于监督手段的规定

监督手段充分体现了行政机关与村民委员会作为基层自治组织之间的关系。根据《村民委员会组织法》第三十一条的规定，对于村民委员会不及时公布应当公布的事项或者公布的事项不真实的，有关人民政府或者主管部门应当负责调查核实，责令依法公布，经查证确有违法行为的，有关人员应当依法承担责任。主要的监督手段仅有“调查核实”“责令依法公布”，除此之外，并无更多关于行政机关监督手段的规定。就各地方性规定来说，会在“责令依法公布”的基础上适度增加一些监督手段，但是并不突破行政机关与村民委员会这一村民自治组织的基础关系。

第一，多数地方性规定新增批评教育、建议村民会议对村民委员会有关责任人员依法予以罢免。例如，《广东省村务公开条例》第十五条第一款规定，乡、民族乡、镇人民政府，县级人民政府民政主管部门对村务不公开或者公开不及时的村民委员会，应当责令其限期公开；对弄虚作假、欺瞒村民的，应当对有关责任人员批评教育，责令其限期改正；对拒不改正或者有打击报复行为的，可以建议村民会议对村民委员会有关责任人员依法予以罢免。①

第二，个别地方性规定在批评教育、建议罢免的基础上增加党纪政纪处

① 类似的地方性规定还有《大同市村务公开条例》《甘肃省村务公开条例》《邯郸市农村村务公开条例》《河北省村务公开条例》《山东省村务公开条例》《汕头经济特区村务公开条例》《四川省村务公开条例》《海南省村务公开办法》《陕西省村务公开民主管理办法》。

分、依法起诉的监督手段。例如《新疆维吾尔自治区村务公开办法》第十九条规定，乡级人民政府或县级人民政府有关部门应当自接到申请之日起十五个工作日内负责调查核实并书面答复，对情况属实的责令限期纠正，仍不纠正的，由县级纪检监察机关和乡级人民政府依照有关规定给予相关责任人相应处分；经查证确有违法行为的，有关人员应当依法承担责任。《临夏州村务公开实施细则》第二十二条规定，对村务公开不及时，公开内容不真实或拒不实行村务公开的有关责任人的处理办法有四种：（1）批评教育。各县（市）党委、政府，以及纪检监察部门、民政部门负责对村党支部和村民委员会的有关责任人进行批评教育。（2）党纪政纪处分。在村务公开工作中弄虚作假、违反纪律的，经查证核实，视情节轻重给予相应的党纪政纪处分。（3）依法罢免。对在村务公开中严重不负责任，故意隐瞒真实情况的，村民可以依据《村民委员会组织法》的规定，启动罢免程序，对村民委员会责任人依法进行罢免。（4）依法起诉。对在村务公开工作中严重违法违规的人员，可以直接向司法机关起诉，追究其法律责任。

四、对策建议：村务公开监督行政案件审理规则和裁判标准

为有效填补立法的空白，指导行政机关在村务公开监督中依法行政，同时统一裁判尺度和审理标准，有必要通过规范分析和理论分析，从司法审查的角度系统地构建起一套标准清晰、说服力强、富有可操作性的司法审查标准。

（一）起诉条件问题

从本质上说，村务公开监督行政案件均属于履责之诉，故关于起诉条件的审查，适用履责之诉的一般性规定。

1. 要求行政机关履行村务公开监督职责属于行政诉讼受案范围

监督村务公开形式上类似“行政机关内部上下级之间的督促履行事项”，容易导致行政机关将两行为混淆。虽然都是法律明确规定的行政机关应履行职责，但是实质上两者并不相同，村务公开监督的对象是村民委员会这一基层群众性自治组织，并非监督主体的下级机关，因此，区别于行政机关内部上下级之间的监督关系，要求行政机关履行村务公开监督职责属于行政诉讼受案范围。

2. 针对行政机关不履行村务公开监督职责提起诉讼需要有事实根据

第一，村务公开监督的履责申请应当通过恰当的方式提出，并提供向被告提出村务公开监督申请的证据。例如，申请人不能通过政府信息公开的途径要求公开村务信息或者提出村务公开监督申请。同时，由于村务公开是村民委员会根据《村民委员会组织法》应当主动履行的义务，因此，申请人提起村务公开监督申请的前提不是已经向所在村民委员会提起村务公开申请，也不是所在村民委员会收到申请后进行答复的期限已经届满两个月。[①]

第二，诉请行政机关履行村务公开监督职责要有基本的原因事实依据。例如，村务公开监督的对象是申请人所在的村民委员会，申请人申请行政机关监督居民委员会或者已经不存在的村民委员会，则起诉没有基本的原因事实依据。

第三，村务公开监督涉及两个以上行政机关对某一事项都具有法定职责应当如何处理的问题。有观点认为应当遵循“就低不就高”原则，两个以上的行政机关系平级关系的，申请人在先申请的行政机关具有法定职责；该两个以上行政机关系上下级关系，申请人申请上级行政机关履行职责并提起履责之诉的，应当认定缺乏事实根据。不过，另有观点认为，《村民委员会组织法》并非直接规定乡镇以上人民政府负有村务公开监督职责，而是在乡镇政府、县级政府主管部门之外明确点明县级政府也具有村务公开监督职责，因此，应当视为三个主体具有平行的职责，如果遵循“就低不就高”原则，将会架空相关规定，导致村务公开在区县级层面的监督流于形式。

第四，履责期限是否届满。根据上文所述，《村民委员会组织法》并未规定行政机关的履责期限，司法实务中一般参照适用《行政诉讼法》第四十七条[②]的规定，确定履责期限为“两个月”。不过，通过梳理各地关于村务公开的地方性规定发现，不少地方明确了少于或者等于六十日的履责期限，属于行政机关自己给自己设限，在司法审查中，如果存在此类地方性规定，应当适用。

---

① 参见孙某诉北京市丰台区人民政府不履行村务公开监督职责案，北京市第四中级人民法院（2019）京04行初826号行政判决书。

② 《行政诉讼法》第四十七条第一款规定，公民、法人或者其他组织申请行政机关履行保护其人身权、财产权等合法权益的法定职责，行政机关在接到申请之日起两个月内不履行的，公民、法人或者其他组织可以向人民法院提起诉讼。法律、法规对行政机关履行职责的期限另有规定的，从其规定。

3. 当事人确定问题

第一，原告资格。考察原告资格的标准是请求权基础，即原告是否具有请求被告作出“给付”的法定权利。因此，并非所有的履责答复相对人都具有原告资格，只有具有请求权基础的履责申请人才具备原告资格。村务公开制度是为了保障村民对涉及本村村民利益、村民普遍关心事项的知情权，只有村民才有权请求相关人民政府或主管部门履行村务公开监督法定职责。对此，在村务公开监督行政案件中，适格的原告不仅应当是履责申请人或者答复的相对人，还应当具有要求行政机关履行村务公开监督职责的请求权基础，即属于被监督的村集体经济组织的成员，否则其不具有针对该村民委员会村务公开工作提起村务公开监督申请的权利。另外，虽然实践中并没有村民委员会针对责令公开决定提起行政诉讼的情况发生，但是由于责令公开的决定影响了村民委员会的权利义务，因此从理论上讲，村民委员会是有权利针对责令公开决定提起行政诉讼的。

第二，被告适格。由于村务公开监督职责属于行政机关依申请履行的法定职责，对此，在确定适格被告时，如果行政机关对原告的履责申请不予答复，则应当以所提履责申请书上载明的履责机关为被告；如果行政机关对原告的履责申请作出答复，则应当以作出答复的行政机关为被告。需要注意的是，申请人向县级政府提出村务公开监督申请，县级政府将申请转办主管部门或者乡镇政府等同样具有村务公开监督职责的行政机关，最后乡镇政府或者县级政府主管部门向申请人作出答复。笔者认为，如果县级政府只要批转乡镇政府或者有关主管部门即属于履行职责，那么村务公开在区县层级的监督就会流于形式，接到村民监督申请的县级政府或乡镇政府、有关主管部门的调查处理及答复行为以及相应的不作为均属于行政诉讼受案范围，三个职责主体均可成为行政诉讼的适格被告。即如果对该答复不服，应当遵循上述原则，以作出答复的行政机关为被告；如果以县级政府对履责申请未作答复为由提起诉讼，则以履责申请中载明的履责机关为被告。

例如，在王某某诉北京市大兴区人民政府、北京市大兴区采育镇人民政府村务公开监督答复案[①]中，法院经审理认为，被诉《答复书》系由采育镇

① 参见王某某诉北京市大兴区人民政府、北京市大兴区采育镇人民政府村务公开监督答复案，北京市第四中级人民法院（2020）京 04 行初 326 号行政判决书。

政府作出，采育镇政府作为一级政府，属于能以自己名义行使行政职权并能独立承担相应法律责任的行政主体。根据《村民委员会组织法》第三十一条的规定，乡镇政府和县级政府均具有村务公开监督职责，采育镇政府作出的被诉《答复书》和大兴区政府作出的《回复》应分别由作出的行政机关承担责任。原告因大兴区政府将原告提交的责令村务公开申请转采育镇政府办理而认为采育镇政府的答复系基于大兴区政府的委托，缺乏法律依据，且大兴区政府随后以自己的名义作出了《回复》。原告以大兴区政府为被告提起本案诉讼，诉请撤销采育镇政府作出的被诉《答复书》，并判令大兴区政府重新作出书面答复，明显缺乏事实根据。

第三，是否追加村委会为第三人。有观点认为，鉴于村务公开工作与农村生产生活工作息息相关，各地对于村务公开工作的相关规范较为滞后，且县级政府部门并未持有相关村务信息，导致诸多历史事实需要经由村民委员会相关人员解释说明，故建议在审查此类案件中，将村民委员会追加为第三人。就北京法院而言，绝大多数案件并未追加村民委员会为第三人参加诉讼，仅有个别案件在诉讼程序上追加了村民委员会。

是否需要追加第三人取决于原告提出的履责申请及诉讼请求的内容。原告申请被告履责的村务公开监督职责其实包含了对第三人（村民委员会）权利义务的处分，因此需要考虑追加第三人的问题。此时，是否需要追加村民委员会作为第三人需要结合当事人的申请事项确定。如果行政机关怠于答复原告提出的履责申请，且原告的诉讼请求仅仅是要求被告作出程序性答复或处理决定，则无须追加第三人。理由在于，此时的案件审理焦点是被告是否依法履行了法定的答复或作出处理决定的义务，即便被告败诉，法院也仅仅是判决被告针对原告提出的履责申请进行答复或处理，而不会涉及答复或处理决定的具体内容，不会对第三人的权利义务产生影响。如果被告之后作出的答复或处理决定涉及了第三人的利益，各方当事人还可以针对该答复或处理决定起诉。反之，如果原告明确要求法院判决被告对第三人的权利义务进行处分，则案件的审理焦点必然会集中在被告是否应当对第三人的权利义务进行处分这一问题上，第三人当然与案件具有法律上的利害关系，应当通知其参加诉讼。

4. 起诉期限

村民申请行政机关履行村务公开监督职责，如果行政机关在接到申请后履责期限内不予答复的，起诉期限从履责期限届满之日起算，期限为六个月。如果行政机关在法定期限内作出答复，相对人不服提起诉讼的，应当按照撤销之诉计算起诉期限，即从知道或应当知道该答复内容之日起计算，期限为六个月，未告知诉权和诉期的，适用一年的起诉期限。

5. 村务公开的范围

《村民委员会组织法》对于村务公开范围采取的是“列举式”+“涉及本村村民利益，村民普遍关心的其他事项”兜底条款。根据《民政部关于进一步建立健全村务公开制度深化农村村民自治工作的通知》（民基发〔1997〕23 号）、《中共中央办公厅、国务院办公厅关于在农村普遍实行村务公开和民主管理制度的通知》（中办发〔1998〕9 号）、《中共中央办公厅、国务院办公厅关于健全和完善村务公开和民主管理制度的意见》（中办发〔2004〕17 号）等规定，财务公开是村务公开的重点工作，凡属群众关心的热点问题，以及村里的重大问题都应向村民公开，同时要根据本地实际情况，制定具有自身特点的村务公开内容，并随着形势的发展变化和村民的要求，及时予以调整、充实，真正做到凡涉及群众切身利益的大事，都以一定形式向村民公开，接受群众的监督。

由此可见，村务公开的目的在于让村民委员会接受村民的监督，落实和深化村民自治，因此，村务公开的范围相对较广，且并非一成不变，具有动态性和地域特殊性。判断是否属于村务公开的范围的标准在于是否涉及作为村民的利益，是否对村民利益产生重大影响。例如村民会议和村民代表会议记录作出的决议影响原告权益，作为载体的会议记录属于公开范围，但是“村民代表会议签字的人员名单”属于会议形式而非实质决定、属于程序事项而非最终结论，对原告的权利义务并不产生实质性影响，不符合上述法律规定的村务公开的范围。①

反过来推断，如果申请人申请公开的信息不属于村务公开范围，则该信息并不涉及其作为村民的利益，行政机关是否答复其村务公开监督申请，均不会对其权利产生影响，行政机关没有必须答复其申请的职责，即便申请人提起行政诉讼，法院也应当以不符合起诉条件为由裁定驳回起诉。

① 参见孙某诉北京市丰台区人民政府村务公开行政监督案，北京市第四中级人民法院（2018）京 04 行初 1013 号行政判决书。

不过，对比政府信息公开制度，上述村务事项的判断标准仍相对较为原则和抽象，有观点认为可以参照《政府信息公开条例》第二条的定义，将村务信息理解为村集体在履行其法定职责中制作、获取、保存的信息。从这个角度出发，对于村务信息范围在实践中的界定问题，就有了较好的判断依据：(1) 先界定清楚村集体的法定职责，或者直接判断拟申请信息是否涉及村集体资产的处分、是否涉及集体性事务。(2) 如果涉及集体事项，则判断申请的信息是否存在（模仿政府信息公开制度，看是否制作、获取、保存）。(3) 如果信息存在，则需要判断是否存在豁免情形。注意，村务公开立法虽然未规定豁免情形，但是，信息的特性自形成之日起即客观存在，故豁免情形亦应客观存在，对此，村集体不能一味地强调公开，还须保护第三方合法权益。比如，拟公开信息可能涉及商业秘密、个人隐私，也可能是处于研究、讨论阶段的不成熟、过程性信息等。

（二）实体审理问题

村务公开监督行政案件的核心就是对行政机关“监督”行为的审查。行政机关监督村务公开语境下的“监督”与行政内部上下级机关之间的督促履责相区别，特指对村务公开事项进行“调查核实、责令公布”的职责。“调查核实”的内容包括被申请信息是否属于村务公开事项、是否存在或者应当存在、村委会是否及时公开、公布的事项是否真实；“责令公布”的内容是以具有约束力和执行力的方式课以明确具体的村务公布义务，并明确合理或具体期限。“监督”的司法审查标准至少应该包括主体要素、程序要素、内容要素、目的要素四个方面。

1. 主体要素

“监督”的主体构成分为申请主体和监督主体，申请主体就是具有所申请村务公开请求权的村民，而监督主体则指有权行政机关。适当的诉讼类型选择始于对原告请求权的准确把握。原告请求权审查的重要性在于如果司法审查拘泥于行政行为而忽视原告请求权，原告即使胜诉，依然只获得“撤销答复”“责令处理”的程序性判决，而原告的实质利益诉请需要行政机关再次处理，有可能依然无法得到实现。履行判决的意义不应仅是对行政行为合法性与合理性的审查，进而得到行政行为被撤销之法律效果，还是司法机关通过对行政行为和原告请求权的审查认定行政机关未履行法定职责，在原告的请求权成立、被告亦没有裁量空间的情况下，直接作出课以行政机关明确具体义务的实体性履行判决，充分救济原告，维护其合法权益。村务公开监督行政案件属于典型的履责之诉，原告提起诉讼的实质目的是要求行政机关履行监督村民委员会公开相关村务的职责。此类案件在实践中可能以撤销之诉的形式表现，比如原告请求撤销区县政府对其作出的答复，但其诉讼标的仍然是原告请求行政机关履行法定职责的请求能否成立。行政机关作出的答复当然属于案件审查范围，但又不能等同于案件审查范围的全部。法院在审理此类案件时，审查对象不能仅局限于被诉行政行为的合法性。

2. 程序要素

第一，“监督”职责属于行政机关的法定职责，行政机关不能以信访、行政指导行为、政府信息公开等程序进行处理。即便行政机关通过信访方式进行处理，作出的信访答复仍属于可诉的行政行为。

第二，对于该类案件中经常出现的转办问题，有观点认为，在履责类案件中，对履责机关应当遵循“就低不就高”的认定原则，上下级机关针对履责事项均有管辖权的，一般应由下级机关行使初始管辖权，上级机关已经交由下级机关处理的，不构成不履行法定职责。就村务公开监督案件来说，村民向县级政府反映村务公开问题，县级政府转批乡镇政府或者有关主管部门办理，当事人仍然起诉县级政府的，可以认定县级政府已经履行了法定职责，判决驳回原告诉讼请求或者裁定驳回原告起诉。根据这一观点，有地方直接通过地方性规定的方式对不同层级的行政主体履行村务公开监督义务设定先后顺序，确定属地的乡镇政府作为村务公开监督申请的首要和核心调查处理主体，在其进行调查处理的基础上，才由县级政府责令乡镇政府处理或者直接进行调查核实。

对此，课题组认为，如果有相关的地方性法规、规章，则司法审查中应当认可县级政府转办乡镇政府，由乡镇政府履行监督职责行为的合法性。但是，如果所在地区没有相关规定，则由于《村民委员会组织法》等并没有明确规定不同行政机关履行村务公开监督职责的顺序或者步骤，且特别规定了县级政府具有该项职责，因此，行政机关可以自行调查亦可以委托下级机关或者相关机关进行调查，但履职责任主体仍应为该行政机关，仅仅进行转办不属于履行法定职责，否则将会架空《村民委员会组织法》对县级政府村务公开监督职责的专门规定。[①]

第三，履行“监督”行为均需以书面要式形式进行，如函、通知、决定书等，有条件的可以通过数据电文形式，但不能通过口头、电话形式。行政机关在履行调查核实、责令公布职责后应当以书面形式答复申请人。行政机关责令公布的，村委会应当按照《村民委员会组织法》及各地方法律规范文件规定的形式予以公布。对此，在审查行政机关在调查核实是否作出了相应的答复或决定时，主要审查：一是答复或决定内容是否有相关证据支持；二是答复或决定内容是否明确，责令公开的决定是否确定了合理的期限和方式，具有可执行性；三是行政机关在作出责令限期公开决定后，是否以适当形式对村民委员会的履行情况进行复核。

第四，关于村务公开监督职责的履责期限，如果地方性规定进行了明确，则应当适用；在没有地方性规定对履责期限进行具体规定的情况下，只能参照《行政诉讼法》第四十七条的规定，确定村务公开监督职责的履行期限为“两个月”。[②] 问题在于，实践中会存在相对人提出的申请内容庞杂繁复、含混不清，或者因为不可抗力，客观上无法开展调查核实工作等情况。特别是考虑到村民的申请大多时间跨度较长、历史沿革复杂、年代久远，加之村级自治组织对于村务公开工作规范程度不高、人员素质及现状参差不齐等，都给行政机关开展村务公开监督工作造成了极大困扰。因此，应当准许行政机关根据具体情况适度延长履责期限，或者扣除因不可抗力导致的履责不能的期限。如果行政机关延长履责期限后仍没有作出答复，或者不当延长履责期限、履责期限过长，又或者扣除因不可抗力导致的履责不能的期限，仍没有在法定期限内作出答复，则应当承担败诉责任。[③]

3. 内容要素

《村民委员会组织法》第三十一条规定行政机关的职责包括“调查核实”“责令公布”，其核心是“责令公布”，但是前提是进行调查核实，仅仅作出“责令公布”的决定或者通知，而没有进行调查核实，也应当认定为未履行

① 参见汪某荣诉北京市顺义区人民政府未履行法定职责案，北京市第四中级人民法院（2020）京 04 行初 226 号行政判决书。

② 参见孙某诉北京市丰台区人民政府村务公开答复案，北京市第四中级人民法院（2019）京 04 行初 27 号行政判决书。

③ 参见冯某珍、张某英、韩某芬诉北京市丰台区人民政府要求履行村务公开监督职责案，北京市第四中级人民法院（2020）京 04 行初 292 号行政判决书。

法定职责。即申请人所申请村务信息应当存在、明确、未公布，这就需要行政机关进行调查核实，在符合“责令公布”条件时责令村委会公布相关村务。“监督”的司法审查标准首要内涵是“调查核实、责令公布”行为的合法性。

行政行为合法性的重要性无须赘言，但是行政行为的合理性审查不应当被忽视。合理性审查包含在合法性审查之中，如果没有合理性审查，履行不完全行为司法审查标准就会陷入“形式合法性标准”和“裁判任意性标准”的泥淖。行政机关在作出履责行为时应当尽到合理注意义务，合理性标准要求行政机关的履行行为应当达到实质履责的程度，符合法律规范的目的。实质审查标准系履责行为的合法性与合理性的统一，两者相辅相成，缺一不可。

合理性审查在监督村务公开类案件中的表现为：《村民委员会组织法》第三十一条只是规定行政机关具有“调查核实、责令公布”的职责，但是具体履责程序、履责程度、履责期限及履责效果等均未明确规定，就产生了前文所述法院对这些问题的不同判断，尤其是在形式履责情形下，更需要进行合理性审查。行政机关进行调查核实，作出责令公布决定时，应当对履责内容、程度、效果、期限等均进行合理考量，作出具有约束力和执行力的实质“监督”行为，例如在作出责令公开村务信息决定的情况下，限定村民委员会进行村务公开的范围、方式和时限等，达到法律规定的“责令”程度。[①]因此，合法性与合理性相统一的实质履责行为属于司法审查标准的内涵。

不过，行政机关应当依据《村民委员会组织法》等相关规定，在法律授权范围内履行调查核实监督职责，既不能不作为，亦不能超越法律授权范围作为。行政机关作出的村务公开监督行为不仅影响作为申请人的村民的利益，同时也影响到村民委员会的权利义务，在法律规定及农村集体经济组织村务公开、财务公开领域的规范性文件均未对村务公开的形式作出具体明确要求的情况下，如果申请人要求必须以合同文本、书面回复、加盖印章等形式公开相关村务信息，司法审查中也应当考虑申请人请求的合理性和合法性，一般情况下只要村民委员会已经依法及时全面公开村务信息，实现了村民监督所在集体经济组织的制度目的，则行政机关不应对村民委员会公开村务信息

---

① 参见王某诉北京市丰台区人民政府、北京市人民政府村务公开答复、行政复议案，北京市第四中级人民法院（2018）京04行初1067号行政判决书。

的方式进行过度的限制，人民法院也不应对行政机关在该方面的履责程度进行过度的要求。[①]

4. 目的要素

目的要素内涵具有特殊性。获得所申请村务信息是申请人的最终目的，但是在“监督”程序与行政诉讼程序中，原告的目的是希望行政机关责令村委会公布村务，上述两个目的分别对应的是村务公开和责令公布两个行为，从某种意义上讲村务公开亦是责令公布的履责结果。一般情况下，履责结果属于司法审查标准具有一定的公正合理性且回应了原告的诉请。但是监督村务公开案件具有一定特殊性，责令公布行为并不必然产生村务公开的法律效果，这属于两个阶段的行为：行政机关监督行为需要村委会合作或者补充，两个行为是独立存在的。村民委员会基层群众性自治组织的特殊地位决定了其与行政机关不属于上下级行政领导关系。在行政机关已经履行了具有约束力和执行力的实质调查核实、责令公布行为的情形下，村委会仍然拒绝履行、拖延履行或者不完全履行的，区政府并无法律层面的强制力，也没有法律上的义务和能力。行政机关切实履行责令公布职责后原告利益诉求未得以实现的责任主体不是行政机关而是村民委员会或者有关人员。

在监督村务公开案件中，履责结果不应该属于司法审查标准，只能作为履责行为合理性的重要参考因素。最高人民法院公布案例“王某升诉寿光市人民政府行政不作为案”的裁判文书说明被告“未限定公开的合理期限，亦未……进行核实”的不完全履行行为导致原告诉求未实现，最高人民法院在典型意义中亦说明被告未全面履行行为造成原告的知情权和监督权未得到落实，故应理解为村务未公开的履行结果系未完全履责行为的后果，属于履行行为合理性审查的重要参考因素，而不能理解为村民委员会未公开村务的行为导致行政机关未完全履责或者属于未完全履责的一部分。[②] 如此才符合法律规范的内在逻辑，避免责任主体不清，有效规制村委会行为；避免循环诉讼，有助于实质解决行政争议。

不过，人民法院还是要审查行政机关在作出责令公开决定或通知后是否有跟进，这种后续的跟进可以灵活多样，表现为多种形式，如向反映的村民

① 参见顾某某诉北京市丰台区人民政府村务公开答复案，北京市第四中级人民法院（2019）京04行初1033号行政判决书。

② 参见2015年最高人民法院公布的关于行政不作为十大案例。

了解情况等。在司法审查中应灵活把握审查的内容，结合个案进行分析。

申请人提起履责申请的目的应当是希望获得其所申请的村务信息，其出于多种因素和目的明知或者错误地借村务公开之名实质上试图实现要求行政机关监督征收补偿等事项中存在的违法乱纪、追究有关人员贪赃枉法等问题，不属于监督村务公布事项。行政机关应当对包含上述内容的申请予以区分，排除不属于村务公开事项的内容，但是在答复中应予以告知并阐述理由。①

（三）裁判方式问题

村务公开监督行政案件均为履责之诉，包括消极不作为类的履责之诉和积极作为类的履责之诉，区别于撤销之诉，不论是否作出答复，原告的实质诉讼目的在于要求行政机关履行监督村务公开的职责，诉讼标的则是原告请求行政机关履行法定职责的请求能否成立。由此，第一，人民法院有权直接判决行政机关履行特定内容的法定职责；第二，人民法院有权超出原告诉讼理由以及拒绝性答复的范围审查原告请求能否成立；第三，如果行政机关仍有进一步调查裁量空间，人民法院可以将原告的请求交还给行政机关重新处理，而在本次诉讼程序中不作最终裁判；第四，人民法院应当从有利于行政争议实质解决和一次性解决的角度审理案件。例如拒绝性答复理由不当，但原告的履责请求经过审查确实不能成立的，也可以判决驳回原告的诉讼请求，并在判决理由中指明拒绝性答复理由的不当之处，这既有利于行政争议的实质解决，同时又通过指明答复不当之处的方式明确了事实和法律关系。

被告对原告申请事项作出处理，是否具有裁量空间，关系判令被告对原告申请事项直接作出具体处理之可能性。所谓裁量空间，是指行政机关对履行职责的内容、方式等尚有调查、判断余地。比如案件事实尚未明确，须待被告以专业权限认定或专业能力调查，或者须专业技术机关参与，或经特别程序扩展方能确定；依据法律规定，针对同一案件事实有多种处理可能，应首先由被告根据事实、法律及政策予以初次判断。村务公开“监督”行为具有裁量性行为和羁束性行为的双重属性：“调查核实、责令公布”的方式、程序属于行政机关裁量内容，法律规范并无具体明确规定，但是被申请信息是否属于村务公开事项、经调查核实认定为未公布的村务后必须责令公布、履责程度必须达到具

① 参见顾某某诉北京市丰台区人民政府村务公开答复案，北京市第四中级人民法院（2019）京04行初1033号行政判决书。

有执行力和约束力的合理性要求等属于羁束性行为，不具有自由裁量空间。

监督村务公开案件中行政机关调查的事实即“责令公布”的条件，包括被申请信息是否存在或者应当存在、是否属于村务公开事项、村民委员会是否未公布，如果上述事实在审理过程中业已查明，法院可以直接作出实体性履行判决。如果该事实尚未达到明确的程度，法院可以根据自身权限通过调取证据、举证责任分配、追加村民委员会为第三人等方式主动查明未尽事实，以促使裁判时机的成熟。司法机关审查行政机关责令村民委员会村务公开行为，无论是从利害关系角度还是调查案件事实角度均可将村民委员会追加为行政诉讼第三人。行政机关“责令公布”决定使村民委员会负担了义务，而村民委员会并不是下级机关，行政机关的决定无法直接产生村务公开的法律效果；法律法规亦未赋予和明确行政机关强制村民委员会公布的权力和程序。村民委员会作为第三人参加诉讼，则被申请信息是否存在或者应当存在、村民委员会是否未公布等案件事实可以在司法审查阶段予以明确。在行政机关“责令公布”的条件全部具备的情形下，法院不宜再以“尚需行政机关调查、裁定”为由作出“责令处理”的程序性履行判决，而应当作出课以具体明确公布义务的实体性履行判决。因此，有必要在尊重行政机关调查裁量及当事人诉讼请求的基础上，深入具体案件情境，综合考量法律规定、公众期待、客观条件等相关因素，最终对判决适用实体性履行判决还是程序性履行判决作出合乎案情的准确判断。

结语

目前村务公开监督类行政案件虽体量不大，但是从个别地区向北京全市扩散，呈现“点—线—面”的蔓延趋势，成为基层群众自治制度下反映基层治理矛盾、农村党风廉政建设和党群干群关系的一面镜子。这一表层问题的解决，需要行政机关和司法机关看到乡村振兴过程中，农民脱贫致富后主体意识、法治意识、参与意识、监督意识的提升，合力从维护农村发展改革稳定大局出发，强化乡村治理体系和治理能力，着力解决影响广大农民民生福祉的关键问题。

（作者单位：北京市第四中级人民法院）

江门地区“外嫁女”权益纠纷市域社会治理现代化课题调研报告

广东省江门市中级人民法院课题组[①]

近年来，江门地区“外嫁女”权益问题逐渐成为困扰基层行政机关治理能力现代化的一大难题。为了保障和支持基层行政机关依法治理、科学治理，经研究，广东省江门市中级人民法院专门开展了江门地区“外嫁女”权益纠纷市域社会治理现代化课题调研，通过深入基层调研，走访有关单位并到广州、佛山、中山等地考察学习，着重对近年来江门市处理“外嫁女”权益各类案件有关情况进行梳理，分析当前存在的主要困难及原因，充分结合本市实际提出进一步提升“外嫁女”权益纠纷市域社会治理水平的意见和建议。

一、江门市“外嫁女”权益纠纷的发展背景及现状

（一）珠三角地区“外嫁女”权益纠纷的发展沿革

“外嫁女”问题在珠三角地区由来已久，被视为农村基层“棘手难缠”的工作之一。应该说，“外嫁女”权益维护的背后是农村基层错综复杂的利益博弈以及传统与现实观念的碰撞。尽管《妇女权益保障法》《农村土地承包法》等法律法规已明确规定不得以妇女婚姻状态变化为由侵害妇女在农村集体经济组织中的有关土地承包经营、集体收益分配等各项权益，但这些规定在基层实践中难以得到有效执行。

2006 年 8 月，广东省政府颁布了《广东省农村集体经济组织管理规定》，首次明确了集体经济组织成员资格采用“户口+义务”的认定原则，为“外嫁

① 课题主持人：陈明辉；课题组成员：林其俊、黄锡芳、刘振宇、熊昌波、吴春梅、陈健、陈敏婷、肖庆文、谢颖翔、梁锦荣；执笔人：陈敏婷。

女”权益纠纷解决奠定了法律基础。同年12月，广东省委办公厅、省政府办公厅联合转发了《省委农办、省妇联、省信访局关于切实维护农村妇女土地承包和集体收益分配权益的意见》（粤委办〔2006〕142号，以下简称省委142号文件），确立了行政救济先行原则以及“基层政府处理决定—行政复议—行政诉讼”的“三步走”模式，成为广东省解决“外嫁女”权益纠纷的纲领性文件。

近十多年来，深受“外嫁女”问题困扰的珠三角发达地区也在积极探索妥善解决“外嫁女”问题的良策。广东省最早爆发“外嫁女”问题的佛山市南海区，早在2008年已由区委区政府制定了《关于推动农村“两确权”，落实农村外嫁女及其子女合法权益的意见》，“南海经验”也成了广东省解决“外嫁女”问题的最早样本，佛山市其他四区也相应制定了指导性意见或实施办法。中山市在2011年以《市府常务会议决定事项通知》的形式进一步明确了镇政府的处理职责以及贯彻“三步走”模式的具体做法。经过多年的实践，广州、佛山、中山等地“外嫁女”问题解决路径早已固定并日趋成熟。

（二）江门市“外嫁女”权益纠纷的市域社会治理现状

1. 江门市处理“外嫁女”纠纷的不同模式

江门市属于珠三角地区较早出现“外嫁女”纠纷案件的地区之一，早在2006年，本市“外嫁女”纠纷曾以民事诉讼方式受理，但不管从法律层面还是实践层面，作为民事案件受理都存在诸多问题。市委政策研究室于2009年开展了专题调研，最终确定由蓬江区作为本市行政救济解决“外嫁女”纠纷案件的试点。2009年1月，蓬江区委办〔2009〕1号《批转区农业局关于进一步推进农村股份合作制建设，维护农村出嫁女权益意见的通知》正式下发，该文件在遵循省委142号文件“户口+义务”原则的前提下，对农村集体经济组织成员资格认定条件进行了一定程度的细化，提出了“尊重历史、实事求是”的处理原则，不仅明确了“外嫁女”成员资格自经所在集体经济组织确认或依法定程序确认之日起生效，更是创设性地规定“外嫁女”的股权权益从成员身份确认之日起开始计算。在省委“三步走”模式的总基调上，“蓬江样本”进一步扩充为“调解—行政处理—行政复议—行政诉讼—法院强制执行”的“五步走”模式。

2010年，台山市政府办公室形成了《关于依法维护农村集体经济组织成员合法权益的会议纪要》，也对农村集体经济组织成员资格的界定制定专门文件，区分原始成员、保留成员等类型对其认定条件作出详细规定，又在2011

年印发了《台山市农村集体经济组织成员权益争议案件解决途径的通知》，遵循“三步走”模式成功解决了台山辖区一系列的“外嫁女”权益纠纷。

而新会区在2015年推行的农村土地确权改革中制定了《新会区农村土地承包经营权登记颁证中农村集体经济组织成员权益保障实施意见》，于2018年推进农村产权制度改革工作中制定了《新会区农村集体经济组织成员身份确认指导意见（试行）》，又于2020年6月进行了修订并以新会区政府办公室的名义予以下发。新会区制定的一系列文件均对集体经济组织成员资格的取得、保留、丧失等作出了明确规定。

2. 当前江门市“外嫁女”纠纷骤增情况及产生根源

在省委142号文件的指导下，加之江门市各辖区一系列积极探索，2017年以前，本市“外嫁女”纠纷一直处于相对稳定状态，除蓬江区有零星涉诉行政案件外，其他地区很少出现“外嫁女”纠纷涉诉案件。从2017年开始，本市“外嫁女”问题呈现迅猛发展势头，主要根源在于：一是重大工程项目的实施，给村集体带来土地补偿款等巨大收益而引发的利益争夺。以新会区会城街道办、蓬江区棠下镇、台山市赤溪镇最为典型，其中位于新会区的珠西交通枢纽建设大大提升了周边的土地价值，引爆了新会区会城街道沉积已久的“外嫁女”问题。根据会城街道办统计，2017年至2020年9月，该街道办已经收到农村集体经济组织成员资格认定申请800多件，涉及金额5000多万元。二是股权固化制度引发新的矛盾。蓬江区大部分农村集体经济组织早已实施股权固化，在“生不增、死不减”的固化模式运行十几年后，新增人口虽在村里生活，但不能获得集体权益的保障，而股权在户内如何承接尚未统一做法的情况下逐渐演变为新的矛盾点。三是部分基层政府“打退堂鼓”，欲想改变省委确定的“三步走”模式，存在各种形式的不作为、拖延履行或履职不全面，引起当事人的不满情绪而引发纠纷和诉讼。

据不完全统计，仅蓬江区至今仍有8000多名“外嫁女”存在股权纠纷问题，其中有强烈诉求的约400人。而新会区共有“外嫁女”14101人，至今仍有3035人未确认组织成员身份。以上数据仅涉及“外嫁女”本人，并未涵盖“外嫁女”子女或者其他存在成员资格纠纷的人员。虽然本市其他地区未对辖区内“外嫁女”及其子女和其他有成员资格纠纷人员的数量进行摸底排查，笔者仍可以推断本市涉及“外嫁女”等集体经济组织成员纠纷数量较为庞大，且纠纷复杂，必须予以高度重视。

二、2017 年以来江门市法院处理“外嫁女”权益纠纷案件的基本情况

（一）行政诉讼案件的基本情况

在行政救济先行原则下，江门市大部分“外嫁女”纠纷以行政案件形式进入法院审理。2017 年至 2020 年 9 月，全市法院受理的涉“外嫁女”等集体经济组织成员权益一审行政诉讼案件有 889 件。对近三年所受理的行政案件进行分析，涉“外嫁女”纠纷行政案件主要存在以下特点：

1. 纠纷涉诉比例高，案件数量翻倍增长

2017 年至 2020 年 9 月，全市各级镇政府（含街道办事处）处理涉“外嫁女”等集体经济组织成员权益纠纷约计 2017 件。同一时期产生诉讼案件 889 件，行政诉讼发生率接近 45%。近三年来涉“外嫁女”行政案件呈现高速增长的态势，2017 年受理此类一审案件 83 件，2018 年 167 件，2019 年 221 件，2020 年 1—9 月已增长至 418 件，接近 2019 年全年同类案件数的两倍（见图 1）。自 2018 年起，涉“外嫁女”等集体经济组织成员权益纠纷案件已跃升为全市法院受理数量最多的行政案件类型，所占比重也从 2018 年的 24. 3%上升至 2020 年 9 月的 44. 9%。此类纠纷是困扰基层政府治理的一大难题，更逐步成为制约人民法院行政审判工作的“瓶颈”问题。

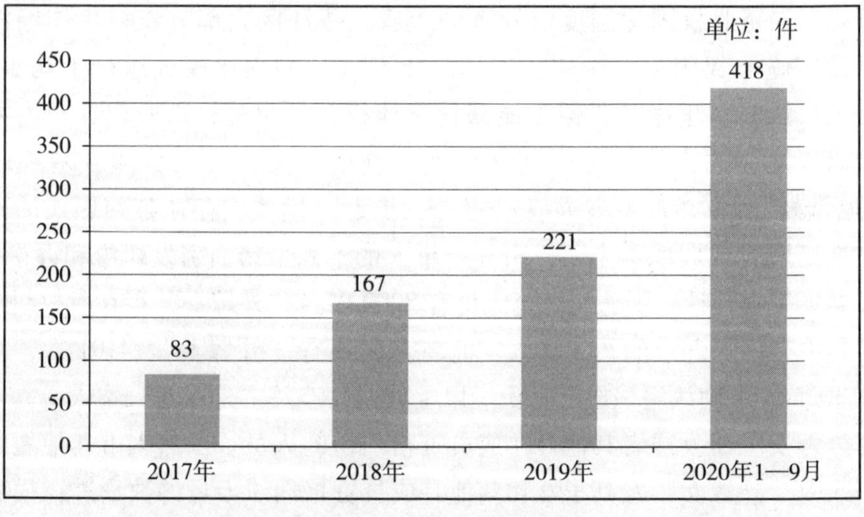

图 1　2017 年至 2020 年 9 月江门市法院涉“外嫁女”等成员权益纠纷一审行政案件收案情况

2. 纠纷爆发地域性明显，个别地区井喷现象严重

如前所述，“外嫁女”纠纷与地方经济发展密切相关，2017 年以来，全市大部分的“外嫁女”纠纷集中在我市经济发展较快的新会区、蓬江区、江海区，其中新会区的涉诉行政案件数量占比达到 57%，蓬江区和江海区分别占 15%和 16%，台山市、鹤山市和开平市此类行政诉讼案件相对较少，恩平市至今没有涉诉行政案件（见图 2）。

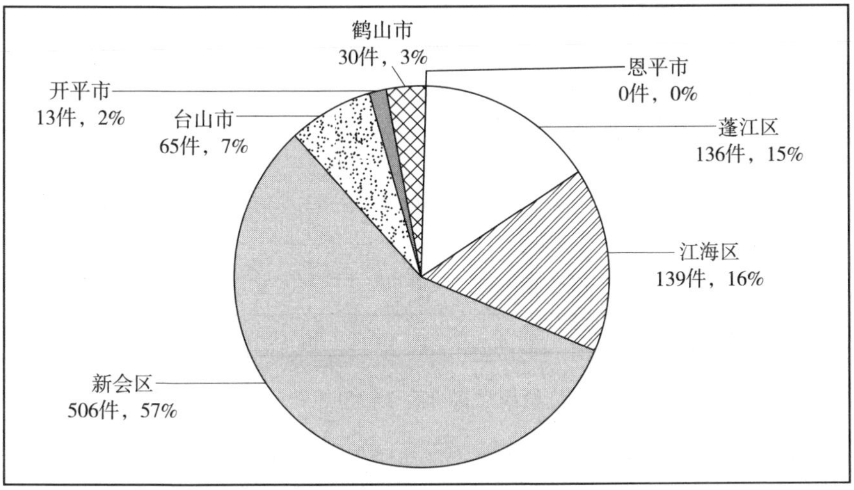

图 2　2017 年—2020 年 9 月全市各辖区涉“外嫁女”等成员权益纠纷案件情况

在各县区辖区范围内，“外嫁女”纠纷也主要集中在其经济发展较快的镇街，地域集中性明显。如蓬江区杜阮镇近三年“外嫁女”涉诉行政案件有 79 件，占蓬江区同类涉诉案件的 58%。江海区外海街道办共涉诉 128 件，已占江海区同类案件超过九成。而新会区约九成的案件集中发生在会城街道办，近三年来已涉诉 447 件。台山市赤溪镇和台城街道办、开平市赤坎镇、鹤山市沙坪街道办均是当地此类案件相对集中的地区。

从近三年此类行政案件的发展趋势上看，2019 年至 2020 年，新会区、蓬江区均出现了案件井喷现象。其中，新会区 2020 年 1—9 月涉诉案件达 241 件，已接近前三年同类涉诉行政案件的总和。而蓬江区 2020 年 1—9 月也有 87 件涉诉行政案件，同比 2019 年翻一番。鹤山市虽然涉诉行政案件不多，但 2020 年 1—9 月涉诉 16 件，已达到近三年以来的峰值，更是 2019 年同类案件

数的四倍，案件苗头性现象也需引起重视（见图3）。

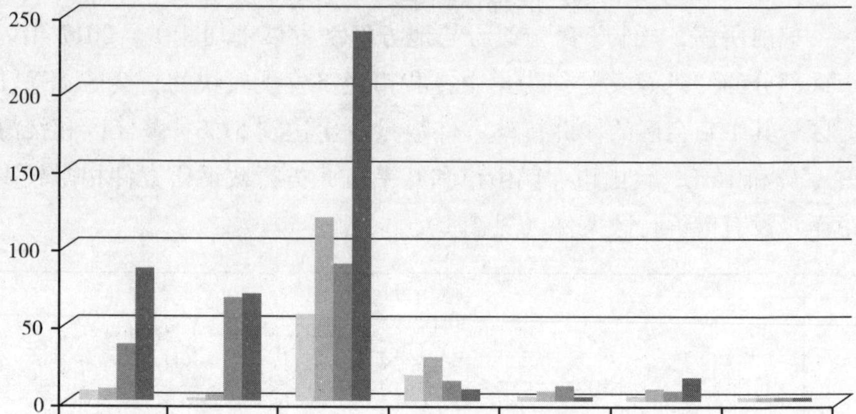

	蓬江区	江海区	新会区	台山市	开平市	鹤山市	恩平市
2017年	7	0	56	1	1	2	0
2018年	5	2	119	4	4	8	0
2019年	37	68	90	8	8	4	0
2020年1–9月	87	69	241	0	0	16	0

图3　2017年—2020年9月全市各辖区涉“外嫁女”等成员权益纠纷案件数量趋势

3. 申请主体多元化，权益诉求不断延展

一直以来，“外嫁女”及其子女是农村集体经济组织成员权益纠纷案件的典型代表。近三年来，“外嫁女”本人申请镇街政府处理权益诉求的案件约占63.6%，涉诉案件共有566件，“外嫁女”的子女申请权益救济的涉诉案件也有214件，约占24%。除了此两类传统类型的申请人以外，近年来，嫁入媳妇、入赘女婿以及其他迁入迁出村集体的村民请求权益救济的案件也愈发增多，因入赘或其他原因提出权益诉求的男性村民约占6.5%，而以嫁入媳妇或其他身份请求权益救济的女性村民也占5.7%。

从申请人提出的诉求内容来看，约有77%的申请人在请求确认集体经济组织成员资格的同时，还提出了有关分红分配款等权益诉求，单独请求确认具有成员资格的约占17%，约5%的申请人单独对相关成员权益受损害请求处理。据统计，近三年来，同类涉诉行政案件中有关成员权益诉求涉及款项金额高达5134万元。这些权益诉求的提出将对地方经济和农村集体的稳定发展产生重大影响。另外，除年终分红款、土地补偿款分配等常见的权益诉求外，部分案件还涉及宅基地分配权、股权证等其他成员权益诉求。

4. 案件败诉率高，重复诉讼率高

2017 年以来受理的 889 件此类行政诉讼案件中，至今已审结生效 690 件，其中判决行政机关败诉的达到 279 件，败诉率高达 40. 43%，远高于行政案件的平均败诉率。对成员资格的认定事实不清、证据不足、超期作出行政处理决定等都是行政机关被判败诉的主要原因。

居高的案件败诉率连带产生了重复诉讼的问题，综观这 889 件案件中，共涉及“外嫁女”等集体成员约 696 人，其中有 179 人至今已涉诉 2 次或以上，重复诉讼率达到 25%，更有 17 人为争取成员权益至今已涉诉 3 次。纠纷长期得不到实质性解决，也使“外嫁女”等成员权益纠纷成为当前农村基层维稳工作的一大难题。

（二）民事诉讼案件的基本情况

虽然省委确立了“三步走”模式，但对于确认了集体经济组织成员资格后的权益侵害，部分当事人选择通过民事诉讼途径寻求救济。2017 年以来，全市法院共受理此类民事诉讼案件 347 件，相对集中在台山市，有 189 件，新会区和蓬江区法院也分别受理了 89 件和 71 件。台山市法院所受理的此类民事诉讼案件，约 88%判决支持了“外嫁女”一方的请求，而新会区法院已审结的 82 件案件几乎全部作出不予受理或驳回起诉处理，仅有 1 件作出了实体判决。可见，对此类民事诉讼案件应否受理、对当事人的权益诉求如何审查尚待统一。

（三）执行案件的基本情况

2017 年至 2020 年 9 月，全市法院共受理了涉“外嫁女”等集体成员非诉行政执行审查案件 434 件，涉及金额 1867 万元。其中由“外嫁女”等自然人提出执行申请的有 242 件，约占 55. 8%。经审查后准予执行 360 件，准予执行率为 82. 95%。全市法院执行立案 271 件，执行标的涉及 1001. 45 万元，已执结 196 件，执行到位金额 672. 35 万元。由于此类案件均以村集体为被执行人且涉及款项扣划，村集体不配合执行的情况时有发生，不仅影响农村基层的经济稳定，也给案件执行造成巨大阻力。

三、当前制约江门市“外嫁女”权益纠纷市域社会治理的主要困难及成因

（一）主要困难

1. “外嫁女”纠纷市域社会治理模式及标准不统一

当前，我市没有统一制定关于解决“外嫁女”等集体经济组织成员权益纠纷的指导意见或实施办法，只有部分县区政府制定了一些指导规范，导致全市解决“外嫁女”等成员权益纠纷的不统一、不平衡，突出表现在：

一是成员资格认定标准不统一。在“户口+义务”的认定原则下，“义务”是认定集体组织成员资格的难点问题。在实践中对村民“义务”都有不同的解读，客观上导致了对“外嫁女”身份认定的困难。另外，在省规章没有细化规定的情况下，我市部分地区自行制定的文件中又对成员身份加以区分，尤其对于保留成员这一类别规定更是五花八门。比如新会区的文件规定现役军人退役后一年内、高校学生毕业后二年内迁回户口的承认其成员资格。而台山市的文件中对于现役军人还需区分其是否提干及其服役期限，对高校学生也没有对其毕业后必须回迁户口的时间限定。

二是职权范围不统一。对“外嫁女”等集体经济组织成员资格存在争议的，先由镇级政府对其是否具有集体经济组织成员资格进行认定，这一点目前争议不大，但是，对于其主张的权益受损诉求由谁来处理，目前实践中存在较大争议。如近期新会区会城街道办则以该权益争议不属于其职责范围为由驳回了当事人的申请诉求，并指引当事人向人民法院提起民事诉讼。

三是权益追溯时效不统一。“外嫁女”等成员最大的诉求是分红分配款等权益，但对于此部分诉求哪些应当支持，至今全市没有统一标准。比如，蓬江区从 2009 年起已明确规定从确认成员身份之日起享受相应权益，不能追溯之前的权益，但在我市其他辖区则允许追溯之前的权益，比如，会城街道办曾作出处理决定支持“外嫁女”二十一年的权益。然而绝大部分诉争的集体收益分配或征地补偿款可能早已全额分配完毕，所在集体经济组织已无款项可支付，更使法院后续的执行工作陷入僵持甚至会激发矛盾。

四是非诉执行路径不统一。对于经过行政处理确认成员资格后，村集体不履行生效决定不支付待遇的问题，当前各辖区的做法也不尽相同。比如，蓬江区由镇街向村集体发出催告，要求村集体对行政处理决定书生效后产生

的成员权益履行给付义务，村集体不履行的，由镇街向人民法院申请强制执行。而在新会区，部分村集体没有按照生效行政处理决定书的要求每年给付成员权益，“外嫁女”则需要每年重新向镇街申请作出行政处理，该行政处理决定书可能需要经历复议和诉讼阶段，才能进入执行程序，无论是基层政府还是“外嫁女”都需要耗费大量的时间和精力。

2. 基层政府怠于履职情况愈发突出

镇街等基层政府是处理“外嫁女”纠纷的前沿阵地，只有基层政府积极处理、全面履职才能有效化解“外嫁女”纠纷，避免把纠纷恶化成信访缠访事件。但当前，部分基层政府未能正确、全面履行其处理“外嫁女”纠纷的应有职责，也是此类纠纷涉诉率高、败诉率高的原因所在。主要表现在：

一是举证责任分配不当，未全面履行调查职责。调研中发现，部分镇街政府未能厘清“外嫁女”与村集体各自的举证责任，更多地把举证责任倾斜于“外嫁女”一方，导致案件的处理结果不当。对于案件的关键事实，镇街没有进一步指引双方当事人进行举证，或依职权履行调查职责，调查程序不严谨，由法律顾问代替政府人员履行调查职责的做法备受争议。

二是处理思路前后不一。对于情形基本相同的案件，同一基层政府的处理不尽相同，不仅使当事人无所适从，也导致了后续法院裁判难以统一。

三是怠于申请执行，影响“外嫁女”权益实现。根据法律规定，村集体不主动履行生效行政处理决定的，首先应由镇街政府向人民法院申请强制执行。镇街政府未在法定期限内依法申请强制执行的，“外嫁女”可以申请人民法院强制执行。如前所述，近三年法院受理的此类执行案件中，由“外嫁女”等自然人提出执行申请已占过半数，也就是说过半数的镇街政府未能按时履行其申请强制执行的法定职责，无形中延长了“外嫁女”等成员实现权益的时间。

3. 系统性化解措施落实不力，个案解决压力大

近三年来，江门市处理“外嫁女”纠纷仍以个案解决为主，动辄上千件的“外嫁女”纠纷正在长期消耗本市大量的行政和司法资源，如会城街道办司法所目前仅有 3 名工作人员处理每年几百件的“外嫁女”纠纷案件，案多人少的窘境更加突出，寻求系统性解决之策迫在眉睫。

调研发现，2015 年进行的“土地确权”以及 2018 年开始试点的“农村产权制度改革”中均有涉及对农村集体经济组织成员身份界定的问题，由村

集体统一对符合身份认定条件的成员进行一次性的认定程序并予以公示，批量式解决成员资格问题，可以避免个案烦琐的认定程序。如新会区在“土地确权”工作中就解决了近八成的“外嫁女”成员身份问题，但部分镇街则没有把握好这一系统性化解“外嫁女”纠纷的契机，新会区会城街道办在“土地确权”中仅确认了506名“外嫁女”成员身份，所占比例不到20%，从工作成效上远低于该区的同期水平。

4. 村民自治与依法监督之间的矛盾难以平衡

在办理“外嫁女”纠纷中发现，村集体经常以村规民约、组织章程作为剥夺“外嫁女”权益的首要武器。基于传统观念制定的村规民约和组织章程，其内容不仅与法律精神相悖，其制定程序的合法性也备受诟病。这些存在侵犯村民人身权利、财产权利与民主权利条款的村规民约也成了当前开展“外嫁女”权益保护工作的巨大障碍，部分村集体以村民自治为由对抗镇街政府的行政处理以及法院的执行工作。而镇街政府又忌惮村民自治“红线”，对村民自治原则理解不准确，导致畏首畏尾，甚至不敢作为，依法监督显得软弱无力。因此，如何规范村民自治，也成为当前困扰“外嫁女”权益社会治理的一大关键。

5. 法院能力有限，司法救济功能难以发挥

对于“外嫁女”权益保护的司法救济，江门市也经历了从不受理、部分受理到全面铺开，从作为民事案件受理到作为行政案件受理的不断探索过程。但截至目前，司法救济的效果仍不够理想，具体表现在：一是对“外嫁女”权益纠纷案件应当以行政案件受理还是以民事案件受理仍然存在争议，相关法律和最高人民法院的司法解释都未作出进一步明确。二是人民法院能力和手段有限，处理历史渊源深厚的“外嫁女”纠纷，在地方党委政府不积极作为的情况下，人民法院难以单独解决。三是执行阻力大。无论是行政案件处理还是民事诉讼解决，都免不了进入人民法院强制执行阶段。由于涉及对村集体资金的划扣，不仅影响村集体日常工作的开展，也极易引起其他村民的不满，村集体不配合法院执行工作，导致法院在执行“外嫁女”案件时困难重重。

（二）成因分析

通过调研和分析发现，造成江门市当前“外嫁女”权益纠纷困难重重的

主要原因在于：

1. 上位法律法规缺位，地方政策指导不足

现行法律法规对“外嫁女”等集体经济组织成员的保障不充分，且存在冲突，具体表现在：一是法律规定不健全。对于集体经济组织成员资格认定这一核心问题，至今为止，我国没有相关法律规定，使问题的解决缺乏相应的法律支撑。广东省虽然制定了《广东省农村集体经济组织管理规定》，但涉及成员资格的认定只有一条，“户口+义务”的认定标准规定十分笼统，可操作性不强。二是地方政策与法律不衔接。根据省委 142 号文件的规定，基层政府有对集体收益分配纠纷作出处理决定的职能，但在当前法律法规中并没有对应规定，部分基层政府借此推诿、怠于履职。而且本省规定的行政救济先行原则，在司法实践中与最高人民法院相关答复确立的农村集体经济所得收益分配纠纷可以作为民事案件受理的精神相冲突，导致了当前行政处理与民事诉讼并向而行、界线不清等问题。

另外，对于省委确立的“三步走”模式具体如何操作也缺乏政策性的指导，对于基层政府在行政处理中应当遵循的原则性要求、操作流程、执法规范，乃至行政处理决定生效后的执行模式都没有作出规范指引，也导致了当前省内各地做法不一，法院的司法裁判在全省范围内也无法达到统一。

2. 市级层面重视不够，基层政府落实不力

当前江门市“外嫁女”纠纷存在的诸多问题，很大程度上源于市级层面重视不够，缺乏通盘考虑、通盘解决的总体规划，体现在：一是对“外嫁女”问题的解决仍持较为被动、保守的态度。近十几年来，除妇联组织从本职工作出发积极倡导保护妇女权益外，市级层面很少开展“外嫁女”问题的专题研讨和调研，多是等待“外嫁女”信访闹访后才引起重视，党委、政府对当前“外嫁女”问题积累的社会矛盾未能全面掌握情况，也对经济发展可能激发的“外嫁女”问题增长点的预判不足。二是“外嫁女”救济路径起步虽早，但不善总结推广。如前述，本市最早由蓬江区试点“外嫁女”行政救济路径，蓬江区探索的一系列做法，经过多年的实践，成效还是十分明显的。但市政府没有及时总结蓬江区的实践经验并加以推广，也未能在蓬江区试点经验基础上谋划全市统一的解决方案，导致其他县区各自为政，发展极不均衡，严重影响了“外嫁女”纠纷市域社会治理工作的良性发展。

另外，基层政府是解决“外嫁女”问题的主力军，能否以担当精神着力

解决困难，往往决定了事情的成败。一部分镇街政府善用改革良机，彻底化解问题，如新会区古井镇、睦洲镇、双水镇等就在 2015 年“土地确权”改革中对“外嫁女”身份问题清零，而新会区的大鳌镇虽在“土地确权”中只解决了一半“外嫁女”身份问题，但其作为“农村产权制度改革”的首批试点，抓住机会予以完善，目前亦已实现清零。反观新会区会城街道办，作为全区“外嫁女”人数最多的镇街，两轮的改革实践不但未能系统性解决大部分“外嫁女”身份问题，反而发展成全区乃至全市“外嫁女”问题最为突出的地区，确实值得基层政府反思。

3. 对村民自治的依法监督缺乏有效机制

村民自治的本意应是为村民集体争取最大的利益，而不是作为剥夺村民合法权益的武器。当前，对村民自治缺乏有效监督是造成“外嫁女”纠纷无法根治的原因之一，主要表现在：一是对村规民约、组织章程的制定缺乏有力指引，未能从根源上避免不合法的村规民约产生。二是村规民约的备案制度、合法性审查制度流于形式，未能通过备案审查手段，纠正不合法的村规民约，也未定期组织对村规民约的清理工作，任凭不合法的村规民约继续引发种种纷争。三是在征地项目中未配套相应的制约措施，对集体资产的监管力度不够。部分村集体明知该村仍有“外嫁女”问题尚未解决，仍以村民自治之名把全部的征地补偿款分配完毕，导致取得成员身份的“外嫁女”无法获得相应的征地补偿款，镇街政府对此却无计可施。四是对损害“外嫁女”权益的行为缺乏责任追究机制。当前，村集体损害成员权益的或者拒不履行生效行政决定和法院裁判的，对于村干部的提拔、任免没有任何约束力，对村集体享受各项政府福利拨付也不产生任何影响。各镇街政府在维护“外嫁女”权益工作中的表现也未被列入各项考核评价，部分镇街政府在没有考核压力和倒逼作用下消极履职。

四、推动江门市“外嫁女”权益纠纷市域社会治理现代化的若干建议

“外嫁女”问题既有历史原因，也有现实因素。在当前存在制度性缺陷、法律不完备的现实背景下，借鉴广东省其他地市的先进经验，充分结合江门市实际，建议从以下几个方面谋划和解决“外嫁女”权益市域社会治理问题：

（一）提高站位，充分发挥党委、政府的主导作用

本省佛山、中山的成功经验以及本市蓬江区的试点经验都深刻表明，要解决好“外嫁女”权益纠纷，地方党委、政府具有不可替代的主导作用。建议市委、市政府要从贯彻党的农村政策、推进农村改革发展、构建社会主义和谐社会的角度出发，发挥党委、政府统揽全局的政治优势，切实将“外嫁女”权益保护问题上升至事关地方政治文明、法治文明的高度，摆上重要议事日程，高调介入、强力推进，要有计划、全方面、系统性谋划解决“外嫁女”权益纠纷的路径和方法，切实解决这一影响本市经济社会稳定的潜在矛盾。

（二）统一思路，以行政救济先行为原则谋划“江门样本”

针对当前职责权限不统一、救济路径不统一、权益保护期限不统一等突出问题，结合全省普遍经验，坚持以省委确立的行政救济先行为基本原则，以“三步走”为基本模式谋划本市“外嫁女”纠纷解决方案。具体包括：

1. 镇街政府先行处理。“外嫁女”等集体经济组织成员认为村集体损害其成员权益的，应当先向所在镇街政府提出申请。村集体对“外嫁女”的成员身份存在争议的，镇街政府应当先对“外嫁女”等申请人是否具有该集体经济组织成员资格进行界定，以行政处理决定书的形式对其资格作出认定，并对其成员权益待遇作出处理。

2. 以“不翻历史旧账”为原则，有限度保护“外嫁女”追溯权益。对于“外嫁女”请求权益的保护期限问题，争议较大，目前省内各地做法不一，广州地区是从申请之日起享受权益，中山以及本市蓬江区均规定从确认成员资格之日起，而佛山则是从行政处理决定作出之日起。不论是否允许追溯以及从何时起计算成员权益，实际上法律依据均不充分。笔者只能从有利于解决“外嫁女”纠纷的角度，考虑追溯权益的解决思路。对“外嫁女”等成员享受权益的起算时间，建议确立以确认成员身份之日为原则，理由有：一是遵循省委 142 号文件“尊重历史”“从稳定大局出发”的基本思路，不允许追溯之前的分红款有利于农村集体经济的稳定，也有利于今后一个时期推进“外嫁女”纠纷在村集体内部化解工作的顺利开展。二是对于村集体已在落实成员身份界定工作中明确以文书或公示列表方式确认某一成员的身份，事后无故取消的，成员就此申请镇街政府作出处理的，镇街政府在作出行政处

理决定时可以将其享受待遇的时间提前至村集体之前确认之时，亦符合成员待遇从确认身份之日起享受的基本处理原则。三是成员待遇从确认成员身份之日起享受，这是目前省内的普遍做法，在审判实践中也得到了最高人民法院第一巡回法庭、省法院行政庭的认可。

3. 金钱类权益的实现以非诉执行为主要途径。对于经镇街政府行政处理决定确认成员资格后，村集体不给付相应金额或物品的，“外嫁女”等成员可向镇街政府提出申请，镇街政府根据查明的权益发放情况后向村集体发出催告书，催告期届满后村集体仍未履行的，镇街政府以行政处理决定书以及催告书为依据向人民法院申请强制执行。除金钱或物品以外的其他成员待遇，如实际分配宅基地等请求，由于存在实际的操作困难，暂不适宜纳入基层政府处理及人民法院执行的范围。

（三）明确职责，出台全市性“外嫁女”纠纷指导意见

为进一步提升市域社会治理的成效，改变各自为政的现状，建议由市有关部门牵头，联合法院、农办、司法等职能部门，在现有法律框架下，结合当前本市现有处理“外嫁女”权益纠纷指导意见以及各辖区的实际情况，出台本市解决“外嫁女”等集体经济组织成员纠纷的指导意见。一是明确镇街政府的行政处理职责，防止推诿扯皮；二是确定成员界定的一般标准，在坚持“户口+义务”的准则下，对成员义务可以作出原则性要求。对以户口变动为前提普遍存在的嫁入媳妇、入赘女婿、服役军人、高校在读生等情形是否获得或者保留成员资格亦可作出原则性规定，除此以外的户口变动情形，应当允许村集体在遵循男女平等原则下，通过法定自治程序细化本集体经济组织成员界定标准，以最大限度地依法保护村集体享有自治权。三是细化解决“外嫁女”纠纷的基本程序，重点在申请指引、办理流程、证据采信、文书送达等环节统一做法。

（四）深化改革，落实系统性成员身份认定工作模式

当前成员身份个案认定正消耗大量行政和司法资源，启动系统性的认定程序是破解这一难题的出路。市有关部门要解放思想，推进农村集体经济管理创新，抓好改革机遇，有效化解这一历史难题。一是进一步深化农村集体产权制度改革。市有关部门应当及时总结新会、鹤山等试点经验，着力破解推进改革中遇到的难点问题，做好农村集体经济组织成员身份认定这一系统

工程，依法依规固化集体经济组织成员的合法权益，一并解决“外嫁女”权益保障问题。二是积极推进农村集体经济组织股权固化改革。本市蓬江区、江海区在推进农村集体经济组织股权固化工作中积累了不少经验，市有关部门应当及时收集有关情况，着重对当前股权固化引发的新问题加强研判，对“固化到人”还是“固化到户”，“长期固化”还是“短期固化”等关键问题提出合理的指导意见，推进农村集体股权固化改革良性发展，为彻底解决“外嫁女”问题打好基础。

（五）优化机制，助力“外嫁女”纠纷全面化解

“外嫁女”纠纷涉及面广，成因复杂，要彻底、全面解决这一历史问题，必须在市级层面落实配套机制，形成合力，共同推动“外嫁女”问题的根本性解决。

一是落实村规民约的备案审查和定期清理机制。要进一步完善和落实村规民约的备案制度以及合法性审查制度，从源头上杜绝不合法的村规民约生效施行。市有关部门要牵头组织一次全市性村规民约的检查清理工作，对未依法制定组织章程的集体经济组织要限期完成章程制定工作，对检查中发现的违法违规条款应采取有效手段予以剔除。市有关部门要拟定符合法律规范和时代要求的村规民约、组织章程的示范性文本，引导村集体在法律框架下修订村规民约，为成员身份争议解决奠定制度基础。

二是建立集体资产分配预留机制。市有关部门应当采取有效措施落实对农村集体经济组织资产使用、分配的监督职责。为防止村集体在成员权益争议未解决期间处分资产引发后续的执行困难，建议本市建立农村集体资产分配预留机制，对于该村集体存在成员权益纠纷尚未解决的，村集体在分配集体资产时应当预留一定份额的资产，待争议解决后视情况再作分配。

三是建立相应奖惩和考核机制。市有关部门要推动把解决“外嫁女”等权益纠纷化解工作成效纳入对镇街政府的绩效考评内容，尤其要把镇街政府主动申请强制执行生效行政处理决定书的情况列入重点考核内容，以考核倒逼机制鼓励镇街政府积极主动作为，也要把解决“外嫁女”问题列入对村干部的政绩考核负面清单，对村干部的提拔任用要重点考核。市有关部门可以考虑制定一定的利益驱动机制，对于能够落实“外嫁女”政策的村集体，政府要支持村集体经济做强做大，在财政补贴资金上给予扶持，而对于不落实

的则要从绩效考评上入手，在相关村集体、村干部的评优评先中采用一票否决制，从管理村干部、监督村集体的角度探索“外嫁女”纠纷化解机制。

（六）坚守本职，以能动司法助推“外嫁女”纠纷实质化解

作为维护公平正义的“最后一道防线”，司法救济在本质上是被动消极的，但在解决“外嫁女”纠纷工作中，人民法院能动司法的空间仍十分巨大。一是要加强与政府职能部门的沟通，借助现已建立的形式多样的互动联动机制，就“外嫁女”纠纷案件的苗头性现象早发现、早应对，对处理“外嫁女”纠纷中遇到的重大、疑难、专业性问题及时进行研讨，引导矛盾纠纷通过非诉讼途径得到合理解决。二是加强指导，统一案件裁判尺度。市中院要统筹两级法院对“外嫁女”纠纷案件的常见问题统一认识，对热点难点问题加强研判，适时提出指导意见。在行政救济统一做法的前提下，进一步统一司法救济的裁判标准。三是强化“外嫁女”纠纷的诉前联调机制。在现有的法院诉讼服务多元解纷平台基础上，探索引入人民调解、行政调解力量，助力“外嫁女”纠纷的调解化解工作。在继续探索本市行政争议调解中心建设的基础上，在“外嫁女”纠纷行政救济阶段引入调解程序，强化诉源治理、源头化解，进一步推动非诉讼、多元解纷机制。四是加大对不履行、不执行生效裁判的处理力度。市中院、市司法局在法治广东、法治江门考核工作中，对有关镇街政府不履行生效判决、拖延履行法定职责的，应给予严肃处理。对执行“外嫁女”案件中，对有执行能力拒不配合执行的当事人，应加大处理力度，树立司法权威。

（七）加强宣传，引导“外嫁女”纠纷合理解决

加大法制宣传力度，扭转传统观念，从思想根源上清除障碍，才是破解“外嫁女”纠纷的根本之策。一是要加大对基层干部的法制教育，提高村干部运用法治思维和法治方式处理“外嫁女”纠纷的能力，提高其依法保护“外嫁女”合法权益的自觉性和主动性。二是加强专项普法宣传力度，提高村民法治意识。司法行政部门及相关政府部门可多渠道、有针对性开展涉“外嫁女”权益相关法律法规的宣传教育，充分利用“一村（居）一律师”平台，加强普法宣传和优化法律服务，引导广大基层群众依法支持“外嫁女”分配权益，自觉抵制以维权为名、谋利为实的诉讼掮客的不当指引，既从源头上减少纠纷发生，又提高对行政处理和法院裁判的认同度。三是加大对镇街执法人员的培训力度。通过有针对性的培训，全面提升化解“外嫁

女”纠纷的能力，提高行政处理的业务水平，降低败诉风险。四是探索建立案例引导机制。开展巡回法庭进乡村活动，组织开展村民、村干部旁听庭审，通过现场以案释法、答疑解惑，用案例传播法律知识、弘扬法治精神。探索在“外嫁女”纠纷调解中引入案例“红绿灯”机制，以“类案同判”提供行为指引，引导当事人正确选择解纷路径，促进“外嫁女”纠纷的实质性化解。

司法文件

最高人民法院关于中国人民银行分支机构与其行员之间发生的人事争议是否属于人民法院受案范围的答复

（2021）最高法行他2号

河南省高级人民法院：

你院《关于中国人民银行分支机构与行员之间的人事争议是否属于人民法院受案范围的请示》收悉。经研究，答复如下：

中国人民银行是国务院组成部门，根据履行职责的需要设立分支机构。中国人民银行分支机构与其执行行员工资制度的正式工作人员之间发生的人事争议，不属于行政诉讼受案范围，亦不属于劳动争议，应当按照《中国人民银行行员管理暂行办法》第八十五条规定的途径解决。

此复。

2021年3月15日

征稿启事

《行政执法与行政审判》是最高人民法院针对行政审判工作出版发行的唯一的综合指导性图书。丛书自出版以来，深受全国各地法院行政审判法官、行政执法人员和专家学者的普遍欢迎和好评。对各级法院行政审判工作具有权威的指导作用，对各级各部门行政机关依法行政和行政法、行政管理专业的专家学者具有较强的参考作用。

本丛书及时刊登行政法的最新司法解释、司法文件、司法政策及解读，具有典型和指导意义的审判案例及分析，行政执法和行政审判的调研信息及成果等内容，设有“大法官论坛”“理论探索”“案例分析”“实务争鸣”“调查研究”“司法文件”等栏目。现编委会竭诚向全国的行政执法和行政审判理论和实务工作者征稿。来稿要求：

一、稿件应属未公开发表的作品。请勿一稿两投。

二、优先发表在本书所涉领域有创见的、高水平的文章，来稿采用与否以理论和实务价值为标准。

三、稿件引文应当注明出处，注释体例参见本书“写作体例说明”。

四、稿件最好为附打印稿的 word 文件电子版。

五、稿件一经发表，文责自负，但编者保留对来稿进行技术性加工处理的权利。文章一经采用，由本编辑部统一付给稿酬。

六、来稿请按以下联系方式寄送：

地址：北京市东城区东交民巷 27 号

最高人民法院行政审判庭　章文英

邮编：100745

请在信封正面注明“《行政执法与行政审判》来稿”字样。

E－mail：zgfyxzt@ sohu. com

《行政执法与行政审判》编委会

写作体例说明

一、交付稿件要求

（一）总体要求

齐（不缺页、不缺件）、清（稿面清楚）、定（已定稿的稿件）。提供稿件电子版，并附打印清样，出版社视清样为最终定稿。

（二）具体要求

纸样用A4纸，单面打印。

电子版内容一定要与提供的清样内容相同。

二、编辑体例

正文编码顺序按：一、（一）1.（1）①第一，其一，等来编排。

三、技术规范

数字用法：

统计数字、时间、物理量等均用阿拉伯数字（如：100kg　45.8万元　11个月　4.9万册　12.4亿人）；法条号尊重原文，即原文是汉字的用汉字，原文是阿拉伯数字的用阿拉伯数字。

注释方法：

1. 一般原则

（1）注释采取页下注，注释号每页重新起算；

（2）引注作品的，注释应完整；

（3）作者为三人或三人以上的，首次引用时应显示全部作者，重复出现时可在第一作者之后加“等”字样。

2. 著作引文注释范例

一般格式：作者/书名/出版社/出版年代/页码

如：×××/×××编著/×××主编：《×××》，××出版社××年版，第××页。

3. 文章引文注释范例

一般格式：作者/文章题目/引自何种出版物/出版时间/页码

（1）著作中文章

××：《文章名》，载××主编：《书名》，××出版社××年版，第××页。

（2）期刊中的文章

××：《文章名》，载《期刊名》××年第×期。

（3）报纸上的文章

××：《文章名》，载《报纸名》××年××月××日，第×版。

图书在版编目（CIP）数据

行政执法与行政审判．总第86集／中华人民共和国最高人民法院行政审判庭编．—北京：中国法制出版社，2023.1

ISBN 978-7-5216-2818-0

Ⅰ．①行… Ⅱ．①中… Ⅲ．①行政执法-中国-丛刊②行政诉讼-审判-中国-丛刊 Ⅳ．①D922.11-55②D925.318.2-55

中国版本图书馆CIP数据核字（2022）第142410号

责任编辑　周琼妮（zqn-zqn@126.com）　　封面设计　杨鑫宇

行政执法与行政审判（总第86集）

XINGZHENG ZHIFA YU XINGZHENG SHENPAN（ZONG DI-86 JI）

编者/中华人民共和国最高人民法院行政审判庭

经销/新华书店

印刷/三河市紫恒印装有限公司

开本/710毫米×1000毫米　16开　　印张/16.5　字数/221千

版次/2023年1月第1版　　2023年1月第1次印刷

中国法制出版社出版

书号 ISBN 978-7-5216-2818-0　　定价：68.00元

北京市西城区西便门西里甲16号西便门办公区

邮政编码：100053　　传真：010-63141600

网址：http：//www.zgfzs.com　　**编辑部电话：010-63141807**

市场营销部电话：010-63141612　　**印务部电话：010-63141606**

（如有印装质量问题，请与本社印务部联系。）

图书在版编目（CIP）数据

企业常见法律风险事件应对实务指南 / 程旭东主编
. —北京：中国法制出版社，2019. 8
ISBN 978 - 7 - 5216 - 0317 - 0

Ⅰ. ①企… Ⅱ. ①程… Ⅲ. ①企业法 - 案例 - 中国
Ⅳ. ①D922. 291. 915

中国版本图书馆 CIP 数据核字（2019）第 134823 号

策划/责任编辑　陈兴（cx_legal@ 163. com）　　封面设计　李宁

企业常见法律风险事件应对实务指南

QIYE CHANGJIAN FALÜ FENGXIAN SHIJIAN YINGDUI SHIWU ZHINAN

主编/程旭东
经销/新华书店
印刷/三河市国英印务有限公司
开本/710 毫米 × 1000 毫米　16 开　　印张/ 24. 25　字数/ 396 千
版次/2019 年 8 月第 1 版　　2019 年 8 月第 1 次印刷

中国法制出版社出版
书号 ISBN 978 - 7 - 5216 - 0317 - 0　　定价：79. 00 元

北京西单横二条 2 号
邮政编码 100031　　传真：010 - 66031119
网址：http：//www. zgfzs. com　　**编辑部电话：010 - 66010405**
市场营销部电话：010 - 66033393　　**邮购部电话：010 - 66033288**

（如有印装质量问题，请与本社印务部联系调换。电话：010 - 66032926）

宝诺公司出现解散事由后，应由其股东冼慰民、巨书强、董嬴潇组成清算组对公司依法进行清算。被聘为宝诺公司总经理的郝仁并没有对宝诺公司进行清算的义务。

但因宝诺公司未经清算即办理注销登记，导致公司无法进行清算，且清算组办理注销申请时也向工商行政管理部门提交了具有郝仁签名的《承诺函》，该《承诺函》显示宝诺公司无债权债务，如有债权债务由全体签字成员承担，因此郝仁需对恒源公司在执行阶段的债权承担清偿责任。